Das Leben berühmter Kindsmusen

Alexandra Lavizzari

Lolita, Lulu und Alice
Das Leben berühmter Kindsmusen

edition ebersbach

1. Auflage 2005
© edition ebersbach
Droysenstr. 8, 10629 Berlin
www.edition-ebersbach.de

Layout und Satz: Kerstin Grundhöffer, Berlin
Umschlaggestaltung: ansichtssache – Büro für Gestaltung, Berlin
Lektorat: Anett Schwarz, Berlin
Druck und Bindung: Tiskarna Ljubljana, Slowenien

ISBN 3-934703-93-3

Inhaltsverzeichnis

Einleitung

Ursprünglich in der griechischen Mythologie beheimatet, wo sie als Göttinnen der Künste verehrt wurden, haben die Musen, neun an der Zahl, das Terrain der Sage längst hinter sich gelassen und den Weg in die Ateliers und Schreibstuben der Künstler gefunden. Manchmal kennt man ihre Namen und Biografien, dann wieder entziehen sie sich dem Forschungseifer des Biografen und verharren in einer ideellen Anonymität. Alle offenbaren sie aber, vom Pinsel- oder Federstrich des Künstlers neu erschaffen, eine mystifizierte Identität; sie sind im Kunstwerk weder ganz sie selbst noch sind sie ausschließliche Kreation ihres Schöpfers, sondern eine ästhetische Legierung von beiden, in der sich die Verzauberung des Künstlers durch sein Sujet ausdrückt.

Als Alter Ego des schöpferischen Mannes oder als Geburtshelferin, als geistige Leitfigur oder als Ersatzmutter und Schwester – die Musen haben die unterschiedlichsten Rollen im Leben der Künstler übernommen. Doch im Laufe der Jahrhunderte haben sie ihren Status einer reinen Projektionsfigur für männliche Selbstverwirklichung und Fantasie überwunden und sich, wo das kreative Potential vorhanden war, auch als eigenständige Schöpferinnen von Kunst behaupten können. Die Zeiten, in denen Musen vor allem Opfer waren, sind vorbei, das tragische Schicksal einer Camille Claudel ist heute nicht mehr denkbar. Nur gerade drei Jahre nach ihrer Zwangsinternierung 1913 schuf der italienische Maler De Chirico ein Bild, dessen programmatischer Titel *Die beunruhigenden Musen* den Wendepunkt im passiven Rollenverständnis der Musen ankündigte und dem schleichenden Gefühl der Bedrohung Ausdruck gab, das sich unter zeitgenössischen Künstlern verbreitete. De Chiricos Bild hatte prophetischen

Charakter, die Musen begannen sich in der Tat zu regen und auf ihre eigene Verwirklichung zu pochen. Acht Jahre später veröffentlichte André Breton sein erstes Manifest des Surrealismus und begründete damit eine künstlerische und literarische Bewegung, in der die Musen – Leonora Carrington und Lee Miller etwa – in einer Männerdomaine erstmals mit Erfolg um künstlerische Ebenbürtigkeit kämpften. Selbst zu malen oder zu schreiben hinderte sie nicht daran, ihren Partnern Muse zu sein; nicht selten ergaben sich durch diese Doppelrolle sogar eine gegenseitige geistige Befruchtung und die Realisierung gemeinsamer künstlerischer Projekte.

Die Muse als starke, selbstbewusste Frau ist mit wenigen Ausnahmen eine Erscheinung des 20. Jahrhunderts. Während ihre Vorgängerin noch ohne weiteres akzeptieren konnte, am prometheischen Schöpfungsakt bloß als Darzustellende teilzuhaben, will die moderne Muse ihr Verhältnis zum Künstler, den sie inspiriert, aktiv mitgestalten und beansprucht auf diese Weise indirekt auch ein Mitbestimmungsrecht über die Art der zu produzierenden Kunst. In beiden Fällen weiß die Muse um ihre Rolle; sie kennt das Bedürfnis des Künstlers nach ihrer Präsenz und geht intuitiv darauf ein – oder lernt es unter seinem Diktat. Insofern ist sie Komplizin des Mannes, der sie für seine eigenen Zwecke braucht, bisweilen ausnutzt.

Über das Verhältnis des Künstlers zu seiner Muse ist bereits viel Tinte geflossen; zahllose Paarbiografien widmen sich der Darstellung solcher Beziehungen und versuchen der speziellen »Chemie« auf

»Die beunruhigenden Musen«. Gemälde von Giorgio de Chirico, 1917.

die Spur zu kommen, welche jeweils den kreativen Funken auslöst. Ist es Sex? Ist es sinnlicher Reiz oder unerfüllbare Sehnsucht? Das Geheimnis ist nicht so ohne weiteres zu lüften. In jedem Paar sind die Ingredienzien anders gemischt, eine Formel für das gewisse Etwas, das – erregend, quälend, exaltierend – den Künstler zum Schaffen beflügelt, gibt es nicht. Am ehesten lässt es sich vielleicht mit dem Wort Erotik umschreiben, scheint dieses doch die verschiedensten Aspekte der Liebe zu beinhalten, vom Sex bis zur berauschenden Geistesverwandtschaft mit unendlichen Nuancen, für die unsere unzulängliche Sprache keine Namen hat.

Die Muse sei eine allegorische Verkörperung des geistigen weiblichen Teils im schöpferischen Mann, dem Genie, behauptete Meret Oppenheim einmal, und das Genie stelle umgekehrt den geistigen männlichen Teil der schöpferischen Frau, der Muse, dar. Dem Verhältnis des Künstlers zu seiner Muse läge demzufolge die unwiderstehliche Faszination der Selbsterkenntnis zugrunde – und wonach der Künstler mit der Darstellung seiner Muse unbewusst strebe, wäre letztlich nichts anderes als die Enthüllung seiner ihm selbst verborgenen weiblichen Seiten. Oppenheimer geht hier selbstverständlich von der Annahme aus, dass die Muse eine erwachsene Frau sei, doch muss dies unbedingt so sein? Können Musen auch Kinder sein?

Gemäß Oppenheims psychologischer Definition ließe sich die Frage vorbehaltlos mit Ja beantworten. Wenn die Entwicklung des weiblichen Teils des Künstlers auf einer kindlichen Stufe geblieben ist, müsste es nach diesem jungianischen Prinzip möglich sein, dass ein kleines Mädchen in die Rolle der Muse schlüpft und dem Künstler als Spiegel seiner Anima dient. Vom Standpunkt der Muse aus betrachtet, müsste die Frage folgerichtig neu gestellt werden und lauten: Können Kinder Musen sein? So gestellt ist sie kniffliger als ihre Umkehrung, denn sie bringt die Erotik in die Beziehung des Kindes zum erwachsenen Künstler direkt mit ins

Spiel. Um auch nur ansatzweise eine Antwort formulieren zu können, kann nicht auf eine Diskussion über den Stellenwert des Kindes in einer gegebenen Gesellschaft und Epoche verzichtet werden. Außerdem sollte man in Erwägung ziehen, inwieweit die Kindsmuse sich des erotischen Charakters ihres Verhältnisses zum Künstler bewusst ist – und umgekehrt. Die Grenze zur Pädophilie, die heutzutage für Schlagzeilen sorgt, ist hier durchlässig, denn auch die krankhafte und abnorme sexuelle Neigung zu Kindern – so die Definition von Pädophilie – gehört zu den möglichen Triebkräften künstlerischer Schöpfung.

Mit Philippes Ariès' bahnbrechenden Forschungen über die Kindheit in der westlichen Gesellschaft hat sich die allgemeine Ansicht eingebürgert, dass die Kindheit erst seit dem 17. Jahrhundert als ein eigenständiges soziokulturelles Phänomen wahrgenommen worden ist. Der Autor entwickelt seine These unter anderem aus der Beobachtung heraus, dass Kinder bis zu jenem Zeitpunkt kaum je auf Bildern als erkenntliche Nicht-Erwachsene auftauchen. Durch die steifen Posen und den Ausdruck ernster Besonnenheit geben sie sich auf Familienporträts als kleinere Kopien der Eltern zu erkennen und weisen, auch mit der Kleidung, auf ihre Stellung als Stammhalter und zukünftige Erwachsene hin, gewissermaßen den aktuellen Stand ihrer körperlichen und psychischen Entwicklung kaschierend. Spielzeug und Haustiere, die auf ein lockereres Erleben des Kindseins deuten, beginnen erst im 18. Jahrhundert die Familienidyllen auf Leinwand zu ergänzen, was aber nicht bedeutet, dass das Kind seine Erwachsenenhaltung aufgibt und sich in einem Moment der Verspieltheit verewigen ließe. Erst mit der Etablierung eines europäischen Mittelstandes räumte man dem Kind einen eigenen Status innerhalb der Familie ein und formulierte entsprechend erste Vorstellungen über dessen Besonderheiten. Im Zuge der Romantik gewann Rousseaus idealisierender Diskurs über die Unschuld des Kindes Aufwind und demzufolge wurde die Kindheit als privilegierte Frist vor der Versündigung des erwachsenen Menschen gefeiert. Dabei steigerte sich die Achtung des Romantikers für das unschuldige Kind nicht selten in eine abgöttische, geradezu pathetische Huldigung hinein.[1]

Das Gefühl der Nostalgie, das sich in diese Haltung mischt, ist auffällig. Der erwachsene Romantiker verehrt das Kind als ein Gott nahes Wesen und liest an dessen Unschuld die eigene, mit jeder Sünde sich vergrößernde Distanz zum Schöpfer ab. Seine Faszination für das Kind ist auch die Trauer über den Verlust der eigenen, in der Rückschau verklärten Unschuld. In der Literatur jener Zeit häufen sich Romane und Gedichte über kleine Kinder, deren moralische Reinheit sie untauglich für ein Leben auf Erden macht und die deshalb früh sterben müssen.[2] Nachdem der englische Biograf und Essayist Thomas de Quincey (1775–1859) seine schier maßlose Trauer um die vierjährige Catherine (1808–1812) überwunden hatte, fand er Trost in der Interpretation ihres Todes als logischer Folge einer vollkommenen Unschuld. So rein seien Kinder, schrieb er in seinem autobiografischen Essay *Suspiria de Profundis,* dass Gott ungestört mit ihnen verkehren, in Träumen und Stunden der Einsamkeit direkt zu ihnen sprechen könne.[3] Nachdem er kurz das Motiv des Erlkönigs gestreift hatte, kommt er zum Schluss: »Kein Tod ist für gewöhnlich halb so ergreifend wie der Tod eines zwischen zwei und fünf Jahren alten Kindes.«[4]

Der Tod bewahrt in seinen Augen das Kind vor der moralischen Degradierung und sichert ihm seinen Platz in Gottes Nähe. Kinder seien nicht ganz von dieser Welt, ist denn ein Satz, der leitmotivisch durch die ganze romantische Literatur geistert. Über Novalis' zwölfjährige Braut Sophie (1782–1797) und E. A. Poes vierzehnjährige Frau Virginia (1822–1847) ist fast wörtlich dasselbe gesagt worden. Eben Sophies Kindhaftigkeit und Unschuld waren es gewesen, die den jungen Dichter so stark beeindruckten, dass er sich schon in der ersten Viertelstunde seiner ewigen Liebe sicher war. Er fand das Mädchen himmlisch und unverdorben. In einem Brief an den Bruder Erasmus über die erste Begegnung mit Sophie erklärte er, dass es mit der zarten Blüte seiner Neigungen vorbei sei, »sobald ich *gemeine* Gunstbezeugungen erhalte«.[5] Unter der

Unverdorbenheit, die Novalis an der Zwölfjährigen so hoch schätzte, verstand er somit in erster Linie ihre Unerfahrenheit in sexuellen Dingen, eben die Unfähigkeit, ihm gemeine Gunstbezeugungen zu erweisen. Im Fall von Poes Faszination für Virginia spielte neben der moralischen Reinheit mindestens ebenso sehr die Schönheit eine Rolle, die in seinen Augen von überirdischer Vollkommenheit war. Virginia muss laut Berichten von Augenzeugen in der Tat eine ungewöhnlich vergeistigte Anmut gehabt haben, und gerade diese Vergeistigung, die wiederum – wie bei Sophie – im Widerspruch zur weiblichen Reife steht, war es, die Poe literarisch bis zur Obsession beschäftigte.

Parallel zur Romantisierung des Kindes entwickelte sich mit der Verbreitung des Pietismus in Mitteleuropa und England in der zweiten Hälfte des 18. Jahrhundert auch eine gegenteilige Einschätzung des Kindes. Der Gedanke, dass die Welt ein Ort der Sünde sei und ohnehin Zeiten schlimmsten Sittenzerfalls herrschen, trieb die Adepten dieser weit verbreiteten protestantischen Erweckungsbewegung neben dem Beten, Fasten und Bibellesen zur inständigen Befragung des eigenen Gewissens und jenes ihrer Kinder. Von der Erbsünde belastet und deshalb alles andere als unschuldig, wurden Kinder in pietistischen Kreisen für verdorbene und moralisch verwerfliche Wesen gehalten, die es durch Züchtigung auf den rechten Pfad zurückzuholen galt. Das Mädchen Rose La Touche (1848–1875), an das der viktorianische Kunst- und Sozialkritiker John Ruskin (1819–1900) sein Herz verlor, ging an den zu hoch gesteckten moralischen Ansprüchen zugrunde, die sie unter dem Einfluss des pietistischen Vaters an sich selbst zu stellen gelernt hatte. Als sie mit ihrer naiven Zuneigung für den 30 Jahre älteren Freund in ihm eine Liebe weckte, die sie mit der Realität der Sexualität konfrontierte, reagierte sie als typisches Kind ihrer Zeit, indem sie versuchte, den Konflikt durch Verdrängung zu lösen. Die psychosomatischen Folgen, darunter bezeichnenderweise auch das Ausbleiben der Menstruation, waren so überwältigend, dass sie das hilflose Mädchen schließlich in den Tod trieben. Wollte man dazu neigen, klinisch erklärbare Todesursachen zu romantisieren, könnte man fast den Eindruck gewinnen, dass für Mädchen wie Sophie, Catherine, Virginia und Rose kein anderer Ausweg möglich war als früh zu sterben; früh genug jedenfalls, um das Bild der Unschuld, mit dem sie ihre Verehrer bezirzt hatten, in deren Gedächtnis zu bewahren.

Die Literatur des 19. Jahrhunderts hat sich des Themas des jung sterbenden Kindes auffällig häufig angenommen. Ruskin spricht vom Pathos des Todes junger Mädchen und betonte, dass dieses Pathos nur dann eine literarische Wirkung erziele, wenn die betreffenden Mädchen außerordentlich gut gewesen seien. Er mag dabei das Beispiel von Dickens' braver, arbeitsamer Little Nell aus *The Old Curiosity Shop* (1840–1841; dt. *Der Raritätenladen*) im Kopf gehabt haben. Dickens, der in seinen Romanen auffällig viele Kinderfiguren schuf, hatte die Geschichte in einem Monatsmagazin publiziert, und als er die dreizehnjährige Nell am Schluss sterben ließ, soll angeblich ganz England geweint haben, als hätte es sich um ein wirkliches Mädchen gehandelt. Die kleine Cosette in Victor Hugos *Les Misérables* (1862; dt. *Die Elenden*) war ein ähnlicher Fall, ebenso das schöne »Koboltskind« Meretlein in Gottfried Kellers *Der grüne Heinrich* (1854); die Liste ließe sich endlos weiterführen, auch in der Kunst.

Virginia Clemm. Aquarell eines unbekannten Künstlers.

Beide Haltungen, die verklärend romantische und die misstrauisch pietistische, hatten im 19. Jahrhundert jedenfalls zur Folge,

Alice Liddell. Fotografie
von Lewis Carroll, 1859.

dass dem Kind innerhalb der Familie und der Gesellschaft mehr Aufmerksamkeit geschenkt wurde. Philippe Ariès argumentiert in seiner *Geschichte der Kindheit*, dass jede Epoche der Neuzeit von einer bestimmten Phase des heranwachsenden Menschen in besonders intensiver Weise fasziniert gewesen sei. Das 17./18. Jahrhundert habe die Jugend verherrlicht, das 19. Jahrhundert die Kindheit, während das 20. Jahrhundert den Teenager in den Himmel hebe.

Wohl trifft es zu, dass das 19. Jahrhundert sich mit besonderer Vorliebe mit Kindern beschäftigt hat, aber dieser Vorliebe, in die auch die vielen jung sterbenden Kinder einzubeziehen sind, liegt mitunter ein voyeuristisches Element zugrunde. Tod und Sexualität gingen in der Vision dieses Jahrhunderts eine Verbindung ein, welche der herrschenden Doppelmoral Vorschub leistete: Nicht nur sollte die Reinheit des Kindes mit allen Mitteln gewährleistet, sondern auch das Erwachen seiner Sexualität möglichst lange hinausgeschoben – oder besser noch – durch den frühzeitigen Tod verhindert werden. Auf diese Weise konnten Kinder im Erwachsenen erotische Fantasien auslösen, ohne selbst Ansprüche auf ein erfülltes sexuelles Leben zu stellen, wodurch sie in ihnen das nostalgische Bild der eigenen verlorenen Unschuld aufrecht erhalten konnten.

Der kleinen Alice Liddell (1852–1934), die Lewis Carroll (1832–1898) zu ästhetisch zauberhaften, aber oft verstörend erotischen Fotos inspirierte und ihm die Geschichte *Alice im Wunderland* (1865) entlockte, erging es besser. Nicht nur überlebte sie die Pubertät und erreichte ein hohes Alter, sondern es gelang ihr auch, Carrolls Idealisierung heil zu entwachsen und von ihm Abstand zu nehmen. Im Unterschied zu seinem Zeitgenossen Ruskin erhob Carroll allerdings nie Ansprüche auf das angebetete Mädchen, er war sich von Anfang an bewusst, dass diese Beziehung im Reich der Fantasie angesiedelt war, und zeigte im Umgang mit ihr genug Zurückhaltung, um den Verdacht auf unstatthafte Handlungen erst gar nicht aufkommen zu lassen.

Die Unschuld des Kindes, die so manchen erwachsenen Mann des 19. Jahrhunderts bestrickt hatte, bestach auf einer intellektuellen Ebene auch die Surrealisten. Die vierzehnjährige Gisèle Prassinos (geb. 1920) schrieb Erzählungen und Märchen, in denen der Kreis um André Breton – namentlich Paul Eluard, René Char und Henri Parisot – erwiesen fand, dass das Kind dank dem unzensierten Zugang zu seinem Unbewussten geniale, spontane Kunst produzieren könne. Ihnen schien 1934, dass das Mädchen mit ihren surrealistischen Texten endlich den längst fälligen Beweis für den künstlerischen Wert der über zehn Jahre früher von André Breton und Philippe Soupault entwickelten écriture automatique erbringe. Als Wunderkind »Alice II« in den Himmel gepriesen, musste Gisèle jedoch nach ein paar Jahren erleben, wie sie als junge Frau nur noch halb so viel Interesse bei ihren surrealistischen Bewunderern weckte. Erwachsen, gereift und der Richtung ihres eigenen Schreibens zunehmend sicherer, verlor Gisèle die einstige Qualität, um deretwillen die Surrealisten sie so maßlos bewundert hatten: die Unschuld, die sie beim Schreiben vor der Versuchung ästhetischer Anbiederung an den Zeitgeschmack bewahrt hatte. Mit diesem Glauben hatten die Surrealisten letztlich bloß eine metaphysische Konnotation der Kindsanbetung umgedeutet; war das Kind des 19. Jahrhundert aufgrund seiner Unschuld noch Gott nahe, so rückte es in der aufblühenden Tradition Freudscher Auslegung in die Nähe sowohl des eigenen wie des kollektiven Unbewussten. Man braucht nur das Wort Gott mit dem Unbewussten zu ersetzen, und De Quinceys Satz, wonach Gott ungestört mit Kindern verkehre und in Träumen direkt zu ihnen spreche, erhält wieder seine Gültigkeit.

Die Unschuld der Kinder – namentlich kleiner Mädchen – erweist sich spätestens dann als fragwürdig, wenn sie aus der Männerfantasie gelöst und in den Kontext sozialer Tatsachen der Zeit gestellt wird. Die in diesem Band porträtierten Mädchen stammen mit Ausnahme von Virginia Clemm alle aus Familien der Mittel- oder

Oberschicht. Sophie von Kühn war adelig, Rose La Touche die Tochter eines der reichsten Gutsherrn Irlands und die andern Mädchen wuchsen wohlbehütet in einem intellektuellen Milieu auf. Sie vor der unliebsamen Wirklichkeit sozialer Missstände und moralischer Degradierung zu schonen, vor welcher die Bewohner industrialisierter europäischer Großstädte in der zweiten Hälfte des Jahrhunderts kaum mehr die Augen verschließen konnten, gehörte zu den Selbstverständlichkeiten ihrer Erziehung.

Lewis Carroll, der von 1868 an regelmäßig von Oxford zu einem Theaterbesuch nach London reiste und in einem Hotel in unmittelbarer Nähe des Amüsierviertels übernachtete, fand sich auf seinem Gang zum Theater mit jungen Bettlerinnen und Prostituierten konfrontiert. Laut einem Rapport aus dem House of Lords aus jener Zeit konnte man um die Mittagszeit über 500 Prostituierte auf den Straßen zwischen Piccadilly Circus und Waterloo Place zählen.⁶ Carroll beliebte diese Mädchen zu ignorieren und duldete die Prostitution als eine missliche Tatsache, die ihn nichts anging. Als der Herausgeber der *Pall Mall Gazette* im Juli 1885 eine schockierende Artikelserie über Kinderprostitution veröffentlichte, in der Absicht, die Öffentlichkeit aufzuklären und auf diesem Weg die Gesetzgeber zur Heraufsetzung des Schutzalters des Kindes von 14 auf 16 Jahre zu bewegen, reagierte Carroll aufgebracht. Nicht so sehr die Fakten selbst bestürzten ihn, als vielmehr die Tatsache, dass sie öffentlich ausgebreitet worden waren und möglicherweise unter die Augen unschuldiger Leser und Leserinnen kommen würden. In jenen Jahren hatte Carroll das Fotografieren junger Mädchen aufgegeben und fast alle seine Aktfotos vernichtet. Dies ist gewiss als eine Entwicklung in seiner Selbsteinschätzung zu deuten. In den Fünfziger- und Sechzigerjahren konnte er seine Mädchenliebe noch offen zur Schau stellen, doch scheint sich in den folgenden Jahrzehnten ein öffentlicher Gesinnungswandel vollzogen zu haben, der Carroll zu immer größerer Vorsicht zwang. Ruskin, dessen Liebe für kleine Mädchen jener Carrolls auffallend ähnelte, merkte seinerseits nichts von diesem Wandel,

Lewis Carroll,
Selbstporträt von 1875.

sondern fuhr bis ans Lebensende fort, seine Faszination offen zu bekunden. Dass diese keine närrische Laune, sondern eine sexuelle Abart sein könnte, hing als Erkenntnis in der Luft, aber die klinische Definition und Bezeichnung dafür, die Pädophilie, tauchte erst in der Abhandlung *Psychopathia Sexualis* (1886) des Mannheimer Arztes Richard Freiherr von Krafft-Ebing auf, der darin endgültig mit der Verharmlosung aufräumte.[7] Ausgehend vom Schutzalter des Kindes von 14 Jahren, ging der Autor die Liebe Erwachsener für Kinder vom gesetzlichen Standpunkt aus an und stellte anhand von Statistiken aus England und Frankreich fest, dass sexuelle Übergriffe auf Kinder in den letzten Jahren dramatisch zugenommen hätten. Er unterschied zwischen aktiven Kinderschändern und Männern, die aus Mangel an Mut und Vertrauen in die eigene Männlichkeit ihre Faszination für vorpubertäre Mädchen und Knaben in eine Art platonische Liebe sublimieren. Beiden Männertypen unterstellte er »psycho-soziale Perversion«, *paedophilia erotica,* und fügte nachdrücklich hinzu, dass pädophile Erwachsene, die ihre sexuelle Neigung ausleben, in Gerichtsfällen zur Verantwortlichkeit gezogen werden müssten, da ihnen die Zügelung solcher Impulse durchaus zuzumuten seien.[8]

Männer wie Carroll wähnten sich durch Krafft-Ebings rasch verbreitetes Buch von einem Tag auf den andern auf der Anklagebank. Carroll wählte den Rückzug; Ruskin, der wahrscheinlich nie etwas von Krafft-Ebing hörte, verstrickte sich immer tiefer in seinen Mädchenwahn. Dass es in seinen letzten Lebensjahren nie zum Skandal kam, verdankte er einzig seiner wachsamen Kusine, welche die steigende Intoleranz gegenüber der Pädophilie verfolgt hatte und, immer peinlicher berührt von Ruskins Verhalten, ihr Möglichstes tat, um es vor der Öffentlichkeit geheim zu halten. Auch De Quinceys Liebe für die kleine Catherine ist im Zuge neuer psycho-medizinischer Erkenntnisse über die Pädophilie in einem andern Licht betrachtet worden; so will man heute in seiner ekstatischen Rückschau auf eine Nacht mit dem geliebten Mädchen nicht mehr nur Gefühle väterlicher Fürsorge hineinlesen, sondern fahndet gezielt nach Indizien für pädophile Handlungen. Der Blickwinkel determiniert schließlich das Resultat – wie bei Carroll und Ruskin. Und dieser Blickwinkel gibt wiederum mindestens so viel Aufschluss über unsere heutige Einstellung zur Pädophilie wie über die familiären Umgangsformen zwischen Erwachsenen und Kindern zu De Quinceys Zeiten.

Der Vorwurf der Pädophilie ist nie explizit auf Novalis oder Edgar Allan Poe und noch weniger auf die surrealistischen Schwärmer von Gisèle Prassinos ausgedehnt worden. Letztere haben ihren Enthusiasmus für das Wunderkind ohnehin stets auf eine rein künstlerische und intellektuelle Basis beschränkt. Dass Novalis sich mit der dreizehnjährigen Sophie verlobte, wird unter Zuziehung von Statistiken über das damalige niedrige Heiratsalter von Mädchen – besonders adliger Herkunft – als nicht ungewöhnlich dargestellt. Eine von Sophies Schwestern heiratete mit 17, eine andere mit 16 Jahren. Dasselbe Argument wird auch bei Virginia hinzugezogen, die Poe mit nicht ganz 14 Jahren heiratete. Diese Tatsache genügt offenbar, um Novalis' und Poes Liebe für Mädchen, die auch aus damaliger Sicht vom gesellschaftlichen Standpunkt aus betrachtet keine Kinder mehr waren, vom Verdacht der Pädophilie rein zu waschen; doch die heutige Toleranz mag vor allem der Einsicht entspringen, dass die spezifische literarische Verarbeitung von Novalis' und Poes Beziehung zu einem jungen Mädchen a priori frei von direkten erotischen Anspielungen ist.

Anders steht es im Fall von Thomas Mann. Seine latente Homosexualität, die sich vor allem auf Knaben konzentrierte, ist bekannt. Er selbst hat in seinen Werken und expliziter noch in seinen Briefen und Tagebuchaufzeichnungen seine »sexuelle Inversion« kaum vertuscht und ein Stück weit sogar erforscht. Bereits 1911, als er während der Ferien am Lido von Venedig dem elfjährigen Jungen Wladyslaw begegnete, wurde ihm bewusst, in welch gesellschaftliches und emotionales Dilemma ihn seine Sehnsucht nach jungen Knaben gestürzt hatte und wohl im Laufe des Lebens immer wieder stürzen würde. Tatsächlich erlebte der angesehene Autor, Ehemann und Familienvater diese und spätere Lieben für Knaben und junge Männer wie eine gefährliche Verlockung, die ihn von den gesicherten bürgerlichen Verhältnissen ins Abseits der Schande führen würde, wenn er sich nicht zügelte. Bekanntlich hat sich Thomas Mann gezügelt, Taten sind ihm keine anzulasten. Seine Faszination für Knaben hat er sublimiert und des öfteren in seinen Werken thematisiert, obwohl er wusste, dass er damit den Argwohn der Leser wecken würde. Liest man Thomas Manns Tagebücher und Korrespondenz, kann man sich des Eindrucks kaum erwehren, dass er die Vorwürfe bezüglich seiner latenten Pädophilie und Homoerotik sogar provozieren wollte, um sich eine Möglichkeit der Verteidigung zu schaffen. So traf ihn im Zusammenhang mit seiner Novelle *Der Tod in Venedig* 1954, also über 40 Jahre nach deren Erscheinen, der explizite Vorwurf der Perversität, gegen den er sich vehement wehrte, argumentierend, dass die Novelle in Amerika inzwischen als Klassiker gelte und ein klassisches Stück Literatur wohl kaum als unmoralisch empfunden werden könne. »Pervers?«, fährt er fort,

> die Verfallenheit Aschenbachs an den Knaben Tadzio ist mit diesem recht pfuscherischen Wort nicht abzutun, denn sie ist nicht ordinäres Begehren, sondern Berauschtheit durch das Schöne, der zerstörende Einbruch des ›fremden Gottes‹ in ein formvoll gefaßtes, auf Vorbildlichkeit und Repräsentation gestelltes, ›würdig‹ gewordenes Leben. Mit der Würde hat es aber, der Geschichte zufolge, eine fragwürdige, gebrechliche Bewandtnis … Aber ›verantwortungslos‹ ist *Der Tod in Venedig* nicht. Er ist sogar bis zur Askese verantwortungsbewußt.[9]

Mit dem Stichwort »Würde« berührt Mann das eigentliche Drama seiner eigenen emotionalen Zerrissenheit. Sein bürgerliches und künstlerisches Leben, das von größtem Erfolg gekrönt war, konnte er zeitweise bloß als Fassade erleben, hinter der allerlei verbotene, unausgelebte Leidenschaften nach Erfüllung schrien, die ihn in seinen Augen entwürdigten. Ihnen nicht nachzugeben, verlangte eine konstante, aufreibende Anstrengung. Nicht einmal in der eigenen Familie fühlte er sich geschützt, denn auch Klaus, der eigene Sohn, und später der Enkel Frido weckten mit ihrer jugendlichen Schönheit Sehnsüchte, über deren moralische Fragwürdigkeit er sich sehr wohl im Klaren war.

Thomas Mann mit seinen Enkeln Friedo und Toni, um 1940.

Krafft-Ebing machte nicht nur endgültig Schluss mit der Verharmlosung der Pädophilie, er trug auch dazu bei, den Mythos vom unschuldigen Kind endgültig zu zerstören. Seine Enthüllungen mussten erschütternd auf die Generation älterer Männer wirken, die sich ans Bild des kleinen Unschuldsengels geklammert hatten, um ihre pädophilen Neigungen moralisch zu rechtfertigen. Krafft-Ebing zeigte in seiner Abhandlung nämlich erstmals auf, dass sich Kinder schon ab drei Jahren sexueller Regungen bewusst seien, und breitete verschiedene Fälle aus, die seine Behauptung belegten. Die aufreizenden Posen der siebenjährigen Alice vor Carrolls Kamera, die »Liebesbriefe« der zwölfjährigen Rose an Ruskin, die leidenschaftlichen Umarmungen der vierjährigen Catherine, an die sich De Quincey so wehmütig erinnerte, oder die Augenaufschläge des jungen Wladyslaw am Strand von Venedig: Waren diese Manifestationen nun noch immer, wie man ehedem geglaubt hatte, ein kindliches Nachäffen erwachsener Verhaltensmuster oder bereits ein bewusstes, vorsichtiges Experimentieren mit der erwachenden Weiblichkeit bzw. der sexuellen Lockkraft?

Aber auch Sophie und Virginia, sogar Gisèle: Wer waren diese Mädchen wirklich, wenn ihre Unschuld bloß in den Augen der sie anbetenden Dichter existiert hatte? Waren sie sich ihrer Macht bewusst, übten sie diese gar gezielt aus?

Neben der psychologischen Forschung begann sich im 20. Jahrhundert nun auch die Literatur dieser Frage zu nähern. In den Romanen des 19. Jahrhunderts waren die unschuldigen Mädchen noch Töchter, häufig auch Enkelinnen gewesen, wenn sie nicht adoptierte Waisen oder Findlinge waren, deren unbekannte Herkunft dem Autor die legitime Freiheit gab, ihnen etwas unausgesprochen Verruchtes anzudichten. Die Beziehungen älterer Männer zu ihnen waren meist verwandtschaftlich geregelt und deshalb frei von erotischen Untertönen. Krafft-Ebings und Freuds Erkenntnisse verlangten nach einer radikalen Korrektur in der Einschätzung des Kindes, die ihrerseits das Tabu einer potenziellen sexuellen Beziehung zwischen Erwachsenem und Kind einriss. Frank Wedekinds Kindfrau Lulu, die Hauptfigur seiner beiden Dramen *Erdgeist* und *Die Büchse der Pandora* (1904), kann in diesem Kontext als die Kreation eines neuen Mädchentypus betrachtet werden, der als Reaktion auf die verlogene Prüderie des europäischen Fin de Siècle eine mögliche Art der sexuellen Emanzipation veranschaulicht. Buchstäblich verkörpert diese schillernde Bühnenfigur, der Alban Berg mit der gleichnamigen Oper auch ein musikalisches Denkmal setzte, die zerstörerischen Aspekte unbalancierter, in einseitige Verfallenheit ausgearteter Liebe. Lulu, jenseits von Gut und Böse und darin dem Image des Kindes durchaus konform, verrät ihre Männer und lässt es gelassen zu, dass sie an ihr zugrunde gehen. Sie kennt weder Scham noch Reue und weiß instinktiv mit changierenden Identitäten die Wünsche und Sehnsüchte der Männer zu befriedigen. Dass das Spiel mit den Gefühlen gefährlich sein kann, muss Lulu am Ende an sich selbst erfahren, aber bis es soweit ist, stapeln sich die Leichen auf ihrem Weg. Kein Wunder, dass Wedekinds »Monstertragödie« aus dem Jahre 1894 verboten wurde. Das wilhelminische Zeitalter konnte nicht anders als angewidert und schockiert auf das Porträt einer Kindfrau reagieren, die sich ihrer Macht über die Männer nicht nur bewusst ist, sondern diese auch skrupellos und mit sichtlicher Freude ausnützt. Trotz ihres jungen Alters hat Lulu deshalb mehr Züge von der klassischen Femme fatale als von der Kindfrau. Sie ist die Verführerin, die triumphierend ihre Opfer zählt, und nicht mehr das Kind, das sich bangend und entzückt zugleich auf ein Getändel mit einem Erwachsenen einlässt, dessen Gefühle es noch nicht abschätzen kann.

Dieses psychologisch nuancierteren Stoffes begann sich die Literatur nun zaghaft anzunehmen und gewann mit Vladimir Nabokovs Roman *Lolita* 1955 schließlich eine Explizitheit, die weltweit schockierte. Nabokov hatte Vorläufer. Thomas Mann schrieb sich 1911/1912 mit *Der Tod in Venedig* sozusagen die Leidenschaft für einen Knaben vom Leib, aber er kleidete die Geschichte noch in einen ästhetischen Diskurs und stellte das Thema von Aschenbachs Verfallenheit in den weitläufiger gefassten Zusammenhang künstlerischer Selbstverwirklichung. Mit *The Children* (dt.: *Die Kinder*) der amerikanischen Autorin Edith Wharton erschien 1928, ein Roman, der die Naivität einer Fünfzehnjährigen in Frage stellt und auf subtile, aber unumwundene Weise deren erotische Anziehungskraft auf einen Erwachsenen auslotet. Der sechsundvierzigjährige Ingenieur Martin Boyne lernt auf einer Schiffsfahrt von Algier nach Venedig die junge Judith Wheater kennen und verliebt sich hoffnungslos in sie. Von ihrer »bezaubernden und gefährlichen Schönheit« regelrecht besessen, gibt sich dieser ansonsten so unromantische und zurückhaltende Amerikaner seinen Träumen hin, ist hin und her gerissen zwischen dem Pflichtgefühl gegenüber der Verlobten und der Sehnsucht nach einer Liebe wider alle Vernunft. Martin Boyne träumt zwar nur von der Verwirklichung seiner Liebe zu Judith, aber allein schon die Tatsache, dass Wharton die erotische Liebe eines erwachsenen Mannes zu einem jungen Mädchen zum Thema ihres Romans macht, zeigt die Fortschritte in der Enttabuisierung der kindlichen Unschuld, zumal Judith, die verführerische Kindfrau, durchaus merkt, was im armen Boyne vor sich geht. Mit *Die Kinder* ist der Weg für *Lolita* geebnet; die dunklen, verbotenen Wünsche des Erwachsenen und die eindeutige Lust an der sexuellen Provokation durch das

Frank und Tilly
Wedekind in einer
Szene des Dramas
»Erdgeist«.

Mädchen haben erstmals Eingang in die Literatur gefunden. Erstmals? Doch vielleicht war Nabokovs Roman gar nicht der erste.

Im März 2004 sorgte ein Artikel der *Frankfurter Allgemeinen Zeitung* für Aufsehen, der Nabokov des Plagiats beschuldigte. Es war in Berlin eine Erzählung mit dem Titel *Lolita* ans Tageslicht gekommen, die ein gewisser Heinz von Lichberg, »Rundfunkreporter, der den Deutschen Hitlers Machtergreifung verkündete«, in den Zwanzigerjahren geschrieben, nie aber veröffentlicht hatte. Die Parallelen zu Nabokovs 30 Jahre später erschienenem Roman seien so auffallend, dass eine zufällige Bearbeitung desselben Stoffes ausgeschlossen werden könne. In beiden *Lolita*-Geschichten verlieben sich ältere Herren in die zwölfjährige Tochter ihrer Frau, die Mädchen heißen gleich und benehmen sich beide gegenüber dem vernarrten Erwachsenen ähnlich grausam, bald wie ein kleines Luder, bald wie ein Unschuldsengel. Die Faszination für den jugendlichen, unverbrauchten Körper, untermalt mit der Nostalgie nach der eigenen nicht mehr einholbaren Jugend bilden das zentrale Drama des Icherzählers, und noch dazu lassen beide Autoren ihre Lolita am Schluss sterben. Zur Zeit, als Heinz von Lichberg seine Erzählung schrieb, lebte Nabokov ebenfalls in Berlin, und es wird spekuliert, dass der russische Autor von Lichberg gekannt und dessen *Lolita* mit größter Wahrscheinlichkeit gelesen haben muss.

Wie dem auch sei, von Lichbergs *Lolita* und Whartons *Die Kinder* markieren den Anfang zur literarischen Aufarbeitung eines explosiven psychologischen Stoffs. Die Gefahr, auf dem Umweg der Literatur pädophile Neigungen zu verherrlichen und der Kindfrau mehr sexuelles Bewusstsein zu attestieren, als sie es altersmäßig haben kann, lauert sozusagen hinter jedem Satz. Nabokov wurde eben dies vorgeworfen, und *Lolita* musste einstweilen vom Bücherregal verschwinden. Was den Roman schließlich vor einer langfristigen Verurteilung rettete, war sein literarisches Niveau und nicht etwa ein Umdenken von Seiten seiner Kritiker. Heute ist die Gesellschaft noch hellhöriger für das pädophile Verbrechen geworden, nachdem in den letzten Jahren eine Reihe schrecklicher Fälle in Europa und Amerika für Aufsehen gesorgt und das Problem des Sextourismus und Sex im Internet gezeigt haben, dass das Phänomen der Pädophilie weiter verbreitet ist – und zwar in allen Schichten der Gesellschaft –, als man es sich je hätte denken können. Literarisch wird der Stoff von Jahr zu Jahr heikler.

1976 konnte die englische Schriftstellerin und Philosophin Iris Murdoch ihn noch unbeschadet aufgreifen. Sie veröffentlichte den Roman *The Black Prince* (dt. *Der Schwarze Prinz*), der sich unter anderem, und wie der Titel andeutet, mit diesen dunklen Seiten des Eros auseinandersetzt, und gelangte damit sogar auf die Booker Prize Liste. Hauptfigur ist der alternde Schriftsteller Bradley Pearson, der in seinem Ringen um künstlerische Perfektion einem kreativen Stillstand zugesteuert ist und nicht ohne Neid den literarischen Erfolg seines Freundes Arnold Baffin registriert, der frisch von der Leber weg drauflos schreibt. Pearsons Liebe für dessen Tochter Julian bildet das Herzstück des Romans. Wenn Julian auch schon 20 Jahre alt ist und nicht mehr im eigentlichen Sinne als Kind gelten kann, arbeitet Murdoch an ihrer Beziehung zum nahezu sechzigjährigen Pearson vor allem die klassischen Kontraste zwischen Jugend und Alter, Schönheit und Hinfälligkeit, Aufbruchstimmung und Mattheit aus. Julian ist ein unschuldiges Mädchen, als sie mit Pearson im Schuhgeschäft Stiefel kauft; der Anblick ihres glatten Knies stürzt den Mann in eine physisch schmerzhafte Verwirrung. Überhaupt ist Pearson in den Wochen, bevor er sich Julian sexuell gefügig macht, von ständiger Übelkeit geplagt; er ist im buchstäblichen Sinn liebeskrank, weil seine Identität durch das fatale Erwachen von erotischen Gefühlen für ein Mädchen, das er seit der Geburt hat heranwachsen sehen, schlagartig bis in die Fundamente in Frage gestellt worden ist. Julian ist keine Lolita, ihre Gefühle sind echt, insofern als sie wirklich glaubt, Pearson zu lieben. Aber Murdoch zeigt im Text, dass beide, der alternde Mann und das junge Mädchen, letztlich um die Unmöglichkeit ihrer Liebe wissen, und sie zeichnet diese

entsprechend nicht als kurzlebige Verblendung oder gar Idylle, sondern als einen verzweifelten und erfolglosen Widerstand gegen den natürlichen Lauf der Dinge. Pearsons und Julians Geschichte ist im klassischen Sinn eine tragische, so wie es weitgehend auch die folgenden Geschichten sind.

Zu wenig ist über das Leben der sieben in diesem Buch vorgestellten Kindsmusen bekannt, als dass man deren Beziehung zum älteren Verehrer so klar analysieren könnte, wie Wharton, Nabokov und Murdoch es in ihren Romanene getan haben. Entsprechend würde eine psychologische Deutung auf Spekulationen hinauslaufen, die nur die moderne Interpretation damaliger Wirklichkeiten widerspiegeln könnte. Gerade im Fall der kleinen Alice – um nur dieses berühmte Beispiel herauszugreifen – haben Carroll-Fans die Erkenntnis von der Sexualität vorpubertärer Kinder gar herangezogen, um dessen Pädophilie zu relativieren oder, wo sie es für nötig fanden, zu entschuldigen. Wie man die Frage nach der

Erotik in der Beziehung zwischen den Kindern und ihren erwachsenen Verehrern auch drehen will, gelangt man bei der Lektüre der Quellen unweigerlich an den Punkt, an dem man zwischen den Zeilen lesen muss. Und was zwischen den Zeilen steht, ist bekanntlich alles andere als eindeutig.

Ich habe es deshalb vorgezogen, in der Nachzeichnung der Lebensläufe den Akzent auf die Spuren zu verschieben, die Sophie, Catherine, Virginia, Rose, Alice, Gisèle und Wladyslaw in der Literatur zurückgelassen haben. Mit der Darstellung ihrer Beziehungen zu sehr viel älteren Männern soll die Rolle näher beleuchtet werden, die sie – wissentlich oder nicht – im Leben des jeweiligen Schriftstellers oder Dichters gespielt haben und wie sich diese in deren literarischen Werken niedergeschlagen hat.

Dass diese Spuren existieren, ist wenigstens eine handfeste Tatsache und führt, über alle Zweifel und Vorbehalte hinaus, zu der Einsicht, dass Kinder Musen sein können.

Catherine Wordsworth
Thomas de Quincey und seine kleine Nymphe

In Platons berühmtem Dialog *Phaidros* legt Sokrates seinem Beglei-
ter die Begriffe des Eros, der Psyche und der Rhetorik auseinander
und erstellt mit ihm kraft der Logik interessante Zusammenhänge.
Platon beschreibt zu Beginn, wie die beiden Männer den Fluss Ilissos vor den Toren Athens entlang spazieren und nach einer Weile
auf ein lauschiges Plätzchen im Schatten einer Platane stoßen, das
ihnen für ihre Diskussion besonders geeignet scheint.

»Und unter der Platane«, ruft Sokrates entzückt aus, »fließt die
lieblichste Quelle des kühlsten Wassers, wenn man seinen Füßen
trauen darf. Auch scheint hier nach der Statuen und Figuren ein
Heiligtum einiger Nymphen und des Acheloos zu sein.«[1]

Sokrates nennt den Ort göttlich und merkt im Laufe des
Gesprächs schon bald, dass die Nähe des Wassers ihn seltsam
berauscht und zu poetischen Höhenflügen inspiriert. Er warnt den
Freund, dass er seine Gedanken demnächst in Dithyramben klei-
den werde, sollte er von den Nymphen vollends ergriffen werden.
Und wenig später will er das Gespräch sogar abbrechen, aus
Furcht, die Nymphen, zu denen ihn Phaidros absichtlich geführt
haben soll, könnten ihn begeistern. Damit meinte er jene Art von
Besessenheit, die durch die Berührung mit den Nymphen die
menschliche Wahrnehmung bis zum Göttlichen erweitert und den
Dichter in einen Seher und Sprecher verborgener Wahrheiten
verwandelt. Dieser göttliche Wahnsinn tritt in der westlichen
Kulturgeschichte sporadisch unter dem Namen Nympholepsie in
Erscheinung. Ursprünglich als krankhafte Sehnsucht nach uner-
reichbarer göttlicher Erkenntnis verstanden, hat sich der Begriff
im Laufe der Jahrhunderte immer mehr auf das Symbol selbst –
die Nymphe – konzentriert und bezeichnet spätestens seit Vladimir

Nabokovs *Lolita* mitunter auch die Verfallenheit eines Mannes für ein sehr junges Mädchen – pornografische und pädophile Konnotationen inbegriffen.

Solche »Nympholeptiker« haben nichts mit Sokrates gemeinsam, der sich am Ilissos von den Nymphen in die Geheimnisse des Göttlichen einweihen lässt, sie sind eher die Voyeure und Schänder, von deren Taten man in den Zeitungen liest. Zumindest in der Literatur lassen sich jedoch zwischen der Bedeutung der Nympholepsie in den Dialogen des antiken Philosophen und in dem Skandalroman des modernen russisch-amerikanischen Schriftstellers verschiedene Nuancen des Begriffs verfolgen. Und parallel dazu tauchen hier und dort in der Literaturgeschichte Nymphen auf, die als mehr oder weniger vergeistigte Mädchen dem Poeten quälende Sehnsüchte einpflanzen.

Eine solche Nymphe war die Tochter des großen Dichters der englischen Romantik William Wordsworth. Die kleine Catherine wuchs im cumbrischen Lake Distrikt auf und war somit auch wörtlich ein Wesen jener Seen, die der von Gletschertälern und vulkanischen Bergzügen geprägten Landschaft ihren Namen gegeben haben. Grasmere, ein Dorf am Fuß der Cumbrian Mountains, war ihre Heimat, und die Lake Poets, die hergezogen waren, um ihrem Vater nahe zu sein, ihre Bezugspersonen. In Grasmere liegt sie zwischen Eltern und Geschwistern begraben, und wenn sie einen dieser »Seendichter« nicht im sokratischen Sinne begeistert hätte, wäre sie, die nicht einmal vier Jahre alt wurde, heute höchstens eine Fußnote in den Biografien ihres Vaters wert.

Wie sah Catherine aus? Wie war ihre Augenfarbe, wie der Klang ihrer Stimme? Wir wissen es nicht. In einem Gedicht über sie betont Wordsworth nur ihr fröhliches Wesen und die Unabhängigkeit, sagt, dass sie wild und verspielt sei, verweigert aber eine präzisere Charakterisierung. Die Zeilen, in denen die obligate Hymne an die Unschuld nicht fehlt, könnten auf ein beliebiges Mädchen gemünzt sein. Sie sind von einem Menschen geschrieben, für den als

Gedichtsujet offenbar weniger die Individualität seiner dreijährigen Tochter im Vordergrund gestanden hat als vielmehr die Idee des Kindseins an sich.[2] Dass Catherine in der Literatur dennoch so etwas wie eine eigenständige Kontur und Persönlichkeit erhalten hat, kann wider Erwarten nicht auf die Dichtung des Vaters zurückgeführt werden.

Das Mädchen kam im September 1808 zur Welt, in einer Zeit, in der Wordsworth den revolutionären Ideen seiner Jugend längst abgeschworen hatte und es sich, von seiner Frau Mary, der treuen Schwester Dorothy und der Schwägerin Sarah fürsorglich umschwärmt, zunehmend in einer ruhigen kleinbürgerlichen Existenz bequem machte. Das Liebäugeln mit William Godwins anarchistischer Philosophie hatte er aufgegeben und die Affäre mit der Französin Annette Vallon, die ihm eine Tochter beschert hatte, als Ausrutscher verdrängt. Wordsworth gefiel sich nunmehr in der Rolle des strengen Moralisten und unantastbaren Dichters. Seine produktivsten Jahre hatte er hinter sich; ein ganzes Jahrzehnt war schon seit der Veröffentlichung der *Lyrical Ballads* verstrichen, jenes Gedichtbands, in dem er gemeinsam mit dem Freund Samuel Taylor Coleridge unter die Gekünsteltheit neoklassischer Poesie einen Schlussstrich gezogen und mit neuer, frischer Sprache den Weg in die Romantik gewiesen hatte. Ja, das Leben hatte ihn gewissermaßen eingeholt. 1808 beschäftigten ihn jedenfalls weniger poetische Ideale als kleinere Haushaltsprobleme, und wenn Wordsworth nicht gerade als geizig galt, so scheint doch, dass ein spartanischer Lebensstil und die Sorge um ein adäquates Einkommen seinen Alltag immer stärker

William Wordsworth auf Helvellyn. Gemälde von B. R. Haydon.

beherrschten. In Anbetracht der Tatsache, dass der achtunddrei-ßigjährige Wordsworth 1808 als Vater von vier Kindern die Verantwortung für eine achtköpfige Familie (seine Schwester und seine Schwägerin lebten im selben Haushalt) trug und dazu den opiumsüchtigen Coleridge beherbergte sowie an Wochenenden auch dessen Familie, kann Wordsworths Geschäftssinn, so unpoetisch dieser auch anmuten mag, letztlich nicht verwundern.

Wenige Monate vor Catherines Geburt hatte er seinen kommunenartigen Haushalt in ein größeres Haus auf einer Anhöhe verlagert, und hier, in Allan Bank, lebte Little Kate in der spannungsgeladenen Atmosphäre unter Dichtern, die verschiedener nicht hätten sein können und sich nach den befruchtenden Anfangsjahren ihrer Freundschaft immer mehr auseinander lebten. Coleridge, der Unzuverlässige, Wankelmütige, pflegte bis in den Nachmittag hinein seinen Opiumrausch auszuschlafen und dann irgendwelchen Launen zu folgen, während Wordsworth einer strikten Arbeitsroutine nachging und missbilligend, aber auch betrübt, mit ansehen musste, wie sich der Busenfreund der Jugendjahre gesundheitlich zugrunde richtete und die letzten Funken seiner Genialität versprühte. Als sich Coleridge schließlich im Oktober 1811 freiwillig in die Obhut eines befreundeten Anwalts begab und nach London zog, atmeten Wordsworth und seine Frauen regelrecht auf; die Routine des häuslichen Glücks konnte wieder ungestört seinen Lauf nehmen.

In Catherines ersten drei Lebensjahren war Coleridge jedoch stets präsent und, einem unglücklichen Vorfall nach zu urteilen, zeitweise sogar präsenter als die Eltern. An jenem Tag, als Catherine erstmals ernsthaft erkrankte, befand er sich allein im Haus mit dem Kind und Sarah Green, einer jungen Waisen, die bei den Wordsworths als Kindermädchen angestellt war. Gegen Mittag, für Coleridge ungefähr die Zeit zum Frühstücken, kam er von seinem Zimmer herunter und sah, wie Sarah Green der kleinen Catherine Möhren zu essen gab. Er mahnte das Kindermädchen beim Vorbeigehen, dass rohe Möhren für Kleinkinder ungeeignet seien, doch Sarah hörte nicht auf ihn. Bald darauf plagten Catherine Bauchkrämpfe, die schließlich so heftig wurden, dass man um ihr Leben fürchten musste. Sie erholte sich gegen Abend, aber von diesem Tag an litt die Kleine auf der linken Seite an Lähmungen, oder, wie der Chronist dieses Unglücks schreibt: »eine[r] Art Atonie oder unvollkommene[n] Verteilung der vitalen Kraft.«[3]

Thomas de Quincey, der dies berichtet, stieß am Nachmittag hinzu, als Catherine noch immer mit dem Tod rang. Seine Sätze, fast 30 Jahre später zu Papier gebracht, vibrieren noch vom damaligen Schrecken und verbergen kaum den Vorwurf an die Eltern, das Kind in der Obhut eines unzuverlässigen Kindermädchens und nicht minder unzuverlässigen Dichters gelassen zu haben. De facto lebte De Quincey seit zwei Jahren als Nachbar der

Dove Cottage.
Zeichnung von
Dora Wordsworth.

Wordsworth in Dove Cottage, eben dem Haus, das sie aus Platzmangel vor Catherines Geburt verlassen hatten, doch verbrachte er oft Wochen in Allan Bank, um seine philosophischen Diskussionen mit Coleridge nicht unterbrechen zu müssen und die Nähe des über alles verehrten Wordsworth ungestört genießen zu können. In jener Zeit erlaubte sich De Quincey noch, dessen Haus als eine Erweiterung des eigenen aufzufassen, und so verstrich kaum ein Tag, an dem er nicht bei ihm vorbeischaute. Die buchstäblich abgöttische Verehrung für den Dichter war es gewesen, die den jungen Oxforder Studenten De Quincey in den Lake Distrikt gelockt und, wie er selbst sagt, im antiken Sinne zum Nympholeptiker gemacht hatte. Es sollten jedoch etliche Jahre vergehen, bis die inspirierende Seenlandschaft auf ihn wirken und er zur Feder greifen würde – was er dann allerdings eher aus finanzieller Not tat. Mehr als vom Wasser fühlte er sich einstweilen von Wordsworth angezogen. Täglichen Umgang mit ihm und seiner Familie zu pflegen, bedeutete für diesen potenziellen Literaten, der noch kein Wort geschrieben hatte, das höchste Glück und gab ihm jenes unvergessliche Gefühl häuslicher Geborgenheit zurück, das er mit elf Jahren verloren hatte, als die Eltern ihn nach Bath in die Grammar School schickten. Die Beziehung zwischen Wordsworth und De Quincey war von Anfang an durch die Süffisanz des Älteren und den zügellosen Enthusiasmus des Jüngeren ungleich verteilt und blieb es, bis die Freundschaft, die De Quincey so sehnlich gewünscht hatte, an den kleinlichen Reibereien des Alltags scheiterte. Am Tag, als Catherine erkrankte, war von solchen Verstimmungen zwischen Dove Cottage und Allan Bank noch nichts zu spüren. De Quincey hatte sich endlich mit der steifen Manier des Dichters abgefunden und betrachtete ihn als einen Mann, »… der sich so sehr in unzählige Gegenstände gleicher Anziehungskraft verstreut, dass er in seinem Herzen keine Zellen für starke individuelle Bindungen mehr übrig hat.«[4] Und überhaupt musste De Quincey inzwischen eingesehen haben, dass Männer von außergewöhnlichem Genie sich weit besser als Objekt ferner Bewunderung eigneten denn als tägliche Kameraden.

Dennoch belagerte er Wordsworth regelrecht, drängte sich auf, war mit sanften oder weniger sanften Winken scheinbar nicht mehr auf Distanz zu halten. Nicht, dass De Quincey der Familie wirklich lästig gefallen wäre, nein, dazu war der quirlige Gelehrte zu interessant und seine Diskurse unverzichtbar bereichernd. »Wir fühlen oft, als wäre er einer der Familie …«, schrieb Wordsworths Schwester Dorothy:

> Er ist fürsorglich, sanft und glücklich – ein vortrefflicher Gelehrter und scharfer Logiker – so viel über seinen Geist und seine Manieren. Als Person ist er leider kleingewachsen, aber es gibt da eine Anmut in seiner äußeren Erscheinung, vor allem um die Augen, die schon bald die Seltsamkeit des ersten Gefühls vergessen lässt, die man beim Anblick eines derart kleinen Mannes empfindet. John schläft bei ihm und hängt leidenschaftlich an ihm.[5]

Thomas De Quincey.
Gemälde von John
Watson Gordon, 1830.

John, das drittälteste Kind von Wordsworth, war nicht der einzige, der leidenschaftlich an De Quincey hing; auch die kleine Catherine entwickelte von frühestem Alter an eine große Zuneigung zu ihm, welche jene zu den eigenen Eltern möglicherweise übertraf. Dieser Nachbar, der sämtliche Gedichte Coleridges und viele von Wordsworth auswendig hersagen konnte, der fließend Altgriechisch sprach und für den Kants Philosophie keine Geheimnisse hatte, entpuppte sich im Umgang mit der Familie Wordsworth nämlich nicht nur als ebenbürtiger Gesprächspartner der beiden Dichter, sondern auch als reinster Kindernarr. Er spielte mit Wordsworths Kindern, erzählte ihnen Geschichten, nahm sich Zeit für sie und genoss es, sie in seinem Cottage um sich zu haben. Im Gegensatz zu Wordsworths Sprödigkeit und Coleridges phlegmatischer Nonchalance war De Quincey dank seiner Spontaneität und Offenherzigkeit in diesem hochkarätigen Triumvirat bald der eindeutige Liebling aller Kinder. Mehr noch: Trotz der Präsenz dreier Frauen in Wordsworths Haushalt scheint De Quincey zeitweise gar als Ersatzmutter verstanden worden zu sein – und er liebte diese Rolle. Er erfüllte sie gewissenhaft, ja pedantisch und mit einem ausgeprägten Sinn für Verantwortung, vor allem im Fall der kleinen behinderten Kate. Wiederum ist es Dorothy, die sich lobend über De Quinceys Fürsorge äußert:

> Mr. De Quincey hat uns das Versprechen abgenommen, dass er ihr einziger Tutor sein wird; so werden wir es nicht wagen, ihr einen einzigen Buchstaben in einem Buch zu zeigen, wenn sie alt genug ist; und du kannst erwarten, dass sie eine sehr gelehrte Lady sein wird, denn Mr. De Q ist ein ausgezeichneter Gelehrter. Sollte er sie jedoch nicht zur Liebe fürs Lernen inspirieren können, so bin ich sicher, dass er in einem nicht scheitern wird. Seine sanfte, liebenswürdige Art muss sie zur Sanftheit und zu liebenswürdigen Gedanken führen.[6]

Catherine lebte nicht lange genug, damit De Quincey ihr auch nur das Lesen hätte beibringen können. Sie starb am frühen Morgen des 5. Juni 1812 an Krämpfen, nachdem sie zwei Tage zuvor noch mit ihrem Bruder auf dem Friedhof von Grasmere herumgerannt war, scheinbar gesund und, wie ihre Tante Dorothy und Einwohner von Grasmere feststellten, von ihrer Behinderung fast geheilt.

Der Zufall wollte es, dass auch zu diesem Zeitpunkt die Eltern abwesend waren. Mary, die Mutter, weilte seit Wochen mit ihrem Bruder ferienhalber in Wales, und Wordsworth war nach London gereist, um seine Zwistigkeiten mit Coleridge auszubügeln. Es scheint, dass von der Familie allein die Tanten Dorothy und Sara und der kleine Bruder John Catherine das letzte Geleit gaben. De Quinceys Vorwürfe an die Eltern, die er bei der Beschreibung von Catherines erster Erkrankung noch zurückhaltend formuliert hatte, richteten sich diesmal mit eindeutigeren Worten an den Vater. Catherine habe, so schließt De Quincey ab, in keiner Weise je zu Wordsworths Lieblingen gezählt, mit andern Worten: Ihm war die Kleine gleichgültig gewesen.

Vielleicht hatte De Quincey Recht.[7] Er verweilte indessen nicht lange bei seinen Vorwürfen, sondern gab sich in seinen Erinnerungen von Little Kate ganz dem schmerzlichen Gefühl des Verlustes hin. Der Text über Catherine, eingebettet in seinem vierten Essay über die *Society of the Lakes*, gehört zu den Glanzstücken von De Quinceys Prosa und sticht durch die knappe, aber psychologisch nuancierte Analyse der eigenen Gefühle aus dem riesigen Schriftenkonvolut heraus, in dem De Quincey seinem Hang zum Ausufern allzu viel Raum lässt. Er erzählt darin von seiner Liebe zu Catherine, und wie das Mädchen diese erwiderte und zeitweise mehr bei ihm als bei den Eltern gewohnt habe: »… so oft ich sie von zu Hause weg locken konnte, spazierte (sie) mit mir, schlief bei mir und war meine einzige Gefährtin … so dass ich mich blind, närrisch, sklavisch dieser einen Zuneigung hingab.«[8]

Von allen Episoden seines Lebens seien die Freundschaft mit Little Kate und deren Tod jene, auf deren Niederschrift er am wenigsten hätte verzichten können, schreibt De Quincey. So tief sei seine Leidenschaft für Catherine gewesen, so nahe am Wahnsinn seine Trauer, dass die Schilderung ihrer Gefühle gewiss »ein permanentes Interesse in der psychologischen Geschichte der menschlichen Natur«[9] hinterlassen werde.

De Quincey erinnerte sich aus einer Distanz von beinahe 30 Jahren. Und aus diesen Erinnerungen, die trotz der vergangenen Zeit gestochen scharf in seinem Gedächtnis hafteten, gestaltete er für ein wenig geliebtes und glückloses Mädchen das kleine literarische Denkmal, mit dem er es der Vergessenheit entriss. Vorerst aber schrieb er, geschockt von der Nachricht, die ihn in London erreichte, einen Brief an Dorothy Wordsworth, in dem er die glückliche Zeit mit Catherine noch einmal aus der Perspektive des Verlusts heraufbeschwor:

> Welch zärtliche, welch glückliche Stunden verbrachten wir zusammen! Viele Male, wenn wir allein waren, legte sie ihre süßen Arme um meinen Hals und küsste mich mit einer Innigkeit, die sogar mich berührte. Niemand kann aus ihrem Verhalten mir gegenüber vor anderen beurteilen, welche Liebe sie mir zeigte, wenn wir zusammen spielten oder redeten. In der Nacht, als sie im Winter bei mir schlief, lagen wir bis Mitternacht wach – und redeten oh wie zärtlich miteinander: Als wir einschliefen, lag sie in meinen Armen, ein- oder zweimal erwachte ich vom Druck ihres lieben Körpers; aber ich brachte es nicht übers Herz, sie zu stören. Viele Male in jener Nacht – wenn sie zärtliche Flüsterlaute von sich gab, schloss sie ihre kleinen Arme mit solcher Leidenschaft um meinen Hals – als hätte sie gewusst, dass es die letzte Nacht war, die wir zusammen verbringen würden. Ach, hübsches, hübsches Liebchen, möge Gott, dass ich dein Gesicht noch einmal gesehen und deine teuren Lippen noch einmal hätte küssen dürfen.[10]

Dorothy ihrerseits ließ De Quincey wissen, dass die kleine Catherine ihn bis zuletzt in Erinnerung behalten habe. Ein winziger Trost für den Hausfreund, der völlig niedergeschmettert die Reise zurück nach Grasmere antrat.

De Quinceys überschwängliche Trauer befremdete die Familie Wordsworth, sie sahen darin eine unwürdige Bloßlegung von Gefühlen, die höchstens einer Frau, nicht aber einem Mann von De Quinceys Stand geziemte, umso weniger als er in keinerlei Verwandtschaftsverhältnis zur Verstorbenen gestanden hatte. Nicht einmal die Mutter, in deren Trauer sich nun die Vorahnung weiterer Tode in der Familie mischten,[11] stellte ihr Leid so schamlos zur Schau wie er. Vor den Wordsworths, die sich stumm in ihren Schmerz hüllten, meinte De Quincey seine Gefühle jedoch einigermaßen im Griff zu haben, denn in seinen Erinnerungen gesteht er, dass ihn Catherines Tod an den Rand des Irrsinns getrieben habe. Während der nächsten zwei Monate legte er sich allnächtlich heimlich auf ihr Grab und brachte dort oft die ganze Nacht zu »… in schierer Intensität krankhafter, wahnsinniger Sehnsucht nach der Nähe zum Liebling meines Herzens.«[12] Nicht genug der nächtlichen Verzweiflung: Tagsüber schweifte er einsam über Land und beschwor mit seiner vom Kummer gesteigerten Einbildungskraft das Bild des verlorenen Mädchens hinter Hecken und Sträuchern herauf, sah es überall in der Natur auftauchen, bald eine »reizende Verkörperung der Morgendämmerung«, bald der personifizierte »Geist der Kindheit«. Den Schmerz des Verlustes, stellte er dabei fest, wollte er dadurch nicht etwa lindern, sondern im Gegenteil am Leben erhalten, schüren, um sich daran zu berauschen und auf diese Weise dem Kinde gefühlsmäßig nahe zu bleiben. Ewig trauern, auf immer im eigenen Fleisch wie einen Stachel spüren, was er mit dem Mädchen verloren hat, das wäre nach seinem Sinn gewesen.

Seine Trauer um Catherine nahm mit den Wochen die Dimension einer wahren Krankheit an. Er nannte sie mangels genauerer Ausdrücke ein »internes Leiden der Nerven«, das ihm das Gehen,

Dorothy Wordsworth als junge Frau.

vor allem aber das Atmen erschwerte. Jeder Atemzug bereitete ihm Mühe, jeder neue Anlauf, sich mit dem Luftschöpfen zum Leben zu bekennen, bedeutete qualvolle Anstrengung. Kein Arzt wusste Rat, weder in Liverpool noch in Birmingham, Bristol oder Bath. Erst in Clifton, wo er sich im November für kurze Zeit niederließ, stellte er eine Besserung seines Zustands fest: »Ich spürte gegen Mitternacht eine eigenartige Empfindung vom Knie abwärts: Sie avancierte innerhalb von etwa fünf Stunden und hörte dann auf, mich vollkommen befreiend von jeglicher Spur dieser schrecklichen Krankheit, die mich besessen hatte …«[13]

Heiße Salzbäder in Ilfracombe taten das Übrige. Und mit der physischen Genesung verschwand, wie durch ein Wunder, auch die Trauer um Catherine, ja sogar die Erinnerung an sie. De Quincey stellte verwundert, fast enttäuscht fest, dass er von einem Tag auf den andern geheilt war.

Die Spuren ihrer unschuldigen Gesichtszüge waren aus meinem Herzen vollkommen verschwunden. Sie hätte schon seit tausend Jahren tot sein können, so gänzlich war das letzte nachwirkende Bild ihres Gesichts oder ihrer Gestalt getilgt. Die kleinen Andenken von ihr, die ihre Mutter mir gegeben hatte, insbesondere ihre roten Lederschuhe, entlockten mir keinen Seufzer, wenn ich sie anschaute: Sogar ihr kleines mit Gras überwachsenes Grab, weiß mit Schnee, als ich im Januar 1813 nach Grasmere zurückkehrte, ward beinahe mit Gleichgültigkeit betrachtet.[14]

30 Jahre nach der Beschreibung seiner schwierigen Trauerarbeit kam de Quincey zu dem Schluss, dass seine Krankheit ein klassischer Fall des »alten heidnischen Aberglaubens einer Nympholepsie« gewesen sei. Es spricht hier natürlich der Kenner des Altgriechischen, aber auch ein Mensch, der ein halbes Jahr lang von allen unverstanden durch die Höllen der Besessenheit gegangen war.

Warum diese abgöttische Liebe zu einem Kleinkind? Warum diese extravagante Trauer? De Quincey lässt sich nicht so ohne weiteres unter die Männer reihen, die latente pädophile Neigungen literarisch sublimiert haben. Dass die kleine Catherine in seinen Armen geschlafen und ihn leidenschaftlich geküsst hat, will noch nicht viel besagen. Die Zeiten, in denen die individuelle »Privacy« großgeschrieben wird, waren noch nicht angebrochen, oft schliefen Familienmitglieder und Freunde zusammen in einem Bett, Kinder wie Erwachsene. Auch enthält De Quinceys essayistisches Werk keine Hinweise auf andere Mädchen, die ihn wie Catherine in ihren Bann gezogen hätten. Das Erlebnis mit Wordsworths Tochter bleibt einmalig in seiner Biografie. Drei Jahre nach Catherines Tod heiratete der dreißigjährige De Quincey das Bauernmädchen Margaret Simpson, nachdem er sie geschwängert hatte, und fristete mit ihr und den drei Töchtern in Grasmere und später in Edinburgh ein Dasein, das nicht aufgrund seiner charakterlichen Veranlagung, sondern allein wegen chronischen Geldmangels und seines hilflosen Umgangs mit materiellen Dingen das eines Außenseiters blieb.

Das Schlüsselwort zum Verständnis seiner »sklavischen« Liebe für Catherine liefert De Quincey gleich selbst: Es ist die Nympholepsie. Er bedient sich des Begriffs in seinen autobiografischen Schriften gleich mehrmals, und wenn man den jeweiligen Kontext näher betrachtet, wird klar, dass das Mädchen in De Quinceys Leben mit einer komplexeren Bedeutung befrachtet ist als jene einer süßen, anhänglichen Freundin. Bereits zwei Jahre vor seiner nympholeptischen Verfallenheit für Little Kate hatte De Quincey im Zusammenhang mit seiner Sehnsucht nach dem Lake District und Wordsworths Nähe dasselbe Gefühl empfunden und bezeichnete dieses in seinem autobiografischen Essay *Suspiria de Profundis* aus dem Jahre 1845 auch als Nympholepsie. Diese Besessenheit betrifft Wordsworths *Lyrical Ballads,* sie ist ein Sichberauschen an der poetischen Sprache eines Dichters der am Wasser wohnt, dort, wo die Nymphen auf ihre Opfer lauern. Doch schon lange bevor De Quincey mit Wordsworths Dichtung vertraut war, hatten ihn die altgriechischen Wasserbewohnerinnen einmal begeistert, nämlich in den Wochen nach dem Tod seiner Schwester Elizabeth. De Quincey war damals sechs Jahre alt, ein scheuer, stiller Knabe, dem sich mit dem Verlust seiner Lieblingsschwester die Tore der glücklichen Kindheit für immer schlossen. Wie bei Catherine analysiert De Quincey auch in diesem Erinnerungstext die eigenen Reaktionen und Mechanismen des Trauerns; er schildert die sorglosen Tage im Kreise seiner Schwestern und steigert sich in die Phantasie eines von weiblicher Präsenz geprägten Kindheitsparadieses hinein, das mit Elizabeths Tod ein abruptes Ende nimmt. Nach ihrem Tod folgen die düsteren Jahre in der Schule, unter Jungs, die miteinander rivalisieren und ihre Konflikte statt mit Worten mit Gewalt lösen. In De Quinceys Rückschau verkörpert die neunjährige Elizabeth die heile Welt der Kindheit. Mütterliches und Schwesterliches verschmelzen in ihrer Gestalt zur weiblichen Fürsorge, ohne die der kleine Junge schutzlos in der Welt steht. Wie bei Catherine wünscht sich De Quincey, seine Trauer möge ewig dauern, weil sie ihm das letzte Verbindungsglied zur Verstorbenen ist. Er richtet sich in ihr ein, züchtet die dunklen Gefühle und beobachtet, wie sie sich unaufhaltsam zur Todessehnsucht formen:

> Ja, das Licht kann kommen und gehen; Trauer kann zu- und abnehmen; Trauer kann sinken; und Trauer kann wieder wachsen, wie sie es in leidenschaftlichen Geistern oft tut, wachsen bis in den Himmel der Himmel hinauf; aber es gibt eine Notwendigkeit – dass sie, wenn zu sehr sich selbst in der Einsamkeit überlassen, schließlich in eine Tiefe hinabsteigen wird, von der es kein Wiederaufsteigen gibt; in eine Krankheit, die keine Krankheit scheint; in eine Sehnsucht, die, eben aufgrund ihrer Süße, den Geist verstört und als die wahre Gesundheit empfunden wird. Hexerei hat sich deiner bemächtigt, Nympholepsie hat dich geschlagen. Nun tobst du nicht mehr. Du willigst ein, nein, du bist lei-

denschaftlich angetan von deinem Zustand. Süß wird das Grab, auch weil du hoffst, sofort dorthin zu reisen; du schwelgst in der Trennung ... Gefährlich ist diese Krise für die Jugendlichen, ... diese himmlischere Hexerei der Trauer wird, falls ihrem eigenen natürlichen Lauf überlassen, in dieselbe Katastrophe des Todes münden.[15]

Erst dank der Nympholepsie, mit der De Quincey einen Bogen von Elizabeth über seine Sehnsucht nach Wordsworths Nähe zu Catherine spannt, wird nachvollziehbar, was das kleine Mädchen ihm bedeutet hat. Mit ihr war es ihm vergönnt, noch einmal die eigene Kindheit aufleben zu lassen und sich an seine Schwester zu erinnern. Beide Mädchen waren im Juni gestorben, einer Jahreszeit, in der sich für De Quincey der Tod eines geliebten Wesens wegen des Kontrastes zwischen der aufblühenden Natur und der »dunklen Sterilität des Grabes« besonders stark eingeprägt hatte. Der Tod im Sommer war für De Quincey seit frühester Kindheit mit starken biblischen Assoziationen behaftet. Als Elizabeth noch lebte, pflegte er abends mit den drei Schwestern am Kaminfeuer zu sitzen und dem Kindermädchen zu lauschen, während es ihnen Christi Passion aus der Bibel vorlas. Er stellte sich die sonnendurchfluteten Landschaften Palästinas vor und brütete über dem Wort Palmsonntag, das ihm wegen der Palmen das heiße orientalische Klima vor Augen führte. Für den tief religiösen De Quincey war der Tod fortan untrennbar mit Hitze und Sonne verbunden;[16] als Catherines Tod den Erwachsenen Jahrzehnte später in seine zweite nympholeptische Krise stürzte, fiel diese sicher auch wegen der Wiederholung der klimatischen Gegebenheit für ihn so einschneidend und gefährdend aus.

Catherines Tod besiegelte nicht nur ein zweites Mal das intakte Glück seiner Kindheit, sondern auch die angestrebte und nie ganz verwirklichte Intimität mit Wordsworth. Seine Freundschaft mit Little Kate hatte De Quincey den Zugang zum Dichter gesichert, doch als er nach seiner Trauerzeit im Januar 1813 nach Grasmere zurückkehrte und das lockere, gleichsam nomadenhafte Leben zwischen Dove Cottage und Allan Bank wieder aufnehmen wollte, bekam er von Seiten Wordsworths und seiner Schwester plötzlich zu spüren, dass er für sie nicht mehr als ein etwas zudringlicher Nachbar war. Dorothy, die De Quincey anfangs besonders zugetan gewesen war, kritisierte ihn in Briefen an Bekannte und verbreitete allerlei Klatsch über ihn. Sie beklagte sich zum Beispiel, dass die Lateinstunden des zehnjährigen Neffen John bei De Quincey auf nur 20 Minuten geschrumpft seien, und bezichtigte ihn im Umgang mit einer Hausangestellten des Geizes. Am meisten störte sie jedoch, dass De Quincey die Sträucher und Stauden, die sie ehemals eigenhändig im Garten von Dove Cottage gepflanzt hatte, zu stutzen wagte, um mehr Licht ins Wohnzimmer einzulassen. De Quincey fühlte sich in Wordsworths Kreis mehr und mehr unerwünscht. Der Umgang zwischen den beiden Männern war schwierig geworden und die Familie Wordsworth setzte nun alles daran, den Nachbarn auf Distanz zu halten, nicht zuletzt, weil de Quincey wie Coleridge Opium nahm. Vor der Aussicht, nach Coleridge möglicherweise einen neuen Sozialfall zur Last zu haben, graute allen in Dove Cottage.

De Quincey zeigte ihnen jedoch, dass dem nicht so zu sein brauchte, ganz im Gegenteil. Zwar befand er sich tatsächlich fest im Würgegriff der Droge und blieb es bis zu seinem Lebensende, doch gerade das Opium sollte sein schriftstellerisches Talent freilegen und ihn von einem Tag auf den andern in ganz England berühmt machen. In seinen *Confessions of an English Opium-Eater*, die 1821 in der literarischen Zeitschrift *London Magazine* erschienen, gelang es De Quincey, die persönlichen Erfahrungen mit der Droge, zu der er erstmals im Herbst 1804 wegen Zahnschmerzen und Neuralgien gegriffen hatte, in einer beispielhaft luziden Sprache zu untersuchen. Traumreisen in die Zeitlosigkeit, Schreckensvisionen und tiefste existenzielle Ängste – der Autor schilderte die halluzinatorischen Wirkungen des Opiums auf seinen Geist mit strengster Kontrolle der sprachlichen Mittel. Eben in diesem Gegensatz zwischen der analytischen Klarheit seiner Sätze und der chaotischen Welt der erinnerten Suchtvisionen ist die Qualität dieses modernen Textes zu orten, mit dem De Quincey die französischen Romantiker auf ihrer Suche nach den *paradis artificiels* nachhaltig beeinflussen sollte.

Heute kennt man De Quincey zu Unrecht fast nur noch als Autor dieser *Confessions*. In der Masse seiner essayistischen Texte über Kindheit und Jugend sowie die späteren Jahre im Lake District sollten die Erinnerungen an jene mindere Besessenheit, die Nympholepsie, jedoch nicht vergessen werden. De Quincey hat darin ein Stück psychologisch gründlich recherchierte Autobiografie geliefert und das Bekenntnis seiner Faszination für ein kleines Mädchen abgelegt, das in der englischen Romantik wegen seiner ungekünstelten Ehrlichkeit einmalig dasteht.

Sophie von Kühn
Novalis' Schutzgeist

»Wie kannst Du in einer Viertelstunde ein Mädchen durch-
schauen?«, empörte sich Novalis' Bruder Erasmus. »Noch über-
dies ein Mädchen von so außerordentlichen Eigenschaften, wie
Du mir jene beschreibst? Wenn Du mir ›ein Vierteljahr‹ geschrieben hättest, so hätte ich noch Deine Talente in der Kenntnis des
weiblichen Herzens bewundert, aber *eine Viertelstunde …*«[1]

Friedrich von
Hardenberg (Novalis)
mit ca. 15 Jahren.
Zeitgenössisches
Porträt.

Der zweiundzwanzigjährige Friedrich von Hardenberg, der wenig
später seine Dichtungen und philosophische Fragmente unter
dem Pseudonym Novalis veröffentlichen sollte, war sich nach seinem ersten Besuch auf Schloss Grüningen nördlich von Tennstedt
allerdings sicher: Eine Viertelstunde hatte ihm genügt, um zu wissen, dass er in der jungen Sophie die ersehnte Gefährtin fürs Leben gefunden hatte. »Eine Viertelstunde hat mich bestimmt«, erkannte er nachträglich, und diese Bestimmung, die eine ebenso
jähe wie radikale Wende in seiner Biografie einleitete, gehört nach
über 200 Jahren noch immer zu den erstaunlichsten Ereignissen im
Leben des frühromantischen Dichters, typisiert sie doch im Sinne
eines wunderbaren Schicksalsschlags in fast verdächtiger Weise
das Romantische schlechthin.

Die schicksalhafte Begegnung ereignete sich am 17. November
1794. Der Student Friedrich von Hardenberg hatte im Juni das
juristische Examen an der Universität Wittenberg abgelegt und
war gerade dank väterlicher Bemühungen beim Kreisamt von
Tennstedt in Thüringen zum Gerichtsschreiber ernannt worden.
Die sorglosen Studienjahre, der sogenannte Philisterstand, den
Hardenberg in vollen Zügen genossen hatte, lag hinter ihm, und er
fühlte die Zeit reifen, seinem Leben einen festen Grund und –

ohne auf das Dichten und Philosophieren verzichten zu wollen – seiner ausschweifenden poetischen Fantasie eine Linie zu geben. Die kleine Kurstadt, Sitz der Verwaltungs- und Gerichtsbehörde des kursächsischen Thüringen, bot Hardenberg außer den lehrreichen Gesprächen mit dem Amtmann Coelestin August Just, bei dem er wohnte, jedoch wenig geistige Anregungen. Er beklagte sich in den ersten Wochen nach seinem Wegzug aus dem Elternhaus in Weißenfels, dass er neben dem Verfassen von juristischen Protokollen viel zu wenig Zeit zum Lesen und für die Pflege von Freundschaften übrig habe. Sein Bedürfnis, mit Geistesverwandten in geselliger Runde zusammen zu sitzen und philosophische und literarische Fragen zu erörtern, blieb in Tennstedt weitgehend unbefriedigt, und das bedeutete in seinem Fall auch, dass den vielen Ideen, die in ihm gärten, die Möglichkeit der Ausgestaltung einstweilen versagt war. Hardenberg brauchte bekanntlich das persönliche Gespräch, um die unzähligen Gedanken, zu welchen ihn seine Beschäftigung mit den verschiedensten Wissenszweigen anregte, zu sortieren und kohärent auszugestalten. Er wollte sich, wie er dem Freund Friedrich Schlegel am 1. August 1794 geschrieben hatte, »… nicht, wie ein Spießbürger, allzu enge Gränzen machen«,[2] sondern diese im Gegenteil sprengen und dadurch neue Querbezüge schaffen, neue Einsichten gewinnen. Das Leben im Provinznest Tennstedt eignete sich für seinen Vorsatz kaum; die Freunde, in deren Kreis Hardenberg geistig erst richtig aufblühte, waren nur brieflich zu erreichen, es fehlte ihm der erregende Diskurs, vor allem das »Symphilosophieren« mit Schlegel, das ihn jeweils zu Schwindel erregenden geistigen Höhenflügen animieren konnte. Vielleicht vermisste der junge Gerichtsschreiber auch die Gesellschaft seiner beiden Brüder Carl und Erasmus, in deren Gegenwart er eine sehr viel irdischere Seite seines Charakters ausleben und genießen konnte; gern stellten die Brüder in ihrer Freizeit den hübschen Mädchen nach, sponsierten – heute würde man flirten sagen – oder kommentierten untereinander in kumpelhafter Männerart die körperlichen Vorzüge junger Passantinnen. In Tennstedt nun musste sich Hardenberg während seiner knapp bemessenen Freizeit allein nach solchen frivolen Vergnügungen umsehen, wohl ohne großen Erfolg, denn er wurde, wie er zugibt, während der Arbeit ständig »vom Wollustteufel schikaniert«.

Es scheint, dass Novalis bereits im Sommer 1794 die Bereitschaft zu einer dauerhaften Bindung in sich spürte. Nicht so sehr die Liebe stand in seinen Überlegungen im Vordergrund, sondern die Verpflichtung gegenüber dem Staat, als verheirateter Mann und Familienoberhaupt ein solides Fundament für dessen Wohlfahrt zu legen. Sein häufig zitierter Satz aus jener Zeit »Ich sehne mich ungeduldig nach Brautnacht, Ehe und Nachkommenschaft«[3] ist denn weniger als Ausspruch eines jungen, sexuell geplagten Mannes zu werten als vielmehr im Kontext sozialer Verantwortung zu verstehen, zu der sich Novalis in jenen Monaten erstmals bewusst berufen fühlte.

Als Novalis dem Gutsherrn von Schloss Grüningen, dem kurfürstlich sächsischen Leutnant und Rittmeister Johann Rudolf von Rockenthien an besagtem 17. November einen Dienstbesuch abstattete und von dessen kinderreicher Familie sogleich aufs Herzlichste aufgenommen wurde, lag es angesichts der Auswahl an jungen Mädchen, die ihn dort umschwärmten, in der Luft, sich zu verlieben. Rockenthiens zweite Frau, Sophie Wilhelmine von Kühn, hatte sechs Kinder in die Ehe gebracht, darunter vier Töchter, und weitere vier Kinder waren aus der neuen Verbindung hervorgegangen. Sophie war ihre zweitjüngste Tochter aus erster Ehe und zwölfeinhalb Jahre alt, in Novalis' verklärendem Sinne ein schönes, unverdorbenes Mädchen. Auf sie, die er damals zwei Jahre älter schätzte, fiel nach nur einer Viertelstunde seine Wahl.

Die Spuren der wirklichen Sophie sind im Unterschied zu der von Novalis später idealisierten Braut dünn gesät. Tagebuchaufzeichnungen und ein paar Briefe an Novalis verraten vor allem ihre dürftige Schulbildung und wenig bis gar nichts über die Gefühle, die sie für den Dichter hegte. Ihre Schreiben wirken konventionell und kreisen hauptsächlich um Alltägliches, in dem kein Platz für Selbstreflexion ist. Überhaupt nimmt sich das Mädchen im Schoß ihrer großen Familie kaum je als Individuum wahr. Zwar gefällt sich Sophie in der Rolle der umworbenen Braut, vermag aber ihrerseits die Liebe, die von ihr erwartet wird, nur schlecht auszudrücken und wegen ihres jungen Alters in ihrer ganzen Tiefe noch gar nicht richtig zu empfinden.

»Lieber Hardenberg«, schreibt sie ihm ein Jahr nach ihrer Bekanntschaft,

> erstlich danke ich Ihnen recht sehr für Ihren Brief zweidens für Ihre Hare und dritens für das niedliche Etwie welges mir sehr fihlen Spas gemacht hatt. Sie fragen ob Sie an mich schreiben dürfen? Sie können versichert sein, dass es mir allemahl sehr angenehm ist von Ihnen einen Brief zu lessen …[4]

Angenehm, schreibt sie, das ist kaum das Vokabular einer Verliebten. Im Laufe der Monate entwickelte die junge Sophie allerdings einen neckischen Befehlston in ihren Briefen, wenn es darum ging, Novalis nach Grüningen zu locken. Seine Gegenwart heiterte ganz offensichtlich ihren Alltag auf. Wenn die Arbeit ihn allzu lange von ihr fernhielt, schimpfte sie mit ihrem Anbeter und spielte mit der Vorstellung, dass er ihr ganz gehöre und deshalb gefälligst zu gehorchen habe:

> Morchen kommen Sie allso nicht? nu kommen Sie nur hipsch auf den Montag lieber Hardenberg und machen Sies nicht wie immer vertrösten auf eine Zeit zur andern und kommen am Ende doch nicht aber dass sag ich Sie auch so balt türfen Sie mier nicht wech.[5]

Außer diesen ungeschickten Freundschaftsbekundungen zeugt noch erstaunlich Weniges von Sophies Existenz. Schloss Grüningen beherbergt seit mehreren Jahrzehnten ein Diakonie-Pflegeheim, das

ihren Namen trägt, und an der Mauer des
Friedhofs von Grüningen, in dem sie beigesetzt wurde, gedenkt ihrer eine Tafel –
wobei der genaue Standort ihres Grabes,
an dem Novalis ein paar Monate nach
ihrem Tod so tiefgreifende und erschütternde Erlebnisse hatte, heute nicht mehr
mit Sicherheit nachgewiesen werden
kann. Immerhin existiert ein Aquarell-
Porträt von ihr, eine Büstenansicht im
Profil, die ein Mädchen mit zarten Ge-

Schloss Grüningen.

sichtszügen präsentiert. Gleichzeitig weisen die spitze Nase, das
markante Kinn und insbesondere die großen dunklen Augen auf
jene Energie hin, die man aus ihren kurzen Briefen herausspürt.
Ein ähnliches Bildnis – dem Vergleich mit dem Aquarell nach zu
urteilen eine Kopie des letzteren – findet sich auf Novalis' Verlobungsring, der im Museum von Schloss Weißenfels ausgestellt
ist. Mehr hat die Welt von Sophie nicht behalten, die wichtigeren
Spuren, die sie hinterlassen hat, sind bei Novalis zu suchen, in seinen Tagebüchern, seinen Dichtungen und Gedankenfragmenten
aus den vier Jahren, um die er seine Braut überlebt hat.

Einstweilen aber genoss der frisch verliebte Novalis eine euphorische Zeit. So oft er konnte, ritt er nach Grüningen, um seine Zeit
mit Sophie und deren Familie zu verbringen. Diese nahm ihn von
Anfang an wärmstens auf und hieß ihn wenige Monate später auch
als zukünftigen Schwiegersohn willkommen. Novalis hatte bekanntlich großen Charme und wusste diesen besonders bei Frauen
einzusetzen. Seine anregende Konversation und die geschliffenen
Umgangsformen waren das eine, aber von weit größerer Wirkung
war sein Wesen selbst, die Intensität seines Innenlebens, die seine
Augen stets mit einem unüblich starken Feuer beseelte. Der
Freund Ludwig Tieck schrieb über ihn »Seine Freundlichkeit,
seine offene Mitteilung machten, daß er allenthalben geliebt war,
seine Virtuosität in der Kunst des Umganges war so groß, daß

geringere Köpfe es niemals wahrgenommen haben, wie sehr er sie übersähe.«[6] In ihren Briefen an Novalis bekunden Sophies Schwestern, ja selbst Sophies Mutter offen ihre Begeisterung für ihn und werben um seine Freundschaft. Auch der Vater war Novalis vorbehaltlos zugetan. Er schätzte dessen vife Intelligenz und war sich in seiner Position auch nicht zu schade, einmal wegen eines leidlichen Försterzwists auf seinem Territorium die juristische Hilfe des jüngeren Freundes zu beanspruchen. So standen Novalis – und bald darauf auch seinen Brüdern Carl und Erasmus – die Tore von Schloss Grüningen jederzeit weit offen. Hier nun konnte Novalis, der selbst aus einer kinderreichen Familie stammte, seinen ausgeprägten Familiensinn ausleben. Für ihn war von Anfang an klar, dass er Sophie heiraten und mit ihr eine große Familie gründen würde. Im März des folgenden Jahres, zwei Tage vor ihrem 13. Geburtstag, hatte er sie auch schon so weit gebracht, dass sie in eine inoffizielle Verlobung einwilligte. Von der Seite der Rockenthiens stand dieser nichts im Weg, im Gegenteil, sie wurde allseitig jubelnd begrüßt. Dass Novalis diese aber vorläufig geheim halten wollte, dürfte auf die Furcht vor der väterlichen Reaktion zurückzuführen sein. Er kannte den Zorn des Vaters, hatte ihn sich schon einmal zugezogen, als er während seiner kurzen Studentenzeit in Leipzig, Ende 1792, eine Bürgerliche des Ortes hatte heiraten wollen. Dieser Zorn war schrecklich gewesen und hatte eine monatelange Entfremdung zwischen Vater und Sohn bewirkt, die Novalis schließlich zu einer schmerzhaften Bilanz ihrer Beziehung bewog. Am 9. Februar 1793 hatte er dem aufgebrachten Vater geschrieben:

Du, bester Vater, bist die größte und fast einzige Schwierigkeit, die ich zu überwinden habe … So freundschaftlich und warm Du zuweilen bist, so eine hinreißende Güte Du so oft äußerst, so hast Du doch auch sehr viele Augenblicke, wo man sich Dir nur mit schüchterner Furchtsamkeit nähern kann und wo Dein feuriger Charakter Dich zu einer Teilnahme treibt, die zwar Ehrfurcht, aber nicht freies,

Sophie von Kühn.

unbefangenes Zutrauen gebietet. Nicht gerade Deine Hitze meine ich, sondern auch jene tiefe erschütternde Empfindung, die Dich ergreift, wenn Du auch in einer anscheinenden Ruhe und Kälte bist. Und dies fürcht ich am meisten.[7]

Im Unterschied zu jener Leipzigerin war Sophie immerhin adligen Geschlechts, und Freiherr von Hardenberg, der Novalis' Heiratsabsichten schon bald erfuhr, lernte die Familie Rockenthien, insbesondere aber Sophie sehr rasch schätzen. Nicht selten kam es dann vor, dass Novalis herzliche Grüße der Eltern an Sophies Familie überbringen musste und umgekehrt.

»Sophia sey mein Schuz Geist« ließ Novalis auf der Innenseite seines Verlobungsrings eingravieren. Dass der erwachsene Hardenberg das Bedürfnis hegte, sich unter den Schutz einer Dreizehnjährigen zu stellen, könnte seltsam anmuten. Aus seinen Briefen und Aufzeichnungen der vorangehenden Monate wird jedoch ersichtlich, dass sich Novalis einer wachsenden inneren Unruhe bewusst geworden war und einzusehen begann, dass sein schweifender Geist und die starke Triebhaftigkeit, die ihn seit geraumer Zeit beschäftigte, auf die Dauer seinem Willen zu Bürgerspflicht und Gehorsam in die Quere kommen würden. Heiraten, eine Familie gründen und einer geregelten Arbeit nachgehen: Darin erkannte er den Ausweg aus seinem Dilemma und das einzige Mittel, um das Kindlich-Schwärmerische in sich zu besiegen und sich endlich zu

Novalis' Verlobungsring mit einem Porträt von Sophie von Kühn und der Gravur »Sophia sey mein Schuz Geist«.

wahrer Männlichkeit zu erziehen.[8] Den »schädlichen Einfluß des romantischen Schwungs«, der ihn immer wieder von seiner Bürgerspflicht abzulenken drohte, galt es ein für alle Mal zu bannen, und darin sollte ihm die kindliche, jungfräuliche Sophie beistehen. Da sie noch so jung war, musste er lernen, einstweilen seine Triebhaftigkeit zu zügeln, konnte aber seiner Fantasie von zukünftiger Brautnacht, Ehe und Nachkommenschaft freien Lauf lassen. Mit Sophie wuchs seine Zuversicht, sich als ganzheitlicher Mensch – als Individuum und Bürger – entwickeln zu können. In seinen Augen markierte die Bekanntschaft mit ihr den Wendepunkt in seinem unsteten, scheinbar orientierungslosen Leben. Seinem Glück verlieh er anlässlich von Sophies 13. Geburtstag in leichten Versen Ausdruck:

Wer ein holdes Weib errungen
Stimme seinen Jubel ein.
Mir ist dieser Wurf gelungen
Töne Jubel – die ist mein.
So hat mir das Herz geschlagen
Nie so hoch und nie so gut.
Künftig neigt vor meinen Tagen
Selbst der Glücklichste den Hut.

Bei aller Unbeschwertheit flocht Novalis in der fünften Strophe aber auch die Rückschau auf seine Rastlosigkeit ein, die er dank der Verbindung mit Sophie endlich besiegt wähnte:

Liebes Mädchen deiner Liebe
Dank ich Achtung noch und Wert,
Wenn sich unsre Erdenliebe
Schon in Himmelslust verklärt.
Ohne dich wär ich noch lange
Rastlos auf und ab geschwankt
Und auf meinem Lebensgange
Oft an Überdruß erkrankt.[9]

Im Gegensatz zu ihrem Verlobten fielen Sophie zu dieser emotional ereignisreichen Zeit hingegen bloß Allerweltsfloskeln ein: »Heute war Hartenberch bey uns und es viel weider gar nichts vor.« (1. März 1795), »Heute hatte ich ein Schnubfen aber um 4 ging ich in die Pfarr und wie ich wieder nach Hause kam war H[artenber]ch vort.« (3. März), »es war heute Busstag und Hartenb. war da.« (13. März), »Heute war Hartenber. noch da er grichte einen Briev von seinen Bruder.« (13. März)[10]

Zwei Tage später verlobte sich Sophie mit dem Mann, dessen Namen sie in ihrem Tagebuch kein einziges Mal richtig schrieb. Einen Hinweis auf die Feier, welche die Familie sicherlich für das Paar veranstaltet hat, sucht man vergebens. Sophie bleibt wie immer mit beiden Füßen auf dem Boden, und wenn man von einem Kind auch nicht erwarten kann, dass es sich über seine Gefühle auslässt, so vermisst man in diesem Tagebuch doch einen Funken mädchenhafter Freude über den neuen Status einer Verlobten.

Der Bruder Erasmus, der schon im November Novalis' überstürzten Gefühlsüberschwang missbilligt hatte, zeigte nun auch für diese Verbindung wenig Verständnis. »Überhaupt gefällt mir Deine ganze Art nicht, Dich in das Mädchen zu verlieben. Du bist mir so tragisch, Freund, und selbst, wenn Du sie heiraten willst, solltest Du die Sache aus einem leichtsinnigern Gesichtspunkte ansehen …«[11] Erasmus war nicht der Einzige, den Novalis' Wandlung vom unverbindlich kokettierenden Jüngling zum ernsten Verehrer vor den Kopf stieß. Auch sein Onkel, der Vorsteher des Deutschritter-Ordens auf Schloss Lucklum, bei dem Novalis als Elfjähriger mehrere Wochen gewohnt hatte und für dessen weltmännisches Gehabe er eine gewisse Bewunderung verspürte, missbilligte seinen angeblichen Leichtsinn und kündigte ihm deswegen sogar die Freundschaft.

Leichtsinn konnte man Novalis indessen nicht vorwerfen. Wie sein Vorgesetzter und Freund, der Kreisamtmann Just, richtig erkannt hatte, begnügte sich Novalis nie »mit dem Gemeinen, Bekannten, Alltäglichen«, sondern suchte überall das Feine, das Tiefe, das Verborgene … Er wollte das, was er sein wollte, nicht halb, sondern ganz sein. Nichts trieb er oberflächlich, sondern alles gründlich. Dabei kam ihm die herrliche Anlage, das Gleichgewicht aller Geisteskräfte und die Leichtigkeit, womit er alles betreiben konnte, vorzüglich zustatten.[12]

Seine Brautwahl mag für manche Freunde und Verwandte den Anstrich einer Verblendung gehabt haben. Dem Frühromantiker Novalis wurde gern nachgesagt, dass er die Dinge nicht sah, wie sie seien, sondern wie sie sein sollten, und dass er ohnehin, wie Heine überspitzt schrieb, mit seinen »idealischen Gebilden« immer in der blauen Luft schwebe.[13] In den Monaten, die auf seine heimliche Verlobung mit Sophie folgten, hatte Novalis jedoch alle Gelegenheit, seine Braut näher kennen zu lernen und nebst den Vorzügen auch ihrer Fehler gewahr zu werden, die seine Liebe zu ihr aber nicht etwa schmälerten, sondern ihn höchstens verunsicherten. Ende 1795, nachdem er Carl und Erasmus in die Familie Rockenthien-Kühn eingeführt hatte und diese ihre Vorbehalte gegenüber Sophie längst abgelegt hatten,[14] erwähnte Novalis in einem Brief an Erasmus einmal die »schmutzigeren Kehrseiten« von Grüningen. Auch ist von einer »mißglückten Besitznahme einer Sophie« darin die Rede.[15] Näheres über diese angedeuteten Spannungen zwischen Novalis und Sophies Familie ist nicht bekannt. Im Sommer des nächsten Jahres allerdings zeichnete Novalis ein schriftliches Porträt seiner Braut, möglicherweise um mit sich und seiner Liebe ins Reine zu kommen oder um das Mädchen, mit dem er sich auf Lebzeiten binden wollte, besser zu verstehen. Es scheint zu einer Zeit entstanden zu sein, in der Novalis sich Sophies Gefühle nicht mehr ganz sicher war[16] und er sein Ziel, in der Ehe zur inneren Ruhe zu kommen, plötzlich anzweifelte. Er hatte inzwischen Tennstedt verlassen und arbeitete nach einer zweiwöchigen vertiefenden Ausbildung in Chemie als Anwärter für den Verwaltungsdienst bei der Salinendirektion von Weißenfels. Dank dieser ersten festen Anstellung konnte er nun seine Heirat konkret ins Auge fassen. Aber wie stand es mit Sophie? Was dachte sie wirklich, was wollte sie?

Eine Antwort auf diese Fragen erhielt Novalis vom Bruder Carl, der Anfang März 1796 die Familie Rockenthien besuchte. Novalis hatte ihn beauftragt, Sophie insgeheim zu beobachten und zu sondieren, was sie für ihn genau empfand. Er sollte sie gegebenenfalls direkt darauf ansprechen. Aber Carl getraute sich in den ersten Tagen seines Aufenthaltes nicht, den Auftrag auszuführen. Erst an einem Sonntag, als er sich allein mit ihr fand, rückte er mit der Frage heraus: »Sie mögte mir doch eine große Beruhigung mit in Campagne geben, und mir aufrichtig sagen, ob sie noch immer so gut gegen unsern Fritz dächte?«[17] Carl ist an dieser Stelle bemüht, dem Bruder einen möglichst beruhigenden Eindruck von seiner Braut zu vermitteln. Er schildert ihren heiteren, unbefangenen Blick und versichert ihm, dass sie in ruhigem Ton und ohne unnötige Umschweife erwidert habe:

Kein Gefühl müßte ich haben, wenn ich Ihren Bruder nicht lieben und schätzen sollte, und Sie, lieber H., müßten mir gar keine Festigkeit zutrauen, wenn Sie nicht gewiß glaubten, daß ich noch so denke wie ich vorher gedacht habe; Sie können gewiß überzeugt seyn, daß ich Ihren Bruder nie vergessen und mich nie ändern werde …[18]

Sophie, die noch nicht Vierzehnjährige, die von Liebe spricht und Carl tadelt, dass er an der Beständigkeit ihrer Gefühle habe zweifeln können – dieses reife Mädchen existierte wohl nur in Carls Fantasie, und Novalis, ein scharfer Menschenkenner, war denn auch nicht so leicht zu überzeugen. Was Carl geschrieben hatte, stimmte leider nicht mit den eigenen Beobachtungen überein. Die Porträtskizze, die er von Sophie verfasste, fiel alles andere als schwärmerisch verklärt aus, sondern enthält im Gegenteil eine Analyse von Sophies Launen und ihrem noch ungefestigten Charakter.

Sie fürchte sich vor Spinnen, Mäusen und Gespenstern, vermerkt er, esse gern Kräutersuppe, Aal, Rindfleisch und Bohnen und trinke Wein und rauche. Ferner erwähnt er ihre kindliche Freude am Spielen, ihre unschuldige Treuherzigkeit und »Dezenz«, ihren freien Lebensgenuss, stellt nachsichtig fest, dass sie wegen ihres jungen Alters noch nicht die Fähigkeit der Reflexion erlangt habe, bedauert andersherum aber, dass sie sich nicht viel aus Poesie mache, und vor allem, dass die Ehe sie erschrecke: »Sie will sich nicht durch meine Liebe genieren lassen. Meine Liebe drückt sie oft. Sie ist kalt durchgehends … Sie läßt sich nicht duzen.«[19]

Auch andere Charaktereigenschaften, die Novalis stichwortartig festhält, deuten auf ein eher schwieriges und launisches Mädchen, das seine Rolle als Braut nicht verinnerlicht hat, sondern sich noch ganz Kind und Schwester in der Geborgenheit der eigenen Familie fühlt. Der Verlobte ist für sie in erster Linie ein stattlicher junger Mann, dessen Aufmerksamkeit ihr vor allem deshalb genehm ist, weil er sich auch gesellschaftlich bestens in ihre adlige Familie integriert und sogar derer Wohlwollen gewonnen hat. Novalis erkannte dies klar, und seine Bemerkung, wonach Sophie wollte, dass er überall gefalle, zeigt, dass die Gefühle seiner Braut für ihn nicht ganz frei von Stolz waren und die Zustimmung der Gesellschaft brauchten.

Als Novalis im Sommer 1796 diese Skizze anfertigte, war Sophie allerdings schon seit einem halben Jahr krank, und die Liebe des Dichters begann unmerklich von der Wirklichkeit ins Ideelle zu transzendieren.

Sophie erlitt im November 1795 ihren ersten, mit heftigen Schmerzen verbundenen Anfall; die Symptome, die Novalis seinem Bruder Erasmus beschrieb, lassen auf eine akute Lebererkrankung schließen, von der sich das Mädchen erst mehrere Wochen später einigermaßen erholte. Noch bestand kein Grund zu ernsthafter Besorgnis. Sophies Gouvernante Jeannette Danscours konnte Novalis schon im Februar des nächsten Jahres beruhigen, dass Sophie zu

Lichtmess die Familie zu einem Freundesbesuch nach Greußen begleitet und der Ausgang ihr sehr bekommen habe. Es war gerade Jahrmarkt im Städtchen, doch Sophie verzichtete wegen des starken Winds und des Schmutzes auf den Straßen, an den Buden vorbeizuschlendern, und begnügte sich stattdessen, vom Fenster des Gastgebers aus das bunte Treiben zu beobachten. Und wie aus Sophies darunter gesetzten Zeilen zu entnehmen ist, dachte das Mädchen bereits an ganz andere Dinge als die eben durchgestandenen Leiden:

> Nun muss ich Sie nur mein Anliegen klagen stelln Sie sich nur ein mahl vor wie Sie mier die Hare gaben so wickelde ich sie sauber in ein Papiergen ein und legde sie auf Hanssen seinen Tisch. Den andern Tag wolde ich sie weg nehmen ja da waren weder Hare noch Papiergen zu sehn nun bittet noch mahls Sich schären zu lassen (nehmlich den Kopf)
> Sophie von Kühn[20]

Der Bruder Carl, für welchen die Gouvernante ganz offensichtlich ein Faible zu entwickeln begann, besuchte Sophies Familie im folgenden Monat und fand das Mädchen wohlauf, aber der Schein trog; im Sommer kündigten Fieberschübe ein neues Ausbrechen der Krankheit an. Novalis, von Sophies Arzt genauestens über den Stand der Dinge informiert, begann Schlimmes zu ahnen. Wann immer er dienstlich in der Nähe von Tennstedt zu tun hatte, stattete er der Braut Besuche ab und verweilte auf Schloss Grüningen, um Sophie möglichst lange nahe sein zu können. Dass Sophie an ihrem Leiden reifte und die unangenehmeren Seiten ihres Charakters – die Gereiztheit, die »ungeheure Verstellungsgabe« – einer geradezu beispielhaften Geduld und Sanftmut wichen, ist belegt. Geduld war früher nicht ihre Stärke gewesen, und ab und zu brach noch das ursprüngliche ruhelose Temperament durch: »Wie gefällt Sie dass Wetter ist es nicht unausstelich?«, fragte sie

Novalis, »wenn es noch länger taurt so lauf ich dafon mit samt meinen Wunden welche sich zwar jetzo recht leitlich aufführen.«[21]

Novalis' Korrespondenz kreist in den nächsten Monaten hauptsächlich um Sophies Krankheit und seine schwindenden Hoffnungen; ihr Betragen ihm gegenüber empfand er nun nicht mehr als »kalt durchgehends«, sondern im Gegenteil als »himmlisch«. Die ferne Zeit nach dem Tod »Wenn sich unsre Erdenliebe / Schon in Himmelslust verklärt«, die Novalis ein Jahr zuvor in seinem Geburtstagsgedicht an Sophie beschworen hatte, rückte plötzlich in beängstigende Nähe. Die Möglichkeit, dass Sophie sterben und er mit ihr seinen einzigen Halt im Leben verlieren könnte, beherrschte nun alle seine Gedanken. Er besuchte sie in Jena, wo sie Schillers Arzt, Dr. Stark, behandelte und musste feststellen: »In Jena fand ich meine Sofie heiter und gefaßt – aber Stark selbst sprach mir nicht uneingeschränkt, unbedingt Mut zu – ich hoffe nicht – …«[22]

Sophie selbst ertrug die Schmerzen und wiederholten chirurgischen Eingriffe geradezu mit der Gelassenheit, ja Heiterkeit einer Weisen. Weder Klagen noch Selbstmitleid färben ihre Briefe an den Verlobten. Höchstens lässt sie sich verleiten, etwas burschikos über die verschiedenen Kuren und Arzneien herzufallen, und immer verharmlost sie ihr Leiden: »Isländisches Moss muß ich jetzo digtig schlucken es ist ein Tausendsapperlotischer geschmack …«, schrieb sie ihm am 12. August 1796 beispielsweise, und am 20. Oktober berichtete sie: »… mier geht es nicht so gans wohl ich habe wieder seit einigen Tagen das Fieber welches wohl wieder von der Fatallen Berieode komt.«[23]

Wenn sich Sophie über die verschiedenen Operationen und täglichen, qualvollen Reinigungen der damit zusammenhängenden Wunde nur zurückhaltend äußerte, so machten ihre Schwestern Friederike und Caroline sowie die Gouvernante davon umso mehr Aufhebens. Dank ihrer Briefe an Novalis lässt sich der tückische Verlauf der Krankheit verfolgen, lässt sich auch beurteilen, mit welcher Naivität der Arzt die Symptome der Verschlechterung für ein Zeichen baldiger Heilung hielt:

… das häßliche Pfieber ist wieder gekommen, die Wunden, und der Pfleck in der Seite beides schmerzt ihr jetzt mehr als in der ganzen Zeit das wir hier sind, auch Eutern die Wunden ganz erneut stark, so das sie in einer beständigen Nässe sitzt. Doch kann ich Ihnen zu Ihren Trost sagen, daß der Hofrath alles dieses von sehr gute Zeuchen hält, und heute versichert hatt, das er die Häftigen Schmerzen schon längst gewünscht hätte, und sie schon bey der zweiten Operation vermutet hätte.[24]

Sophie von Kühn. Dargestellt von Agathe de la Fontaine in dem Film »Novalis – Die blaue Blume« von Herwig Kipping, 1993.

Je mehr ihm Sophie entglitt, desto entschiedener stürzte sich Novalis nun ins Studium der Philosophie und der Wissenschaften. Diese hätten wunderbare Heilkräfte, schrieb er an Erasmus, sie könnten Schmerzen stillen und Trost spenden; mit Ihnen hoffe er, alles Ungemach des Lebens zu bestehen. Seine Arbeit als Inspektor der Salinen in der Region bedingte häufige Ortswechsel und diese machten ihn, wie er meinte, zeitweise konfus und schürten seine innere Unruhe. Dennoch übte er Disziplin an sich und vertiefte sich in Fichtes Philosophie, fasziniert von dessen Denksystem, in dem er die eigene keimende philosophische Tendenz zur Universalität widergespiegelt fand.[25] So wie Fichte die einzelnen Grundsätze ins Verhältnis zum ganzen Wissenschaftskorpus stellte, entwickelte Novalis seinerseits ein Gedankengebäude, in dem das Einzelne – unabhängig aus welchem Wissenschaftszweig – in sich das Ganze berge und umgekehrt. Seine Suche galt den Gesetzmäßigkeiten, die alle Phänomene dieser Welt durchwirken und miteinander verbinden. Ihm, wie Schlegel, schwebte das »absolute Buch« vor, eine unendliche Enzyklopädie, in der das Gesamtwissen der Menschheit nach einem einzigen philosophischen System in aufschlüsselbarer Form festgehalten wäre. An die fünfhundert Seiten betragen die Studien, die Novalis während Sophies Krankheit über Fichtes Philosophie verfasste. Später distanzierte er sich von Fichte, um sich immer entschiedener auf die Seite der Poesie zu schlagen, schrieb: »Der Poet versteht die Welt besser, wie der wissenschaftliche Kopf.«[26] Aber seine intensive Auseinandersetzung mit dem Philosophen, den er im Sommer 1795 persönlich kennen gelernt hatte, brachte ihn auch zur Einsicht, dass die Philosophie ein eigentliches »Heimweh« sei, ein »Trieb überall zu Hause zu sein.«[27]

Am Morgen des 19. März 1797, zwei Tage nach ihrem 15. Geburtstag starb Sophie, angeblich an den Folgen einer Schwindsucht, wie im Kirchenbuch von Grüningen vermerkt wurde. Novalis, der seine Braut ein letztes Mal Anfang des Monats in Grüningen besucht hatte, war bereits am 10. März nach Weißenfels zurückgereist »… mit der fast apodiktischen Gewißheit …, daß Sophie nur noch wenige Tage zu leben hat.«[28] Ekel vor dem Leben und eine »ängstliche Gleichgültigkeit« trieben ihn zur Verzweiflung; ließen ihn im Elternhaus der befürchteten Nachricht entgegen sehen, unfähig zu arbeiten und wann immer möglich in den Schlaf flüchtend. Im Wissen, dass er daran war, mit Sophie den »Grundstein seiner Ruhe, seiner Thätigkeit, seines ganzen Lebens« zu verlieren, vertraute er Schlegel die Ahnung des eigenen Todes an: »Leb wol – guter, lieber Schlegel – mit mir hats bald aufgehört – Sey glücklicher, als ich – Nur ein Wunder kann mich selbst mir wiedergeben.«[29]

Die Kraft, an ihrem Begräbnis teilzunehmen, brachte er nicht auf. Erst am 12. April reiste er nach Tennstedt, um bis Ende Mai die Familie der Verstorbenen täglich in Grüningen zu besuchen. Das Datum seiner Reise ist kein zufälliges; zwei Tage später erlag im Elternhaus von Weißenfels der Bruder Erasmus seiner Lungenkrankheit. Wie schon Sophie, versagte Novalis nun auch dem geliebten Bruder im Todesmoment seine teilnehmende Anwesenheit;

die Reisedaten von Tennstedt nach Weißenfels und wieder zurück nach Tennstedt erhärten den Verdacht auf eine regelrechte Flucht.

Novalis' Entschluss, seiner Braut nachzusterben, ist nur allzu bekannt. In keiner Biografie des Dichters fehlt die Debatte über diese romantischste der romantischen Reaktionen auf den Verlust einer Geliebten. Mit diesem Entschluss ist er unter seinen Freunden und Verwandten auf Unverständnis, Mitleid oder ehrfürchtige Bewunderung gestoßen, doch in der Nachwelt finden sich auch solche, die in Novalis' Geste den Beweis eines schwächlichen Geistes sehen, aufgrund dessen ihm von vornherein Lebensuntauglichkeit zu attestieren wäre. Auch mit Spott ist nicht gespart worden. Heine z.B., der Novalis ohnehin nie ganz ernst nimmt, stellt seine Todessehnsucht als eine Art Modekrankheit bloß, mit der sich junge Damen durch die Lektüre seiner Werke anstecken lassen.[30]

Wie dem auch sei; die Tatsache ist nicht zu leugnen, dass Novalis nach Sophies Tod die bewusste Entscheidung traf, das eigene Fortleben zu beenden, da er sich, wie er sich ausdrückte, selbst fast nicht mehr hatte. Die Idee des Selbstmords mag ihn anfangs gestreift haben, er erwähnt im Tagebuch vom März bis Juli 1797, in dem er seine Befindlichkeit und die Reaktionen auf Sophies Tod minutiös notierte, dass er einmal ein ernsthaftes Gespräch darüber geführt habe. Aber er sah sogleich ein, dass ein aktiver Eingriff gar nicht nötig war. Der Prozess der Auflösung, die Versteinerung, hatte von allein eingesetzt:

> Ihr Leben hielt ohnedem meine geistige Existenz zusammen – seit dieser Geist wich, fangen schon die organischen Theile an sich zu trennen und zu ihren Elementen zurückzukehren. Die Gestalten meines Innern zerbröckeln – ich lebe in Ruinen – und bald wird alles dem Erdboden gleich seyn. Eines ist mir kränkend, daß ich so unter den Lebendigen, frohen Menschen, wie ein Leichenstein, herumgehn soll und ihre kurzen Freuden stören.[31]

Nicht nur der Verlust des Menschen Sophie war für Novalis schier unmöglich zu verkraften, sondern auch die Auflösung seines Bundes mit ihr, durch den er erst sich selbst geworden war und einen Lebensinhalt gefunden hatte.[32] Während er in Tennstedt weilte, besuchte er Sophies Grab täglich, schmückte es mit Blumen, gab sich seinem Schmerz hin und führte Buch über die wechselhafte Innigkeit seiner Erinnerungen. Vor allem versuchte er sich zu wehren, in ein Alltagsleben zurückzukehren, in dem Sophies Bild in ihm allmählich verblassen und er sich gar mit der Trennung von ihr abfinden würde. Im Laufe der Wochen, in denen er seinen Entschluss zum Tod zu einer ihn gänzlich beherrschenden Weltanschauung entwickelte, wich die leibliche Sophie, die er verloren hatte, immer stärker hinter einer Idealfigur zurück, die dem Gesetz des Zeitlichen nicht mehr unterworfen war. In Augenblicken, in denen Novalis seine Braut ins ewig Geistige überführte, erlebte er am Grab bisweilen »einige wilde Freudenmomente«, die ihn erschütterten, und die Angst vor dem eigenen Sterben verwandelte sich in heitere Zuversicht. Überhaupt sticht das Wort »heiter« hier und dort als Gegensatz zu den dunklen Momenten der Trauer in diesem Tagebuch heraus. Der Dichter bedient sich des Wortes immer dann, wenn es ihm gelungen ist, das Bild der Verstorbenen in eine ideale Zukunftswelt zu rücken, in welcher er für die Ewigkeit wieder mit ihr vereint sein würde. Somit hält das Tagebuch gleichsam seismografisch die Schwankungen fest, die Novalis zwischen Dies- und Jenseits hin- und herrissen.

»Strebe nur nach der höheren, permanenten Reflexion und ihrer Stimmung«, schrieb er am 4. Mai und klagte: »Oh! Daß ich sowenig in der Höhe bleiben kann.«[33] Wie aber konnte Novalis in der Höhe seiner geistigen Vision bleiben, wenn er eben zum Geburtstag von Sophies Eltern ein paar Andenken an die Geliebte – eine Tasse, einen Beutel und ein Flakon – geschenkt bekommen hatte? Die Konfrontation mit konkreten Reliquien seiner Liebe brachten Rückschritte in seinem Vorsatz, in die Dimension der Zeitlosigkeit zu dringen und den Graben zwischen sich und Sophie zu überbrücken.[34]

Seinem »Söffchen«, an das er sich besonders lebhaft »en profil« erinnerte, mit einem grünen Tuch um den Hals, während es neben ihm auf dem Kanapee saß, begann er die Rolle einer Mittlerin zwischen dem Diesseits und dem Himmel zuzuschreiben. In seiner religiösen Andacht betete er, sie möge ihm erscheinen, ihm helfen, dem Irdischen abzuschwören, damit er sich auf ihrer Stufe der Vergeistigung möglichst bald mit ihr vereinigen könne.

»Ist nicht ihr Tod und mein Nachsterben eine Verlobung im höhern Sinn?«, fragte er.[35] Religion und Liebe verschmolzen in ein einziges Gefühl der Sehnsucht,[36] und es entstand auf diese Weise in seinem Denken eine immer engere Verbindung zwischen Sophie und Christus. Der Schritt zur Identifikation Sophies mit der Mutter Gottes war denn nicht mehr weit; er vollzog sich in den dichterischen Werken, die Novalis nun neben seinen wissenschaftlichen und philosophischen Arbeiten zu schreiben begann.

Die vier Jahre bis zu seinem Tod im März 1801 waren für Novalis trotz des Vorsatzes, Sophie nachzusterben, eine Zeit außerordentlicher künstlerischer und beruflich-wissenschaftlicher Produktivität. Seine wichtigsten und reifsten Werke, von denen das Meiste allerdings Fragment blieb, verfasste der Dichter in jener Zeit. So entstanden zuerst die philosophischen Gedankensammlungen *Blüthenstaub* und *Glaube und Liebe* sowie das *Allgemeine Brouillon* 1798, in dem Jahr, in dem Novalis wieder seinen »symphilosophierenden« Austausch mit Schlegel aufnahm und andere anregende Persönlichkeiten wie Schelling, Goethe, Jean Paul und das Paar August Wilhelm und Caroline Schlegel kennen lernte. Die Wissenschaften, seit Fichte sie in eine neu definierte, engere Beziehung zur Philosophie gebracht hatte, waren nun auch für ihn die Heilkräfte, die er ehedem seinem Bruder nahe gelegt hatte. Aber nicht nur. Von deren Studium erhoffte sich Novalis die Dechiffrierung der Natur schlechthin und damit den Durchblick bis in jene transzendentale Welt der ewigen Liebe und Harmonie, in der Sophie auf ihn wartete. Novalis' naturwissenschaftliche und philosophische

Novalis. Ölgemälde, vermutlich von Franz Gareis, um 1799.

Betrachtungen, die stellenweise auf eine pantheistische Sichtweise hinauslaufen[37], entspringen nicht allein einem kühl und logisch reflektierenden Geist; seine Ideen, wenngleich ansatzweise bereits vor der Bekanntschaft mit Sophie entwickelt, sind auch das Produkt seelischer und physischer Erfahrungen mit der Todesnähe und gleichzeitig der Versuch, den Verlust auf Erden durch den Glauben an eine Wiedervereinigung im Jenseits erträglich zu machen.

> … bin ich nicht so gut wie gestorben? Trost, sagen Sie, kann nur die Zukunft geben – ja! Die wahre Zukunft, nicht die wenigen, übrigen mühevollen Jahre – aber was jenseits ist, was uns aus so manchen Naturtönen, aus so manchen ihrer Gestaltungen mit unbeschriblichen Ahnungen erfüllt.[38]

Es wäre jedoch unverzeihlich vereinfachend, Novalis' philosophische Anschauungen allein von seiner Auseinandersetzung mit Sophies Tod abzuleiten. Das hieße seine intensive Beschäftigung mit Fichte, Schelling, Goethe, Jakob Böhme, Hemsterhuis und anderen Denkern außer Acht zu lassen. Im Zusammenhang mit Sophie sei hier jedoch festgehalten, dass sie in ihm die Sehnsucht nach jener utopischen zeitlosen Harmonie verstärkte. Diese Sehnsucht war es letztlich, die ihn von nun an trieb, in allen nur möglichen Zweigen der materiellen Welt das Spiegelbild des Glück verheißenden Jenseits zu erkennen.

Das große Thema, das Novalis' späte Dichtungen, die beiden Prosafragmente *Die Lehrlinge zu Sais* (1797) und *Heinrich von Ofterdingen* (1800) beherrscht, ist die Berufung des Dichters zum Seher und Propheten. Das eigentliche Sehen jedoch, die durch Sophies Tod ausgelösten Ahnungen von einem zeitlosen Jenseits – dem »höhern Raum« – bilden das Motiv der *Hymnen an die Nacht*, die, im August 1800 in Schlegels Zeitschrift *Athenaeum* abgedruckt, seinen Ruhm als Dichter begründeten, aber seither leider auch viel zur Bildung des Klischees vom kränkelnden, todessehnsüchtigen Romantiker beigetragen haben.

Der biografische Zusammenhang zwischen den *Hymnen* und Novalis' Erfahrungen an Sophies Grab drei Jahre zuvor ist durch die fast wörtliche Übernahme seiner Tagebucheintragung vom 13. Mai 1797[39] in der dritten Hymne belegt. Dort umschreibt Novalis das Erlebnis von der Aufhebung von Zeit und Raum und seine geistige Wiedergeburt im Reich der Geliebten, der ewigen Nachtwelt, mit folgenden Worten:

> da kam aus blauen Fernen – von den Höhen meiner alten Seligkeit ein Dämmerungsschauer – und mit einemmale riss das Band der Geburt – des Lichtes Fessel. Hin floh die irdische Herrlichkeit und meine Trauer mit ihr – zusammen floß die Wehmut in eine neue, unergründliche Welt – du Nachtbegeisterung, Schlummer des Himmels kamst über mich – die Gegend hob sich sacht empor; über der Gegend schwebte mein entbundner, neugeborner Geist. Zur Staubwolke wurde der Hügel – durch die Wolke sah ich die verklärten Züge der Geliebten. In ihren Augen ruhte die Ewigkeit – ich faßte ihre Hände, und die Tränen wurden ein funkelndes, unzerreißliches Band. Jahrtausende zogen abwärts in die Ferne, wie Ungewitter. An ihrem Halse weint ich dem neuen Leben entzückende Tränen. – Es war der erste, einzige Traum – und erst seitdem fühl ich ewigen, unwandelbaren Glauben an den Himmel der Nacht und sein Licht, die Geliebte.[40]

Auch der Titel *Sehnsucht nach dem Tode*, den Novalis über die letzte Hymne stellte, in der er die Geliebte meditativ vergegenwärtigt, weist explizit auf seinen Wunsch hin, Sophie zu folgen. Die »liebliche Sonne der Nacht« sendet ihm die zarte Geliebte.

> … sie [die Nacht] sendet mir dich … nun wach ich – denn ich bin Dein und Mein – du hast die Nacht mir zum Leben verkündet – mich zum Menschen gemacht – zehre mit

Geisterglut meinen Leib, daß ich luftig mit dir inniger mich mische und dann ewig die Brautnacht währt.[41]

Bisweilen setzt Novalis die verlorene Sophie in ihrer Mittlerrolle zwischen der Tag- und Nachtwelt mit Christus und Maria gleich:

Hinunter zu der süßen Braut,
Zu Jesus, dem Geliebten –
Getrost, die Abenddämmerung graut
Den Liebenden, Betrübten.
Ein Traum bricht unsre Banden los
Und senkt uns in des Vaters Schoß.[42]

Die Schwierigkeit, Novalis' *Hymnen an die Nacht* als dichterische Antwort auf Sophies Tod auszulegen, liegt in der Entstehungs-geschichte des Gedichtszyklus. Zwischen Sophies Tod und dem Abdruck der *Hymnen* verstrichen mehr als drei Jahre, weshalb diese kaum als unmittelbares Resultat eines sogenannt verarbei-tenden Schreibens betrachtet werden können. Während Novalis die *Hymnen* verfasste, stand er trotz erster Anzeichen eines Lungenleidens gewissermaßen so fest wie nie zuvor mit beiden Füßen auf dem Boden der Wirklichkeit. Als frisch ernannter Sali-nen-Assessor war er zu jener Zeit ständig auf Reisen zur Inspek-tion von Baugruben. Seine ausführlichen Protokolle zu einem regionalen Lageplan über das Vorkommen von Braunkohle und die Entwürfe zu einer wirtschaftlicheren Salzgewinnung beweisen den unermüdlichen beruflichen Einsatz. Zudem war er seit gut einem Jahr mit der Tochter des Berghauptmanns von Charpentier, der vierundzwanzigjährigen Julie, verlobt. Das bürgerliche Leben, so schien es, hatte ihn von seinem Todesentschluss abgebracht, und eine Frau aus Fleisch und Blut das Bild der jung verstorbenen Braut in den Hintergrund gedrängt. Dass Novalis drei Jahre nach Sophies Tod und ausgerechnet während seiner Verlobung mit Julie Gedichte verfasste, die in lyrischer Sprache nochmals den Kern seiner Philosophie vom Tod als einer Schwelle zu einem höheren Dasein zusammenfasste, wird gern als Widerspruch gedeutet. Ist es aber nicht so, dass Novalis diesen gleich selbst in der 4. Hymne auflöst, wenn er schreibt:

> Noch weckst du, muntres Licht den Müden zur Arbeit – flößest fröhliches Leben mir ein – aber du lockst mich von der Erinnerung moosigem Denkmal nicht. Gern will ich die fleißigen Hände rühren, überall umschaun, wo du mich brauchst – rühmen deines Glanzes volle Pracht – unverdrossen verfolgen deines künstlichen Werks schönen Zusammenhang – gern betrachten deiner gewaltigen, leuchtenden Uhr sinnvollen Gang – ergründen der Kräfte Ebenmaß und die Regeln des Wunderspiels unzähliger Räume und ihrer Zeiten. Aber getreu der Nacht bleibt mein geheimes Herz, und der schaffenden Liebe, ihrer Tochter.[46]

Vier Jahre hatte Novalis im Hinblick auf sein Nachsterben die »Trennung der organischen Theile« an sich beobachtet, der Prozess war unaufhaltbar. Er wusste es, aber einstweilen galt es zu leben, »die fleißigen Hände zu rühren«, um die beruflichen und bürgerlichen Verantwortungen auf dieser Welt zu erfüllen.

Novalis starb an Schwindsucht am 25. März 1801 im Elternhaus zu Weißenfels, laut Schlegel ohne Ahnung von seinem Tod.

Virginia Clemm
Edgar Allan Poes »Dark Lady«

Lippen rot wie Blut, Haare schwarz wie Ebenholz und ein Gesicht so weiß wie Schnee; wer kennt sie nicht, die berühmte Beschreibung von Schneewittchen, und wer knüpft daran nicht gleich den Gedanken an ein unschuldiges Mädchen, das dank seines reinen Herzens über das Böse und Dunkle siegt?

Virginia, Edgar Allan Poes junge Frau, war am 30. Januar 1847 auf dem Sterbebett die wahrhaftige Verkörperung dieser Märchenfigur. Die Krankheit hatte die Kontraste zwischen den bleichen Wangen und dem üppigen schwarzen Haar dramatisch verstärkt, und der Mund, vom Fieber der letzten Tage gerötet, täuschte mit grausamer Echtheit das Leben vor, das von ihr gewichen war. Virginia war im Tod von einer derart überirdischen Schönheit, dass sowohl ihre Mutter als auch ihr Gatte, die eben Zeugen von Virginias letztem Atemzug geworden waren, eine Weile den absurden Zweifel hegten, ob die junge Frau, statt vom Tod besiegt, vielleicht doch nicht auf rätselhafte Weise die Siegerin sei. In Poes Augen übertraf die tote Virginia die lebende an Anmut, kaum je hatte ihre Mädchenhaftigkeit eine so starke Anziehungskraft auf ihn ausgeübt.

Aber schon bald begann die Vorstellung vom körperlichen Zerfall Poes Erinnerungen an die tote Virginia zu vergiften. Es war ein Gedanke, der ihn seit Jahren

Virginia Clemm (vermutlich). Porträt wird Thomas Sully zugeschrieben.

quälte. Für den Dichter zeichneten sich jedoch Wege ab, die schrecklichen Bilder, die ihn zu übermannen drohten, in Schach zu halten. Der Tod mochte seine Frau in die ewige Finsternis entführt haben, gewiss, er konnte die Tatsache nicht leugnen, und es fiel ihm in den folgenden Wochen auch nicht sonderlich schwer, in Briefen darüber zu sprechen, aber ihm blieb immerhin die Fantasie, um der romantischen Geschichte vom Tod und dem Mädchen eine andere Wendung zu geben. Der Kampf, den Virginia nach Jahren des Siechtums verloren hatte und dem er ohnmächtig hatte zuschauen müssen, war für Poe zumindest in seiner Dichtung noch nicht endgültig entschieden.

Schon viel früher, ungefähr zum Zeitpunkt, als er ab Sommer 1831 mit Virginia für längere Zeit unter einem Dach wohnte, taucht in Poes Geschichten der Typ der dunklen, bleichwangigen Schönheit auf. Virginia Eliza Clemm war seine Kusine, ihre Mutter, Maria Clemm-Poe, die Schwester seines Vaters David Poe, der Ende 1810 Frau und Kinder hatte sitzen lassen, als Edgar noch nicht einmal zwei Jahre alt war.

Im Januar 1831 hatte der zweiundzwanzigjährige Poe gerade durch konsequenten Ungehorsam und Dienstvernachlässigung seine Entlassung aus der Offiziersschule in West Point erzwungen; keinen Tag länger als notwendig wollte er einer Institution dienen, die ihren Kadetten unter anderem den Besitz von belletristischen Werken untersagte. Nun aber stand Poe auf der Straße, ein armer Waise ohne Beruf, der sich zudem wegen kleinerer Schulden die Gunst seines Pflegevaters in Richmond verscherzt hatte. Mit finanzieller Unterstützung war also nicht mehr zu rechnen und – schlimmer noch – die Tür seines Jugendhauses war ihm auf immer verschlossen. Wohin also? Und wovon leben? Er war weder Plantagenbesitzer noch Geschäftsmann, gehörte also in keine der beiden sozialen Kategorien, welche die Richmonder Gesellschaft mit ihrem festen, von England herübergebrachten Kastendenken beherrschten. Wollte er sich seine Existenz in den Südstaaten aufbauen, war er somit von vornherein zum Dasein eines sozial benachteiligten Außenseiters verurteilt. Die Zukunft sah düster aus, und er wusste es nur zu gut. Mit nichts in den Händen als einem eben publizierten Gedichtband, der in der amerikanischen Literaturszene keine Beachtung gefunden hatte, suchte Poe wie schon zwei Jahre zuvor bei seiner Tante in Baltimore Unterschlupf, nachdem er mehrere Monate glücklos in New York umhergeirrt war. Baltimore war zu jener Zeit mit 80.000 Einwohnern die drittgrößte Stadt der Vereinigten Staaten und erfreute sich gerade eines außergewöhnlichen wirtschaftlichen und kulturellen Aufschwungs, der sich unter anderem in der Gründung Dutzender literarischer Zeitschriften niederschlug; dies mag Poe in seiner Wahl beeinflusst haben.

Zusammen mit ihrer Mutter und den beiden Kindern Virginia und Henry, sowie Edgars älterem Bruder, der ebenfalls Henry hieß, bewohnte die verwitwete Mrs. Clemm ein bescheidenes Haus in Mechanics Row an der Wilks Street. Die Familie nagte buchstäblich am Hungertuch. Sie kam nur dank der 20 Dollar über die Runden, die der Staat der gelähmten Großmutter Poe monatlich entrichtete, und mit Näharbeiten, die Mrs. Clemm gelegentlich für Freunde ausführen durfte. Trotz der Armut herrschte in Mrs. Clemms Haushalt eine herzliche Atmosphäre. Die Witwe war der gute Geist des Hauses, eine mütterliche Frau in schwarzem Gewand und weißer Spitzenhaube, von den Widrigkeiten des Lebens sichtlich gezeichnet, aber nicht bezwungen. Poe, der in jenen Wochen außerordentlich reizbar war und den düstersten Gedanken nachhing, zeigte ihr seine Dankbarkeit, indem er jeden Cent, den er hin und wieder mit kleineren Veröffentlichungen verdiente, in die Haushaltskasse fließen ließ.[1] Ein eigenes Zimmer konnte ihm Mrs. Clemm allerdings nicht zur Verfügung stellen. Poe musste einstweilen das Dachzimmer mit seinem Bruder teilen, der unlängst von seinen Seefahrten zurückgekehrt war und nun trinksüchtig und hoffnungslos an Tuberkulose erkrankt das Bett hütete.

Kusine Virginia, gerade neun Jahre, war ein braves und fröhliches Kind ohne ausgeprägte Willensstärke, liebte den älteren Vetter über alles und brachte ihm seit seinem letzten Besuch eine grenzenlose Bewunderung entgegen. Sie hing regelrecht an seinen Lippen, wenn er Anekdoten über seine ehemaligen Vorgesetzten in West Point zum Besten gab, horchte andächtig, wenn er für sie Gedichte rezitierte, die sie zwar nicht verstand, aber deren melodische Silbenfolge etwas von der geheimnisvollen Kraft der Musik erahnen ließ. Für ihn war sie die kleine Sissy oder Sis – ein Mädchen halb Tochter, halb Schwester – dessen erfrischende Gegenwart seine Laune aufhellte. Doch manchmal, wenn er ein Glas zuviel getrunken hatte, hüllte er sich in ein brütendes Schweigen und verbreitete eine Stimmung der Unruhe im Haus, oder er brauste ohne sichtlichen Grund auf, was noch unheimlicher war; dann wich ihm die kleine Virginia lieber aus und überließ es der Mutter, Vetter Eddy wieder aufzuheitern oder zu beruhigen.

Über Virginias intellektuelle Fähigkeiten haben sich die Biografen Poes bis zum heutigen Tag nicht einigen können, es fehlen zuverlässige Zeitzeugnisse, um diese Frage ein für allemal zu beantworten. Manche Biografen stellen Virginia als besonders begabt hin und sprechen ihr beachtliche musische Fähigkeiten zu, während andere ein Mädchen schildern, das in der geistigen Entwicklung leicht zurückgeblieben ist und in seiner Anbetung für Poe bis zum Lebensende etwas naiv Kindhaftes bewahrt hat.[2] Diese letzte Interpretation liegt vielleicht darin begründet, dass Poe nicht nur die Aufgabe übernahm, seine Kusine bei den Schularbeiten zu betreuen, sondern sich ihr nebenbei auch als Privatlehrer zur Verfügung stellte. Der Journalist Lambert Wilmer, ein Freund Poes, der zwischen 1831 und 1832 regelmäßig in Mrs. Clemms Haus verkehrte, hat in seinen Erinnerungen das Bild eines beflissenen Lehrers gezeichnet:

Edgar Allan Poe
mit 37 Jahren. Aquarell
von John Alexander
McDougall, um 1846.

Zu einer andern Zeit, als sein Einkommen nicht ausreichte, wurde er [Poe] selbst ihr Tutor, um einen regelmäßigeren Ausbildungsgang zu gewährleisten. Ich erinnere mich, ihn einmal an einem bestimmten Sonntag vorgefunden zu haben, wie er Virginia gerade eine Lektion in Algebra erteilte.[3]

Der Altersunterschied bedingte, dass sich das Verhältnis zuerst auf das eines Lehrers zu seiner Schülerin beschränkte. Poe hatte in seinem Leben bereits zwei unglückliche Lieben verschmerzt, und es ist nicht anzunehmen, dass er in jenem Sommer 1831 für Virginia, die noch ein Kind war, mehr als innige brüderliche Gefühle entwickelt hat.

Dass ihre äußere Erscheinung seiner Idealvorstellung entsprach, mochte er jedoch schon früh erkannt haben. Die schwarzen Haare, das ebenmäßige, bleiche Gesicht und die zarte Gestalt waren Attribute, die ihm besonders lieb waren, weil sie ihn an seine Mutter mahnten. Eliza Poe, die spritzige Schauspielerin mit den dunklen Haaren und ebenso dunklen Augen, die von ihrem neunten Lebensjahr an zwischen Boston, New York und Philadelphia umhergetingelt war und ihr Publikum mit über 200 verschiedenen Rollen ergötzt hatte, sagte man eine bezirzende Schönheit nach. Leider war sie im Dezember 1811 mit 24 Jahren der Tuberkulose erlegen, genau ein Jahr nachdem David Poe sie im Stich gelassen hatte. Das Wenige, was Edgar also von ihr wusste, verdankte er dem Hörensagen und Berichten von Bekannten, welche sie auf der Bühne erlebt hatten. Es liegt nahe, dass sich Poe mit den Jahren in seiner Fantasie ein Idealbild der Mutter zurechtgelegt hatte, das er nun in der heranwachsenden Kusine verwirklicht fand.

Zeitgenössische Beschreibungen von Virginia betonen fast ausnahmslos ihre geradezu ätherische Zartheit und münden in die Schlussfolgerung, dass das Mädchen irgendwie nicht ganz von dieser Welt gewesen sei:

… eine Lady engelhaft schön in der Person und nicht minder schön im Geist. Jeder, der sich dieser dunkeläugigen, dunkelhaarigen Tochter Virginias [gemeint ist der Staat Virginia] entsinnt – ihr eigener Name, wenn ich mich richtig erinnere – ihrer Grazie, der Schönheit ihrer Gesichtszüge, ihres so auffallend bescheidenen Benehmens – jeder, der auch nur eine Stunde in ihrer Gegenwart zugebracht hat, wird bestätigen, was ich oben gesagt habe. Ich erinnere mich, wie wir, die Freunde des Dichters, uns über ihre erhabenen Eigenschaften zu unterhalten pflegten.[4]

Mit ebenso großer Bewunderung erinnert sich der schottische Antiquar William Gowans an Virginia:

… er [Poe] hatte eine Frau von unübertrefflicher Schönheit und Lieblichkeit. Ihr Auge konnte sich mit jenem einer beliebigen Huri messen und ihr Gesicht dem Genie eines Canovas Schwierigkeiten in der Nachahmung bereiten.[5]

Mehr noch als Virginias Charakter, über den man ebenfalls nur Lob in den Zeitzeugnissen findet, fällt ihre dunkle Schönheit bei der Einschätzung der Rolle ins Gewicht, die sie für Poes Schreiben gespielt hat. Die Erzählungen, in denen Poe eine Hauptfigur von Virginias Typ ins Zentrum rückt, loten nie deren psychologische Tiefe aus, sondern nehmen ihre Erscheinung zum Anlass, um Grauen zu erzeugen.

Der junge, in Baltimore gestrandete Poe verstand sich als Dichter, aber er merkte bald, dass er mit dem Verfassen von Versen nicht weiterkommen würde; um zu überleben und seine Verwandten durchzubringen, musste er sich der Prosa zuwenden und Geschichten mit genügend Sensationswert schreiben, damit sie sich an namhafte Zeitschriften verkaufen ließen und eine möglichst breite Leserschaft erreichten. In jenem Dachzimmer von Mrs. Clemms

Haus, in dem Poe das langsame Sterben seines Bruders aus nächster Nähe miterleben musste, entstanden mehr aus Not als aus innerem Drang seine ersten *Short Stories,* die in ihrer Mischung von Groteske und klassischen Schauermotiven wegbereitend für Poes spätere Handhabung des psychologisch verankerten Terrors sind.

Unter diese fällt auch seine erste Geschichte, die im März 1835 im *Southern Literary Messenger* von Richmond publiziert wurde. Im Mittelpunkt der Handlung steht eine Frau, zu der ihn Virginias äußere Erscheinung inspiriert hat. Die Titelfigur Berenice hat wie Virginia pechschwarzes Haar, eine hohe Stirn, ist »sehr bleich und sonderbar ruhig«,[6] und steht zum Icherzähler im selben Verwandtschaftsverhältnis wie Virginia zu Poe. Die

Das Haus der Familie Clemm in Baltimore.

Spannung der Geschichte erzeugt Poe zum einen mit den typischen Ingredienzien der Gruselgeschichte, einem entlegenen Schloss mitsamt Waffenkammer, Ahnengalerie und düsterer Bibliothek, das ein melancholischer, bis zur krankhaften Monomanie vor sich hingrübelnder Erzähler und ein wunderschönes, lebensfrohes Mädchen bewohnen. Aber das eigentliche Grauen, das Poe in dieser Geschichte entwickelt, liegt in Egaeus' gesteigerter visueller Wahrnehmungsfähigkeit, mit der er die Veränderungen an Berenice registriert, als diese erkrankt. Egaeus legt am Anfang Wert darauf zu betonen, dass er seine Kusine trotz ihrer Schönheit nicht liebt, er erlebt sie »… nicht als ein irdisches Wesen von Fleisch und Blut, sondern als die Abstraktion eines solchen Geschöpfes, nicht als ein Gegenstand der Bewunderung, sondern als ein Objekt der Analyse, nicht als ein Wesen geschaffen zur Liebe …«[7] Erst als die Krankheit ihren einst so lieblichen Körper verwüstet, erkennt er, dass sie ihn seit langem liebt, und willigt aus Mitleid in die Heirat ein. Angeekelt von Berenicens ausgemergeltem Körper, fällt Egaeus jedoch einem regelrechten Wahn anheim, als ihm die todkranke Braut am Hochzeitstag mit einem Lächeln ihre Zähne zeigt. »Wollte Gott, dass ich sie nie gesehen hätte«, ruft er aus, »oder dass ich nach ihrem Anblick gestorben wäre! … Unter den zahllosen Gegenständen der äußeren Welt hatte ich nur noch Gedanken für diese Zähne. Nach ihnen trug ich ein wahnsinniges Verlangen.«[8] Um dieses Verlangen zu stillen, scheut Egaeus vor keiner Tat zurück. Es kommt nach Berenicens Tod zur Grabschändung, an die sich der Icherzähler allerdings nicht erinnern will. Der Diener muss ihm den Spaten, die Blutspuren auf seinen Kleidern und die Wunden an den Händen zeigen, damit er sein Verbrechen zu ahnen beginnt. Am Ende erhält er Gewissheit, als sich aus einem Kästchen, das er zu Boden fallen lässt, zahnärztliche Instrumente und »zweiunddreißig kleine, weiße, wie Elfenbein schimmernde Gegenstände«[9] auf dem Fußboden verstreuen.

In *Berenice* zeichnet Poe das Psychogramm des Icherzählers noch nicht mit der ihn später auszeichnenden Subtilität, ihm geht es hier in erster Linie um Schockeffekte und Sensation. Hierfür wurde er vom Herausgeber der Zeitschrift, Thomas Willis White, nachträglich auch milde gerügt. Poes briefliche Verteidigung ist indessen interessant; sie beweist einerseits, dass Poe den literarischen Geschmack der Massen durchschaut hatte und für gutes Geld bereit war, diesen zu bedienen, und andererseits, wie klar Poe Begriffe wie Terror, Horror, Burleske und Groteske voneinander zu unterscheiden wusste, die später von Kritikern im Zusammenhang mit seinen Geschichten immer mehr vermischt wurden.[10]

Bezeichnend für die erste seiner vier Geschichten über eine dunkle rätselhafte Frau – für die sich der Sammelbegriff »Dark Lady-Geschichten« eingebürgert hat – ist jedoch, dass Egaeus seine Kusine nicht als Frau wahrnimmt, nicht einmal als menschliches Wesen, sondern ihre Schönheit und Gesundheit nur sehr abstrakt sieht. Deren Verlust, in der unnatürlich gelben Verfärbung von Berenicens Haaren versinnbildlicht, terrorisiert den Betrachter dann aber umso mehr. Der Akt der zahnärztlichen Extraktion wird somit verständlich als verzweifelter Versuch, sich dem zerstörenden Tod zu widersetzen und zu retten, was von Berenice an Schönem und Gesundem übrig bleibt.

Für den angehenden Schriftsteller, der sich mit der Publikation von *Berenice* und weiteren Geschichten endlich eine feste Anstellung als Mitherausgeber des *Southern Literary Messengers* in Richmond sichern konnte, überstürzten sich im Sommer 1835 die Ereignisse. Ein Jahr zuvor war Poes Pflegevater John Allen gestorben, wider Erwarten ohne ihn testamentarisch berücksichtigt zu haben, und im Juli 1835 starb die Großmutter, deren Staatspension für die Familie Clemm so lebenswichtig gewesen war. Dies geschah kurz bevor Poe zum Antritt der neuen Redakteursstelle beim *Messenger* seinen Wohnsitz nach Richmond verlegte, was bedeutete, dass er Mrs. Clemm und deren Kinder in Baltimore in tiefster Misere zurücklassen musste. Kaum in Richmond angekommen, sah sich Poe mit einem für ihn unheilvollen Angebot konfrontiert, das ihm seine Tante in einem Brief unterbreitete. Was er davon hielte, fragte sie ihn arglos, wenn sein entfernter Verwandter Neilson Poe die dreizehnjährige Virginia bei sich aufnähme und sich um ihren Lebensunterhalt und ihre Ausbildung kümmerte?

Poe reagierte überstürzt. Vor lauter Schmerz über den Verlust der Kusine warf er eine wilde, stellenweise unzusammenhängende Antwort zu Papier, die, auszugsweise zitiert, inzwischen in keiner Poe-Biografie fehlt. Sie zeigt, dass Poes Zuneigung zu Virginia sich im Laufe der letzten Monate in Liebe verwandelt hatte, und wirft Licht auf Poes damalige Verwirrung, wenn es auch nach wie vor Zweifler gibt, die Poes unkontrollierten Gefühlsschwall nicht ernst nehmen und behaupten, dass Poe Virginia aus bloßem Pflichtgefühl und nicht aus Leidenschaft geheiratet habe. Der Tonfall und die Sprunghaftigkeit der Sätze scheinen dies jedoch ziemlich klar zu widerlegen:

29ster Aug

Mein teuerstes Tantchen,

Ich bin blind vor Tränen, während ich Dir diesen Brief schreibe – Ich wünsche keine weitere Stunde zu leben … – Ich liebe, *Du weißt,* ich liebe Virginia leidenschaftlich hingebungsvoll. Ich kann nicht in Worten ausdrücken, was ich für meine liebe kleine Kusine empfinde, meinen einzigen Schatz. Aber was soll (ich) sagen? Oh, denke für mich, denn ich bin unfähig, zu denken. Alle (meine) Gedanken sind durch die Vorstellung beansprucht, dass Ihr beide lieber zu N. Poe geht … Ihr habt beide ein gütiges Herz – und Ihr werdet immer mit dem Gedanken leben müssen, dass meine *Todesangst* mehr ist, als ich ertragen kann – dass Ihr mich ins Grab getrieben habt – denn Liebe wie die meinige kann nicht überwunden werden … Hab Mitleid, mein liebes Tantchen, hab Mitleid. Ich kann mich hier niemandem anvertrauen, ich lebe unter Fremden und leide mehr, als ich ertragen kann. Es hat keinen Sinn, von mir einen Rat zu erwarten – was kann ich sagen? Kann ich in Wahrheit und Ehre sagen – Virginia! geh nicht fort! – nicht dorthin, wo es Dir wohl ergehen kann & Du vielleicht glücklich sein kannst – und anderseits ruhig – mein Leben aufgeben. Wenn sie mich wahrhaftig geliebt hätte, hätte sie dieses Angebot nicht spottend verschmäht? Oh Gott, hab Mitleid mit mir! Wenn sie zu N. P. zieht, was wird aus Dir, mein Tantchen?

Ich habe ein nettes Häuschen ausfindig gemacht, kürzlich erst frei geworden, mit einem großen Garten und allem, was dazu gehört – für nur 5 Dollar im Monat. Seither habe ich jeden Tag und jede Nacht vom Entzücken geträumt, meine einzigen Freunde zu sehen – alle auf Erden, die ich liebe, hier mit mir. Wie stolz ich wäre, es Euch beiden hier gemütlich zu machen und sie meine Frau zu nennen. Aber der Traum ist vorbei [G]ott habe Mitleid mit mir. *Wofür* kann ich nun leben? Unter Fremden *ohne eine Seele, die mich liebt.* … White hat sich verpflichtet, mir 80 Dollar Monatslohn zu sichern, and wir könnten es verhältnismäßig behaglich haben & glücklich sein – sogar die 4 Dollar, die ich zur Zeit wöchentlich zum Wohnen bezahle, könnten für unsern Unterhalt ausreichen – aber ich werde 15 Dollar die Woche erhalten, und was brauchten wir mehr? …

Der Ton Deines Briefes verletzt mich bis in die Seele – oh Tantchen, Tantchen Du liebtest mich einst – wie kannst Du jetzt so grausam sein? … Adieu, mein liebes Tantchen, *ich kann Dich nicht beraten.* Frag Virginia Überlass es ihr. Lass sie eigenhändig in einem Brief von mir *Abschied nehmen* – für immer – und ich mag sterben – mein Herz wird brechen – aber ich werde nichts Weiteres mehr sagen.

E. A. P.

Küsse sie von mir – eine Million mal.

Für Virginia
Mein Liebling, meine süßeste Sissy, mein geliebtes kleines Frauchen, überlege gut, bevor Du das Herz Deines Vetters Eddy brichst.[11]

Der Brief erzielte offenbar die erhoffte Wirkung. Drei Wochen später reiste Poe nach Baltimore zurück und beantragte mit Mrs. Clemms Einverständnis einen Trauschein für sich und Virginia. Von Neilson Poe und seinem großzügigen Angebot war fortan nicht mehr die Rede. Dass Poe seine Kusine bereits im September 1835 während dieser Stippvisite heimlich geheiratet hätte, geistert als Gerücht durch viele Lebensabrisse des Dichters. Es ist unfundiert, zudem besteht kein Grund, den Eintrag im Register des Hustings Court von Richmond anzuzweifeln, in dem nachzulesen ist, dass Edgar Allan Poe das einundzwanzigjährige Fräulein Virginia Eliza Clemm am 16. Mai 1836 ehelichte. In Wirklichkeit war Virginia noch nicht einmal vierzehn Jahre alt. Virginias Mutter hatte bezüglich ihres Alters für die reibungslose Abwicklung der Zeremonie gemogelt – und es scheint, dass der presbyterianische Geistliche, der die Trauung vornahm, dem Paar wegen der Lappalie von ein paar Jahren keine Schwierigkeiten bereiten wollte und gutmütig ein Auge zudrückte. Selten waren solche Heiraten zu jener Zeit nicht, und die Blutsverwandtschaft war sicher kein Hinderungsgrund.

So verwirklichte sich Poes Traum von der Familie im netten Häuschen mit großem Garten. Zum ersten Mal in seinem Leben konnte er mit Zuversicht in die Zukunft schauen und sich als angesehener Bürger in der Richmonder Gesellschaft sehen lassen. Als Zeitschriftenredakteur ging er einer Arbeit nach, die ihm nicht nur gefiel, sondern auch ein kleines Einkommen sicherte, dazu hatte er eine Frau, die er über alles liebte, und in seiner Tante und Schwiegermutter eine warmherzige, fürsorgliche Ersatzmutter. Fehlte zu seinem Glück nur noch der literarische Erfolg, der es ihm eines Tages erlauben würde, ganz von seiner Feder zu leben. Bemühungen, einen Verleger für seine *Short Stories* zu erwärmen, schlugen aber einstweilen fehl. Niemand wollte Geschichten in Buchform drucken, die bereits vereinzelt in Zeitschriften erschienen waren und ohnehin nur ein sehr beschränktes Publikum ansprechen würden, weil sie, so sah es etwa der Verlag Harper & Brothers, zu gelehrt und mystisch geschrieben seien.

Trotz Poes Arbeit drückte die Armut auf dem Haushalt nach wie vor. Von Virginia, die das wechselhafte Schicksal eines Gatten zu teilen begonnen hatte, dessen innere Zerrissenheit und Schwermut sie als Vierzehnjährige kaum verstehen konnte, scheint jedoch nie ein Wort des Unmuts über die Lippen gekommen zu sein. Ergeben und stets gut gelaunt ertrug sie die materielle Not und versuchte, das Beste daraus zu machen. Obwohl sie selbst wenig

KNOW ALL MEN BY THESE PRESENTS, That we *Edgar A*

Poe and Thomas W Cleland —————

and acting as governor

are held and firmly bound unto *Wyndham Robertson Lieutenant* Governor of the

Commonwealth of Virginia, in the just and full sum of ONE HUNDRED AND FIFTY DOLLARS, to the

acting

payment whereof, well and truly to be made to the said Governor. or his successors, for the use of

the said Commonwealth, we bind ourselves and each of us, our and each of our heirs, executers

and administrators, jointly and severally, firmly by these presents   Sealed with our seals, and

dated this *16*th   day of *May*.   183*6*.

THE CONDITION OF THE ABOVE OBLIGATION IS SUCH, That whereas a

marriage is shortly intended to be had and solemnized between the above bound *Edgar*

A Poe ————— and *Virginia E. Clemm*————————

of the City of Richmond.   Now if there is no lawful cause to obstruct said marriage, then the

above obligation to be void, else to remain in full force and virtue.

Signed, sealed and delivered }
  in the presence of   {

Cho Howard

Edgar A Poe

┌──────────┐
: SEAL. :
└──────────┘

Tho. W. Cleland

┌──────────┐
: SEAL. :
└──────────┘

CITY OF RICHMOND, To wit :

This day *Thomas W Cleland* —————— above named, made oath

before me, as *Deputy* Clerk of the Court of Hustings for the said City, that

Virginia E Clemm — is of the full age of twenty-one years, and a

resident of the said City.   Given under my hand, this *16.* day of *May*   183*6*

Chs Howard

Heiratsurkunde von Edgar Allan Poe und Virginia Clemm, ausgestellt in 16. Mai 1836 in Richmond. Unterzeichnet vom Standesbeamten und dem Zeugen Thomas W. Cleland, die die Volljährigkeit von Virginia bezeugen.

Interesse für die Literatur zeigte, zweifelte sie nie daran, dass ihr Eddy ein großer Dichter sei und so handeln müsse, wie er es tat.

Bekanntlich besteht ein wesentlicher Teil von Poes Korrespondenz aus Bittbriefen, und diese haben viel zum Bild des ewig am Rande des Existenzminimums lebenden und verschuldeten Außenseiters beigetragen. Nicht nur die früheren Briefe an den Pflegevater John Allen, die einen bis zur Peinlichkeit unterwürfigen oder aufgebrachten Zögling offenbaren, sondern auch jene späteren Briefe, die Poe an Verleger, Freunde und Verwandte schickte, um mit der Darstellung seiner Armut Mitleid zu erregen und Geld locker zu machen, verraten den Querulanten, einen bei weitem nicht immer gewinnenden Menschen. Auch Poes frisches Familienglück hielt ihn nicht von der Gewohnheit ab, hier und dort um Geld zu betteln, sei es für sich selbst oder um die Pläne seiner Schwiegermutter zu unterstützen, die eine Pension eröffnen wollte. Dabei musste er sich den Vorwurf gefallen lassen, dass er sich erst einmal von der Flasche lossagen müsse, bevor er auswärtige Hilfe beanspruchen könne. Auf solche Vorwürfe antwortete er entweder kleinlaut oder mit einer nüchternen Analyse seines Charakters und der Pechsträhnen, als deren Opfer er sich verstand. Seine Entschuldigung, wonach die widrigen Umstände ihn jeweils zum Alkohol trieben, und nicht etwa umgekehrt, überzeugte nur Wenige.

Immerhin scheint Virginias Präsenz an seiner Seite ihn auf lange Strecken vor Rückfällen in seine Trunksucht bewahrt zu haben. Und da zeigt sich, dass Poe, an dem das Klischee vom rastlosen Einzelgänger, Trinker und romantischen *poète maudit* haften geblieben ist, die Annehmlichkeiten einer gutbürgerlichen Existenz durchaus schätzen konnte und sich in der Rolle des Familienoberhaupts und aufmerksamen Ehegatten sogar außerordentlich gefiel. Freunden, die zu jener Zeit bei Poe ein- und ausgingen, verdanken wir den Einblick in einen harmonischen und glücklichen Haushalt. Wenige Möbel, blitzblank geschrubbte Böden, eine schlichte Lebensart, mäßige, aber herzliche Geselligkeit sind die Stichworte, die in den übereinstimmenden Erinnerungen jeweils wiederkehren. Trotz knapper Geldmittel besorgte Poe für Virginia ein Klavier, auf dem sie sich selbst beim Singen begleiten konnte, und scheute keine Ausgaben, um ihre Ausbildung zu vervollkommnen. Und Virginia dankte es ihm ihrerseits mit einer Hingabe, die manchen Besucher gar mit einem Quäntchen Neid erfüllte. Poe war zweifelsohne stolz auf seine reizende Braut, gern spazierte er mit ihr Arm in Arm durch Richmonds Straßen und genoss die bewundernden Blicke der Passanten. Wo sie auftauchten, fielen sie als Paar auf. Weil sie beide dunkel und schlank waren und dieselbe elegante Gangart hatten, spürten die Leute die Verwandtschaft zwischen ihnen, ohne sie richtig fassen zu können. Er kleidete sich vielleicht eine Spur zu dandyhaft, fand man, dafür gefiel sie mit ihrer vornehmen Schlichtheit und dem kunstvoll aufgesteckten Haar umso mehr. Ja, in jenen ersten Monaten in Richmond verkörperte Virginia das lebende Bild aufblühender Jugend, und Poe schien glücklich, wie er es noch nie gewesen war. Am Schreibtisch aber ließen ihn die alten Chimären nicht los.

Unmittelbar nach *Berenice* hatte er eine zweite »Dark Lady« ersonnen und diesmal mit dem Namen Morella direkt auf ihre dunkle Erscheinung hingewiesen.[12] Auch diese Frau ist, wie Berenice, wie Virginia selbst, ungewöhnlich bleich und hat schwarze melancholische Augen. Bedeutsame Augen, schreibt der namenlose Icherzähler, bei deren Blick »… meine Seele krank wurde und von Schwindel ergriffen, wie jemand, der in einen finsteren, unergründlichen Abgrund blickt.«[13] Andere auffallende Parallelen zwischen *Morella* und *Berenice* legen die Interpretation nahe, dass Poe ein gewisses Unbehagen bezüglich seiner Liebe zu einem so jungen Mädchen – seiner »child-wife«, seiner Kindfrau, wie er Virginia zu nennen pflegte – literarisch verarbeitet hat. Wo verliefen für ihn die Grenzen zwischen Leidenschaft und väterlicher Liebe? Gab es sie überhaupt? So wie Egaeus für Berenice keine Liebe empfindet, behauptet auch der Erzähler in *Morella,* dass das tiefe Gefühl, das ihn an die Titelfigur bindet, nicht Liebe sei:

Doch fanden wir einander, und das Schicksal vereinigte uns vor dem Altar. Nie sprach ich von Leidenschaft, noch dachte ich an ihre heißen Wünsche. Morella aber floh jede Gesellschaft, schloss sich an mich allein an und machte mich glücklich.[14]

Was in *Berenice* den Erzähler in den Wahn treibt, die leuchtend weißen Zähne der Sterbenden, findet sich bei *Morella* in den Augen und der Stimme der Braut wieder. Sie sind es, die ihn mit der Zeit so unangenehm berühren, dass sein Glück in Entsetzen kippt und das Schönste sich zum Grässlichsten wandelt. Morella erkrankt und ihr langsames Welken ruft bei ihm sodann eine teuflische Ungeduld hervor; er kann kaum erwarten, dass Morella für immer die Augen schließt. Doch vor ihrem Tod belegt sie den Gatten mit einem Fluch. Wenn er sie lebend nicht geliebt habe, weissagt sie, so werde er sich in umso stärkerer Leidenschaft für die Tote verzehren. Morella hinterlässt eine Tochter, die der Icherzähler mit väterlicher Liebe aufzieht, einer Liebe, die Poe als sehr viel intensiver als jegliche Liebe zu einer erwachsenen Frau schildert. Das Kind, das namenlos aufwächst, ist für den Vater der »Gegenstand meiner Liebe« oder »mein Liebling«. Schatten in dieser Idylle tauchen erst auf, als er am Mädchen reifere Formen beobachtet und darin Ähnlichkeiten mit der verstorbenen Morella erkennt. Diese werden von Tag zu Tag augenfälliger, und als der Vater die Tochter schließlich taufen lässt und ihr den Namen der verstorbenen Mutter gibt, offenbart sich ihm, was er dunkel zu ahnen begonnen hatte: Morella ist in der Gestalt der Tochter wiedergekehrt. »Doch sie starb; und mit meinen eigenen Händen trug ich sie zum Grabe und lachte ein langes, bitteres Lachen, als ich in der Gruft, in die ich die zweite bettete, keine Spuren entdeckte von der ersten – Morella.«[15]

Die Geschichte teilt mit *Berenice* dieselbe schaurige Atmosphäre[16], aber nicht nur das. Sowohl die Beschäftigung mit verschiedenen Aspekten des Todes und der Wiedergeburt, die nicht frei von obsessiver Morbidität ist, als auch die ungenau definierten Gefühle, die der Erzähler für die Frauenfigur hegt, bilden zusammen ein Leitmotiv, das Poe in weiteren Geschichten angehen wird, ohne je wieder den Kontrast zur Vaterliebe auszuarbeiten.

Es ist an diesem Punkt befremdlich zu beobachten, in welch zwiespältiges Verhältnis Fakten und Fiktion in Poes Leben geraten waren. Während die liebende und anhängliche Virginia sich unter seinem Blick allmählich zu einer Frau entwickelte, ersann Poe auf dem Papier Geschichten, in denen die erwachsene Frau für den Mann eine existenzielle Bedrohung darstellt, die es zu bannen gilt. Nicht von ungefähr weiht Poe seine dunklen Heldinnen ausnahmslos dem Tod; und dieser Tod, von rätselhaften Krankheiten herbeigeführt, macht ebenso ausnahmslos die Aussicht auf ein Glück zunichte, das auf einer reifen erotischen Liebe bauen könnte.

Virginia mag von schwächlicher Konstitution gewesen sein, aber 1835, als *Berenice* und *Morella* erschienen, zeigte die Dreizehnjährige noch keinerlei Anzeichen von der Krankheit, an der sie ein Jahrzehnt später sterben würde. Vor diesem Hintergrund betrachtet, nehmen sich die beiden Erzählungen wie eine schreckliche Vorwegnahme von Poes und Virginias Schicksal aus.

Poes Mitarbeit am *Southern Literary Messenger* war nicht von langer Dauer. Thomas W. White musste seinen brillanten Redakteur mehrmals verwarnen und schließlich im Januar 1837 entlassen. Unzuverlässigkeit lautete der Grund, ein Euphemismus für die Tatsache, dass Poe zu oft in angetrunkenem Zustand zur Arbeit erschien oder eben nicht erschien. Im Laufe des vergangenen Jahres hatte Poe sich in der literarischen Welt als geschmackssicherer, aber gnadenloser Kritiker einen Namen und wegen seiner Urteilsschärfe einige Feinde unter den zeitgenössischen Autoren geschaffen. Seine Feder war über Richmond hinaus gefürchtet, und die monatlich im *Messenger* erscheinenden *Short Stories* hatten auch begonnen, auf landesweite Resonanz zu stoßen. Der Bruch mit

White hätte Poe eigentlich erbittern müssen. Aber nein, der Dichter fühlte nichts als Erleichterung. Für einen »ungebildeten und vulgären Menschen« wie White zu arbeiten,[17] empfand er rückblickend als Zeitverschwendung. Er kehrte nicht nur ihm, sondern auch gleich Richmond den Rücken.

Die nächsten 15 Monate lebte Poe mit Virginia und der Schwiegermutter in New York, aber auch dieser Aufenthalt verlief, wie schon Poes erster, eher glücklos. In keiner der zahlreichen literarischen Zeitschriften fand er Anstellung, und sein erstes veröffentlichtes längeres Prosawerk, *Die Abenteuer des Arthur Gordon Pym,* verkaufte sich schlecht. Unter solchen Bedingungen hielt es die Familie auf die Dauer nicht in der Stadt, und so beschloss Poe im Sommer 1838, in Philadelphia einen Neuanfang zu versuchen.

An der Coates Street[18] bewohnten die Poes ein Haus mit einem Vorgarten, der groß genug war, um das Rehkitz zu halten, das Virginia von einem Bekannten geschenkt bekommen hatte. Man weiß auch, dass Virginia Blumen züchtete und sich musikalisch weiterbildete, aber sonst ist über ihre ersten Jahre in Philadelphia kaum etwas überliefert. Poe zählte nicht zu den Männern, die sich in Briefen ausführlich über häusliche Angelegenheiten äußern, woraus vielleicht zu folgern wäre, dass Poe und Virginia in Philadelphia eine ruhige und unproblematische Ehe führten.

Diese Zeit gehörte jedenfalls zu den glücklichsten und produktivsten in Poes Leben. Für zehn Dollar die Woche arbeitete er als Mitherausgeber des *Gentleman's Magazine,* schrieb Rezensionen, Essays und Erzählungen und erledigte alle anfallenden Aufgaben, die der Herausgeber William E. Burton vernachlässigte, weil er sich lieber mit der Theaterwelt beschäftigte. In *Ligeia,* der Erzählung, von der Poe später behauptete, dass sie seine beste sei, porträtierte er zum dritten Mal eine rätselhafte dunkle Schönheit ohne Herkunft und Vergangenheit, eine Virginia, die sich allzu früh dem Tod stellen muss. Und zum dritten Mal lässt der Dichter seinen verstörten Icherzähler über die weibliche Schönheit sinnieren und in deren Rätsel der Beschaffenheit seiner Liebe nachspüren.

> Die Schönheit ihres Antlitzes ließ sich mit nichts auf Erden vergleichen. Sie war wie die Blüte eines Opiumtraums … Obwohl ich jedoch sah, dass die Züge Ligeias nicht von klassischer Regelmäßigkeit waren, obwohl ich fühlte, dass ihre Schönheit erlesen und von jener Seltsamkeit vollständig durchdrungen schien, bemühte ich mich vergebens, diese Unregelmäßigkeit zu entdecken und den Sitz jenes Seltsamen zu ergründen. Ich studierte die Umrisse ihrer hohen, bleichen Stirn, sie war tadellos! … ihre Hautfarbe, die mit dem reinsten Elfenbein wetteiferte, … und dann jene rabenschwarze, schimmernde, üppige Fülle natürlich gelockten Haars …[19]

Aber wie bei Morella sind es wiederum die Augen – »von strahlendstem Schwarz, von ebenholzfarbenen Wimpern überschattet«, die den Erzähler zum abgründigsten Grübeln verleiten.

Mit der physischen Beschreibung endet allerdings Ligeias Ähnlichkeit mit Virginia. Poe schreibt Ligeia eine selten starke Willenskraft und Intensität des Reflektierens sowie unbegrenztes Wissen und eine ihn erschreckende Leidenschaftlichkeit zu, alles Merkmale, die seiner inzwischen sechzehnjährigen Frau gänzlich fehlten.[20] Durch diese dominanten Charakterzüge kehrt Poe das Lehrer-Schüler-Verhältnis des Paars gewissermaßen um. Der Gatte fühlt sich wie ein Kind, und Ligeia ist es, die ihn ins Reich der Wissenschaft und der Philosophie einführt. Aber auch Ligeia wird krank und muss sterben, wie ehedem Berenice und Morella. Im Unterschied zu jenen »Dark Ladies« lässt Poe Ligeia jedoch dank ihres Lebensverlangens und der »Daseinssucht, die die Menschheit ähnlich bis dahin noch nicht gekannt hat«,[21] über den Tod triumphieren. Sie wird wiedergeboren in der zweiten Frau des Erzählers, der blonden blauäugigen Lady Rowena Trevanion de Tremaine, als diese ihrerseits kaum zwei Monate nach der Heirat einer nicht näher beschriebenen Krankheit erliegt. Wieder spielt Poe mit dem Gegensatz des schwarzen und blonden Haars, um Grauen zu erzeugen. Bei Berenice verfärben sich die schwarzen Haare durch die Krankheit in ein unansehnliches Blond, während Ligeia in der Nacht der Reinkarnation einen umgekehrten Prozess auslöst. Im Laufe einer quälenden Folge von Scheinwiederbelebungen und neuem Tod, beginnt ihr Lady Rowena auf dem Totenbett immer ähnlicher zu werden:

Aber war sie (Lady Rowena) *denn während ihrer Krankheit gewachsen?* Wie Wahnsinn durchschoss es mich bei diesem Gedanken. Mit einem Sprung lag ich zu ihren Füßen. Sie wich meiner Berührung aus und befreite ihr Haupt aus dem entsetzlichen Leichentuch, und in die schaudernde Atmosphäre des Zimmers strömte eine üppige Fülle langer, ungeordneter Haare – *sie waren schwärzer als die Rabenflügel der Mitternacht.*[22]

Erstmals in *Ligeia* stellt Poe seine dunkle Heldin als Siegerin über den Tod dar und deutet an, dass dieser Sieg einer Leidenschaft zuzuschreiben ist, die alle Schranken, selbst jene zum Jenseits, überwindet.

Virginia, die ihren Gatten unwissentlich zu solchen sinistren Geschichten inspirierte, zeigte nun selbst die Symptome der Krankheit, die seine fiktiven Frauengestalten ins Grab brachten. Sie hustete, litt unter Fieberschüben und fühlte sich zeitweise matt. Poe kannte diese Krankheit nur zu gut, er hatte seinen Bruder daran sterben sehen, wusste, dass die Mutter ihr erlegen war und vor ihr andere Mitglieder der Familie. Das veranlasste ihn, Virginia noch umsichtiger zu behandeln und ihr jeden Wunsch von den Lippen abzulesen.

Virginia Clemm Poe. Posthumes Aquarell eines unbekannten Künstlers von 1847.

Seine Liebe für seine Frau war eine Art verzückte Anbetung für den Geist der Schönheit, den er vor seinen Augen entschwinden fühlte. Ich habe ihn erlebt, wie er sie mit der liebevollen Angst und zärtlichen Sorge einer Mutter für ihr Erstgeborenes umhüllte, wenn sie krank war – ihr geringstes Hüsteln machte ihn schaudern, gab ihm sichtlich einen Stich ins Herz. Ich ritt an einem Sommerabend mit ihnen aus, und noch immer verfolgt mich wie das Andenken an eine traurige Weise die Erinnerung an seinen wachsamen Blick, mit dem er eifrig nach den geringsten farblichen

Veränderungen im geliebten Gesicht suchte. Es war diese stündliche Vorausnahme ihres Verlusts, die ihn zu einem traurigen und nachdenklichen Menschen machte und seinem unsterblichen Lied eine klagende Melodie verlieh.[23]

Es gab Zeiten, da es Virginia wieder besser ging und Poe aufatmen konnte. Trotzdem trieb es ihn, das Motiv der sterbenden jungen Frau literarisch weiter zu erkunden. In einer seiner berühmtesten Geschichten, *Der Untergang des Hauses Usher,* die er 1839 noch für Burtons Magazin beisteuerte, fasst er die Blutsverwandtschaft zwischen dem Paar aufs engste. Die bezaubernde dunkle Madeline ist die Zwillingsschwester von Roderick Usher und lebt mit ihm in einem Inzestverhältnis auf dem alten Familiensitz, dessen Düsterkeit den Besucher und Icherzähler zutiefst beunruhigt. Bald nach seiner Ankunft stirbt Madeline nach längerer Krankheit, die beiden Männer legen das Mädchen in den Sarg und betrachten ein letztes Mal ihr Gesicht:

> Die Krankheit, welche die Lady in der Blüte der Jugend aufs Totenbett dahingestreckt, hatte, wie alle Krankheiten von ausgesprochen kataleptischer Natur, gleichsam zum Hohne auf Brust und Antlitz eine zarte Röte zurückgelassen; und um den Mund der Verschiedenen spielte jenes tückisch zögernde Lächeln, welches den Tod doppelt schauerlich macht.[24]

Schauerlich wird die Geschichte aber erst, als die Zurückgebliebenen in einer Sturmnacht die Ahnung beschleicht, dass Madeline der Gruft entstiegen ist. Sie hören, wie sie sich leisen Schritts auf den Weg ins Zimmer macht, in dem die beiden gerade die mittelalterliche Geschichte von Ethelred lesen, der sich gewaltsam Einlass in die Behausung eines Eremiten verschafft. Das Aufbrechen des Türschlosses im Text fällt zusammen mit Madelines Erscheinen an der vom Wind aufgerissenen Tür: In blutbeflecktem

Edgar Allan Poe. Lithografie von 1848.

Gewand, am Körper die Spuren eines zähen Kampfes. Madeline reißt sodann den bestürzten Roderick mit in den Tod, und der Besucher wird Zeuge des Untergangs nicht nur des durch Inzest befleckten Geschlechts der Usher, sondern nach seiner Flucht auch des im Sturm in sich zusammenfallenden Hauses.

Mit Madeline endet in Poes Prosa die Serie der »Dark Ladies«, die so auffallende Züge seiner Kindfrau tragen und komplexe Themen rund um Tod, Liebe und Wiedergeburt variieren. Im Jahr 1842, als Virginia während des Singens einen Blutsturz erlitt und mehrere Tage in Todesgefahr schwebte, erschien Poes Erzählung *Eleonora,* die zwar ähnlich konstruiert ist wie *Morella* und *Ligeia* und mehr noch als frühere Geschichten direkte autobiografische Hinweise enthält, aber ein junges sterbendes Mädchen in den Mittelpunkt stellt, das in seiner Erscheinung Virginia entgegengesetzt ist: Eleonora ist blond. Ohne darüber allzu weitläufig spekulieren zu wollen, ist angesichts des Inhalts der Geschichte die Vermutung nicht abwegig, dass Poe sich bereits mit Virginias Tod zu befassen begann und dies mit den blonden Haaren entweder vor sich selbst oder seiner Leserschaft zu verbergen versuchte. Eleonora, die fünfzehnjährige Kusine und Ehefrau eines Icherzählers, dem Poe eindeutig eigene Charakterzüge verleiht[25], ringt diesem vor dem Tod nämlich das Versprechen ab, nach ihr kein Mädchen mehr zur Frau zu nehmen. Der Erzähler legt einen Eid ab, um ihr das Sterben zu erleichtern, heiratet aber später die junge Ermengard, die er leidenschaftlicher liebt als damals Eleonora. Der Gewissenskonflikt wird am Schluss gelöst, als ihn Eleonora in der Gestalt eines Engels aus dem Jenseits von seinem Gelübde befreit.

Inwiefern die Geschichte Poes eigene Gedanken während der folgenden Jahre widerspiegelt, in denen er sich mit Virginias schleichendem Tod abfinden musste und sich fragen mochte, wie es mit ihm weitergehen würde, ist schwer abzuwägen. Die Sorge um seine geliebte Sissy zehrte auch an seiner Gesundheit, in manchen Briefen zwischen 1842 und 1847 schildert Poe, wie Virginias

Zustand auch ihn so stark mitnahm, dass er selbst an einem akuten Nervenleiden erkrankte oder vermehrt wieder dem Alkohol anheim fiel. Seine Mitarbeit an verschiedenen Literaturzeitschriften litt darunter, kein Redakteur konnte ihn mehr zu einer konstanten und zuverlässigen Arbeit anhalten. Poe fühlte sich ins Außenseitertum gedrängt und dem Wahnsinn näher denn je. Um seine Klarsicht zu bewahren, schrieb er in Momenten, da er sich zum Arbeiten aufraffen konnte, eine Reihe kühler analytischer Erzählungen, die so genannten *Tales of Ratiocination* – also Geschichten, die auf logischen Schlussfolgerungen aufgebaut sind –, unter denen man heute die ersten eigentlichen Detektivgeschichten in der abendländischen Literatur zählt.[26]

Warum Poe im April 1844 seiner schwer kranken Frau noch einen Umzug nach New York zumutete, ist nie wirklich geklärt worden. Die Reise bei kaltem, regnerischem Wetter mit Virginia verlief wider Erwarten gut, auch wenn Virginia das Heimweh nach der Mutter plagte, die in Philadelphia zurückgeblieben war, um den Hausrat zu verkaufen. Sie esse herzhaft und huste kaum, schrieb Poe an die Schwiegermutter in einem hoffungsvollen Ton, der nicht ganz überzeugt. Auch hier, wie in Philadelphia, wechselten die Poes mehrmals den Wohnort. Zuletzt mietete Poe 13 Meilen vom Stadtzentrum entfernt ein Cottage in Fordham – in der heutigen Bronx –, das drei Zimmer im ersten Stockwerk und zwei ungeheizte Zimmer im Dachgeschoss hatte.

»Ein Haus so sauber, so arm, so karg und doch so reizend habe ich nie gesehen«, weiß Mary Gove, eine Freundin des Ehepaars zu erzählen, die bei der Gelegenheit auch eine Beschreibung von Virginia kurz vor ihrem Tod liefert: »Ihr bleiches Gesicht, ihre glänzenden Augen und ihr Rabenhaar verliehen ihr ein überirdisches Aussehen. Man fühlte, dass sie fast ein befreiter Geist war, und wenn sie hustete, war man sicher, dass es rasch vorbei sein werde.«[27] Immer mehr glich Virginia den »Dark Ladies« in Poes Geschichten.

Poe, selbst geschwächt und unfähig, seine Verpflichtungen für literarische Zeitschriften einzuhalten, verbrachte viel Zeit zu Hause, schrieb, arbeitete im Garten oder las Virginia vor. Er wich nur noch ungern von ihrer Seite, und als er ein halbes Jahr vor ihrem Tod wegen eines Interviews für zwei Tage die Stadt verlassen musste, hinterließ er ihr einen Brief, dessen aufmunternder Ton nicht über die wachsende Entmutigung hinwegtäuschen kann:

12ter Juni 1846
Mein teures Herz – meine teure Virginia –
Unsere Mutter wird dir erklären, warum ich diese Nacht von dir fern bleibe … – sei guten Muts und hab noch ein bisschen Vertrauen. Bei meiner letzten großen Enttäuschung hätte ich den Mut verloren, *wärest du nicht gewesen* – meine kleine teure Frau. Du bist jetzt mein *größter* und *einziger* Ansporn, gegen dieses widrige, unbefriedigende und undankbare Leben anzukämpfen.

Ich werde morgen Nacht [unlesbar] P. M. mit dir sein, und sei gewiss, dass ich deine *letzten Worte* und dein inniges Gebet in *liebendem Andenken* bewahren werde, bis ich dich wieder sehe!

Schlaf gut, und möge Gott dir einen friedvollen Sommer gewähren mit deinem ergebenen Edgar[28]

Virginias letzter Sommer verlief nicht friedvoll, die Krankheit schritt schnell voran, und Poe war selbst in allzu schlechter Verfassung, um Schreibaufträge einzuholen. Die Familie geriet in immer größere Bedrängnis, der Hoffnungsschimmer aus Frankreich, wo Poes übersetzte Erzählungen Aufsehen zu erregen begannen, kam zu spät. Beim Einzug des Winters reichte das Geld nicht einmal mehr, um Virginia eine wärmende Decke zu besorgen. Sie lag auf ihrem Strohbett, in Poes Mantel gehüllt, die Hauskatze auf der Brust, während Poe ihr die Hände und die Mutter die Füße zu wärmen versuchten. Als Mary Gove erkannte, in welch unwürdigen Verhältnissen Virginia ihrem Ende zuging, schaltete sie eine Hilfskraft mit ärztlichen Kenntnissen ein, eine energische und liebevolle Frau, die sich im Haushalt um alle praktischen Dinge kümmerte und Virginia bis zum Tod beistand. Ihr vertraute die Sterbende am Tag vor ihrem Tod in einer letzten kindlichen Geste ein Bild Poes, ein Schmuckkästchen sowie zwei Briefe von Poes Stiefmutter an, kostbare Andenken, die sie während der Krankheit unter dem Kopfkissen gehortet hatte.

Am 30. Januar 1847 starb sie, still und unauffällig wie das Leben, das sie an der Seite ihres Gatten geführt hatte. Mit Ausnahme eines in braver Schülerschrift geschriebenen Valentingedichts an ihn[29] ist von Virginias Hand nichts überliefert, und von Poes Briefen an sie sind nur zwei erhalten geblieben.

Poe ist bisweilen vorgeworfen worden, schon bald nach Virginias Tod und bis zu seinem eigenen rätselhaften Zusammenbruch in einer Kneipe von Baltimore drei Jahre später mit verschiedenen Frauen Liebschaften – gar eine Verlobung – eingefädelt zu haben.

Die Biografen hätten den Dichter wohl gern als ewig Trauernden gesehen, weil dies besser zum Klischee des unglücklichen Poeten gepasst hätte. Es ist auch verschiedentlich an der Echtheit von Poes Gefühlen für Virginia gezweifelt worden, und dies aufgrund einer einzigen Briefpassage aus dem Jahr 1848, die aus der Fülle gegenteiliger Beweise ungeklärt heraussticht: »Ich übte Gewalt an meinem eigenen Herzen«, schreibt er an eine Freundin, »und heiratete um einer andern Glücks willen, wohl wissend, dass das meine nicht möglich war.«[30]

Die beiden Gedichte *Ulalume* und *Annabel Lee,* in Virginias Todesjahr bzw. postum 1849 veröffentlicht, zeichnen, wenn als thematische Abrundung der Dark-Lady-Geschichten verstanden, ein anderes Bild von Poes Liebe. In beiden gibt er seiner Trauer Ausdruck. Doch während in *Ulalume* die Hoffnungslosigkeit und das bittere Gefühl eines endgültigen Verlusts überhand nehmen, findet der Dichter in *Annabel Lee* zu einer Bejahung des Lebens und der Liebe zurück, indem er sich an die Vorstellung einer ewigen geistigen Vereinigung klammert. In *Ulalume* beschreibt der Dichter eine Reise mit Psyche zu einem düsteren Ort, an dem ihm, vor einer Gruft angelangt, schlagartig die Erinnerung an den Tod seiner Geliebten befällt, den er verdrängt hatte:

> Da blieben wir plötzlich stehen
> An der Tür zu einer Gruft,
> Zu einer mystischen Gruft.
> Und ich sprach: Was sagt dieser stumme,
> Verschwiegene Mund von Stein?
> Da erwiderte sie: Ulalume –
> Hier ruht Ulalumens Gebein,
> Deiner Ulalume Gebein.
>
> Da ward stumpf mein Herz und ohnmächtig,
> Und wie die Blätter verdorrt,

Wie die Blätter welk und verdorrt.
Ja, Oktober war es und nächtig,
Rief ich aus, und an diesem Ort,
Ich erkenne deutlich den Ort –
Um den Teich wob ein unheimlicher, blasser
Verdunstender Nebelschwarm,
Und ich irrte an diesem Wasser
Eine schaurige Bürde im Arm,
Eine kalte Bürde im Arm –

Die Wolken türmten sich mächtig,
Die Blätter waren verdorrt.
Es war Oktober und nächtig
An einem unseligen Ort.

Die dunkle Stimmung von *Ulalume* findet auch im späteren Gedicht *Annabel Lee* ein Echo, doch hier verlagert der Dichter den
Akzent auf die Leidenschaft, welche die Grenze zwischen Diesseits und Jenseits sprengt und somit Tod und Trennung aufhebt.
Weder die Engel im Himmel noch die Dämonen in den Meeres-
tiefen werden je seine Seele von jener der schönen Annabel Lee
trennen können, schreibt der Hinterbliebene darin, und während
er die Nächte bei der Gruft der Geliebten verbringt, lebt er seine
Liebe für sie in Träumen und Visionen aus, die ihm der Mond und
die Sterne schenken:

Kein Mondlicht blinkt, das nicht Träume mir bringt
Von der schönen Annabel Lee,
Jedes Sternlein, das steigt, hell die Augen mir zeigt
Von der schönen Annabel Lee;
Und so jede Nacht lieg zur Seite ich sacht
Bei der Geliebten in bräutlicher Pracht
Am Meer dort bei Annabel Lee,
Im Grab dort bei Annabel Lee.

Rose La Touche

John Ruskins »irische Rose«

Rund 30 Kilometer südwestlich von Dublin, nahe dem irischen Städtchen Naas steht auf einem Hügel am rechten Ufer des Liffey der ehemalige Gutsitz der Familie La Touche, Harristown, ein beliebtes Ausflugsziel in der Grafschaft Kildare. Das ursprüngliche Herrenhaus aus dem 17. Jahrhundert wurde 1891 durch eine Feuersbrunst fast vollständig zerstört, und mit ihm fielen auch die meisten Kunstwerke, die ein Ahne von seinen Italienreisen zurückgebracht hatte, den Flammen anheim. Heute ist das getreu nach dem Original wieder aufgebaute Haus ein Museum. Man kann darin Stilmöbel, chinesische Tapeten und sonstige interessante Innendekorationen bewundern, nichts Vergleichbares allerdings mit den Schätzen, die es in der Mitte des 19. Jahrhunderts noch beherbergte; damals hingen Familienporträts von Angelika Kauffmann, Bilder des Renaissance-Malers Giuliano Romano und Aquarelle von William Turner und John Ruskin in den Räumen, und ein Kaminsims von Antonio Canova zierte das Wohnzimmer. Das Anwesen der alt eingesessenen Hugenottenfamilie La Touche erstreckte sich auf über 5.000 Hektar Land mit Wäldern, Pachthöfen, Jagdschlösschen und romantischen Brücken über den Fluss, der hinter dem Herrenhaus vorbeiplätscherte, und galt zu Recht als eines der schönsten und prunkvollsten von ganz Irland.

Ausgerechnet auf diesem idyllischen Gut bahnte sich im Sommer 1861 eine Liebestragödie an, die, über Jahre zwischen Farce und Pathos schwankend, der Tochter des Gutsherrn schließlich das Leben und ihrem Freier den Verstand kostete.

1844 hatte der dreißigjährige John La Touche, Magistrat und »Master of the Kildare Fox Hounds«, Harristown geerbt und lebte seither, mehr seinen Pferden und der Fuchsjagd als dem Bankgeschäft zugetan, mit Frau und Kindern das angenehme Leben eines Großgrundbesitzers. Wohltätigkeitsaktionen, zu denen ihn sein calvinistisches Pflichtgefühl bewegte, festigten über die Grenzen der Grafschaft hinaus seinen Ruf eines philanthropischen Patrons. Überall bewundert und geschätzt, hatte John La Touche wegen seiner Gesinnung in der eigenen Familie jedoch einen schweren Stand. Seine zehn Jahre jüngere Frau Maria war nach den Grundsätzen des anglikanischen Glaubens erzogen worden und neigte schon bald nach der Eheschließung dazu, an ihrem Gatten eine gewisse Bigotterie und geistige Sturheit zu bemängeln. Tatsächlich hegte John La Touche gegenüber rein intellektuellen Beschäftigungen, die ihm seine kurze Studentenzeit in Oxford versauert hatten, Misstrauen, wenn nicht gar Verachtung. Das galt auch für die Kunst. Zwar wusste er die Bilder und Statuen zu würdigen, die ihn in Harristown umgaben, und er hatte auch nichts gegen einen guten Roman einzuwenden, aber selbst zu dichten oder zu aquarellieren, wie Maria es gerne tat, oder den Umgang mit Künstlern und Poeten zu pflegen, gehörte nicht zu seinen Prioritäten. Die Gespräche an seinem Gästetisch kreisten während seiner ersten Ehejahre um Jagd und Pferderennen, man trank gern ein Glas zu viel, und die Sprüche wurden mit zunehmender Nachtstunde entsprechend gröber. Maria, als Gastgeberin gezwungen, gute Miene zu bösem Spiel zu machen, lernte ihre wahren Interessen zurückzustecken und die Langeweile hinter einem einstudierten Lächeln zu verbergen. In stillen Stunden aber zeichnete sie, schrieb und verschlang John Ruskins Bücher.[1]

Der berühmte Kunst- und Sozialkritiker, der bereits mit 17 Jahren seinen ersten wissenschaftlichen Aufsatz veröffentlicht hatte und seither in schier überwältigendem Tempo Bücher, Vorträge, Pamphlete und Traktate über allerlei Kunst- und Tagesthemen herausgab, hatte es Maria angetan. An seiner Prosa schulte sie ihr Auge für Turners Bilder und die gotische Architektur und verfolgte von ihrem isolierten Landsitz aus seine Karriere in England. Dies dürfte ihr nicht sonderliche Schwierigkeiten bereitet haben, da der wortgewaltige und leidenschaftliche Aufklärer in aller Munde war und mit seinen öffentlichen Auftritten und Schriften auch dafür sorgte, dass er es blieb.

In der Mitte des 19. Jahrhunderts hatte Ruskin es so weit gebracht, dass er als der Apostel der Kunst schlechthin galt und seine Meinungen unanfechtbares Dogma waren. Doch Ruskins Energien beschränkten sich nicht auf die Verbreitung schöngeistiger Theorien. Ab 1854 erteilte er Handwerkern Zeichenunterricht im Londoner Working Men's College, »nicht um aus einem Tischler einen Künstler zu machen«, rechtfertigte er sich, »sondern um ihn als Tischler glücklicher zu machen.«[2] Der Theoretiker, dessen elegante Sprache unter den Zeitgenossen ihresgleichen suchte, war nämlich selbst auch Maler. Von seinen Reisen in Italien, Frankreich und der Schweiz brachte er Dutzende von Blättern mit Details venezianischer Paläste und französischer Kathedralen zurück, aber auch Ansichten von dramatischen Alpenschluchten oder Baumgruppen, bis in die zartesten Verästelungen ausgearbeitet, kennt man aus seiner Hand. Einen Gegenstand zu malen, ob Schlossturm oder Eichenblatt, ob Grabmal oder Geröll, bedeutete für Ruskin, ihn in seinem tiefsten Wesen zu begreifen, und er wurde ein Leben lang nicht müde, den Menschen das Malen und die Kunstbetrachtung nahe zu legen als Weg, Gottes Schöpfung zu verinnerlichen und ihr zu huldigen. Maria La Touche war begeistert. Da lehrte und schrieb in London ein Mensch, nein, ein Genie, in derart mitreißender Art und Weise über die Themen, die ihr am Herzen lagen, dass sie bald einmal den Wunsch hegte, den Autor von *Modern Painters* und *The Stones of Venice* persönlich kennen zu lernen. Gewiss ließ sich durch die gemeinsame Bekannte, Lady Waterford, ein Treffen einfädeln, aber unter welchem Vorwand?

Als Maria zu Ohren kam, dass Ruskin nicht nur über Malerei schrieb, sondern diese auch selbst unterrichtete, hatte sie ihren Vorwand gefunden: Zu Beginn des Jahres 1858 wandte sie sich schriftlich an ihn mit der Frage, ob er gewillt wäre, ihren Töchtern

John Ruskin.
Aquarell von George Richmond, 1843.

Rose La Touche. Zeichnung von John Ruskin, ca. 1860.

Emily und Rose privaten Malunterricht zu erteilen, während die Familie – zumeist den Winter über – in London weilte. Ruskin, der zu dieser Zeit gerade mit der undankbaren Aufgabe beschäftigt war, Turners hunderte von Zeichnungen zu sortieren, die seit dessen Tod in den Kellern der National Gallery vor sich hin moderten, leitete die Anfrage an einen seiner Schüler weiter. Doch Maria La Touche gehörte nicht zu den Frauen, die sich so leicht abwimmeln ließen, sie beharrte, bis Ruskin höchstpersönlich an ihrer Londoner Adresse vorsprach.

Der Schilderung nach zu urteilen, die Ruskin über 30 Jahre später in seiner unbeendeten Autobiografie *Praeterita* machte, hinterließ diese erste Begegnung im Haus La Touche an der Great Cumberland Street keinen besonderen Eindruck bei ihm. Er fand die Mutter zwar »extremely pretty«, schreibt er, und nicht zu alt, um viele Dinge zu lernen, doch die jüngere Tochter, die eben zehn Jahre alt gewordene Rose, kam ihm etwas zu steif daher. Das Mädchen habe ihm brav die Hand gegeben, so wie ein Hund dem Herren die Pfote hinstrecke, erinnert sich Ruskin, und er fährt fort mit der Beschreibung der tiefblauen Augen des lockigen Haars und der Lippen, die im Profil vollkommen reizend, von vorne gesehen jedoch eine Spur zu weit und hart gezeichnet gewesen seien. Ansonsten, schließt er ab, sei das Kind kaum vom Typus des hellen, wohlerzogenen irischen Mädchens abgewichen.[3]

Die präzise Beschreibung lässt aufhorchen; sie gesellt sich zu jenen Passagen in Ruskins Werk, in denen sich der Ästhet mit naiver Bewunderung über die Grazie junger Mädchen auslässt. Die berühmteste Textstelle dieser Art stammt aus dem Kapitel über die Geduld in *The Cestus of Aglaia* (1865), in dem er sich an eine drei Jahrzehnte zurückliegende Erscheinung erinnert: Ein zehn- oder zwölfjähriges Mädchen

lag, die Arme hinter dem Kopf verschränkt, ganz schlaff und locker auf einem Erdhügel am Flussufer … Sie hatte mit anderen geduldigen Kindern ihre Spiele gespielt und sich dann in die volle Sonne hingelegt, um auszuruhen wie eine Eidechse. Der Sand vermengte sich mit den schmuddeligen Locken ihres schwarzen Haars, und etwas davon spritzte auf ihr Gesicht und ihren Körper, fast wie ›Asche zu Asche‹; wenige schwarze Lumpen um ihre Lenden, aber die Glieder, fast nackt, und die kleinen Brüste, kaum geschwollen, – weiß, – marmorartig – aber wie verschwendeter Marmor, dünn von der sengenden Glut und den Zügeln der Zeit.[4]

Wie sehr das italienische Mädchen Ruskin damals beeindruckt hatte, lässt sich an der Häufigkeit abmessen, mit welcher es in späteren Schriften und seiner Korrespondenz auftaucht. Die Anspielung auf den Marmor täuscht nicht darüber hinweg, dass sich Ruskin von dem Mädchen selbst angezogen fühlte und die Faszination sich nicht im ästhetischen Genuss erschöpfte. Er selbst wollte es so nicht sehen, so wie er seine regelmäßigen Besuche in der Töchterschule von Winnington als harmlose Erholungszeit verstanden haben wollte und nicht als krankhafte Neigung für die jungen Schülerinnen. Es sollten auch mehrere Jahrzehnte nach seinem Tod vergehen, bis Ruskins auffallend häufige Beschreibungen von Mädchen – sei es von seiner ersten Liebe Adèle Domecq, den Schülerinnen in Winnington, Rose La Touche oder irgendwelchen anderen auf Reisen getroffenen Mädchen – in seinem Werk näher unter die Lupe genommen wurden.[5]

Vielleicht weil ihm die kleine Rose nicht sonderlich gefallen hatte,[6] war Ruskins Interesse an der Familie La Touche anfangs lau; er hatte in den folgenden Monaten kaum das Bedürfnis, die

Bekanntschaft zu vertiefen. Auch plagten ihn in diesem Jahr ganz andere Sorgen, und diese Sorgen sollten eine nicht unwesentliche Rolle bei der Eigendynamik spielen, welche Ruskins Freundschaft mit den La Touches ein Jahr später entwickelte.

1858 war das Jahr, in dem Ruskins Gewissheiten wie ein Kartenhaus in sich zusammenfielen, in dem Zweifel und eine unerklärliche Hoffnungslosigkeit sein Leben zu verdunkeln begannen. Zwei Jahre waren seit der Auflösung seiner Ehe mit Effie Gray verstrichen, und nun fühlte er sich plötzlich von der Einsamkeit überwältigt, die er vor kurzem noch als wieder gefundene Freiheit gefeiert hatte. Und im Sommer, nach einem einschneidenden Erlebnis in Turin, musste er dazu auch noch die Erkenntnis verkraften, dass ihm der Glauben abhanden gekommen war.[7] 1858 ein »annus horribilis«, fürwahr: Ihm schien mit einem Mal, als verlöre er den Boden unter den Füßen, der Blick in die Vergangenheit brachte nur Verunsicherung, und wenn er in die Zukunft zu schauen wagte, erschreckten ihn Visionen eines verpfuschten Lebens.

Heute hätte man für Ruskins Zustand schnell die Allerweltsdiagnose der »Midlife Crisis« zur Hand. In der Tat befand sich Ruskin kurz vor dem 40. Lebensjahr genau in der Lebensmitte, und die Symptome seiner tiefen »Malaise« entsprachen ungefähr jenen, die sich unter dem Begriff zusammenfassen lassen. Ruskin selbst versuchte über seinen Zustand ins Reine zu kommen und analysierte die Gründe, die ihm die Kraft der Begeisterung geraubt und ihn gleichsam über Nacht in einen orientierungslosen Melancholiker verwandelt hatten. Er fand sie schließlich in seinem Verhältnis zu den Eltern, bei denen er noch immer wohnte. Sie waren schuld, dass er sich so allein fühlte und mit 40 noch kein sinnvolleres Lebensziel gefunden hatte, als gelehrte Bücher zu schreiben, um dem Vater zu gefallen. Doch vergingen noch fünf Jahre, bis Ruskin die Kraft fand, den Eltern seine Vorwürfe darzulegen. Dann aber tat er es mit verletzender Klarheit. Sie hätten ihn bis zur Verweichlichung verhätschelt, schrieb er dem Vater, und gleichzeitig hätten sie seinen Lebensenthusiasmus gedämpft und das Feuer der Leidenschaft in ihm abgetötet –

> … dabei dachte ich, dass es meine Pflicht sei, mich dämpfen zu lassen – die Religion führte mich da in die Irre – denn hätte ich genug Mut & Wissen gehabt, um meinen Willen entschlossen durchzusetzen, hättet Ihr mich jetzt in glücklicher Gesundheit, Euch doppelt liebend … und voll Energie für die Zukunft – und mit Kraft zur Selbstverleugnung. Nun hat mich die Kraft zur *Pflicht* umsonst erschöpft, und ich bin um des Weiterlebens willen gezwungen, mich selbst zu verwöhnen auf allerlei selbstsüchtige Weisen, und dies zu einem Zeitpunkt, da ein Mann für die Pflichten des mittleren Alters gewappnet sein sollte dank des guten Gelingens seiner Jugend. *Kein Leben sollte* Geister zu bannen haben.[8]

Die Geister, mit denen sich Ruskin 1858 quälte, stürzten ihn nach dem Turiner Sommer in eine tiefe Depression. Er wähnte sich trotz des beruflichen Erfolgs der unglücklichste Mensch auf Erden und meinte zum ersten Mal klar zu erkennen, dass er sein Leben nie einer Frau würde widmen können. Als verwöhntes Einzelkind fühlte er sich im Elternhaus gefangen, erstickt von der maßlosen Liebe der Mutter und der ebenso maßlosen Bewunderung des Vaters. In diesem elenden Zustand erinnerte sich Ruskin plötzlich wieder an Maria La Touche und ihre Töchter. Marias sprudelndes Naturell und intellektuelle Neugier, meinte er, könnten ihm gut tun. Er schrieb ihr im Oktober nach Irland, und als die La Touches den Winter wieder in London verbrachten, lud er sie zu sich nach Denmark Hill im Süden der Hauptstadt ein. Diesmal war er entzückt von der Mutter und ihren beiden Töchtern, ganze Nachmittage diskutierte er mit ihnen über Glaubensfragen und Ästhetik, er zeigte ihnen seine Sammlung von Turner-Bildern und den Garten, unterrichtete Emily und Rose ein bisschen im Zeichnen.

163 Denmark Hill. Hier wohnte John Ruskin bis 1871. Zeichnung von Arthur Severn.

Als die La Touches London ein paar Wochen später verließen, war Ruskin zum engsten Hausfreund der drei Damen avanciert. In Harristown wurden John La Touche in den folgenden Monaten die Ohren voll geschwatzt mit Ruskins genialen Ideen, und umgekehrt waren Ruskins Eltern täglich Zeugen der geradezu kindlichen Begeisterung ihres Sohnes für die irische Familie.

Hatte sich Maria La Touche diesen Winter in den Kunstlehrer ihrer Töchter verliebt? Ging ihre Begeisterung für dessen Ideen und Charme weiter als die harmlose Freude über die geistige Nahrung, die sie von ihm empfing? Möglich ist es, ihre ersten Briefe an ihn sind voll der Schwärmerei, und Ruskin selbst sah es rückblickend so. Aber die Briefe, die er aus Harristown am meisten schätzte und mit besonderer Freude beantwortete, stammten nicht von Maria, sondern von »… einem lieben kleinen Ding, das ich *sehr* mag …, das mir die hübschesten Gedichte schreibt …«[9]

Dieses liebe kleine Ding war Rose, Marias jüngste Tochter, die im Laufe des Winters die inneren Zweifel und Nöte des Freundes und Lehrers intuitiv verstanden und sich in den Kopf gesetzt hatte, ihn wieder glücklich zu machen und auf den Gottespfad zurückzulenken. Vom Briefwechsel zwischen dem desillusionierten Kunstlehrer und der gottesfürchtigen Schülerin ist leider wenig übrig geblieben. Maria La Touche zerstörte Ruskins Briefe später,[10] und nach dessen Tod im Jahr 1900 verbrannten seine Kusine Joan Severn und der Nachlassverwalter Charles E. Norton sämtliche Relikte seiner Beziehung zu Rose. Die wenigen überlieferten Briefe jener Monate genügen jedoch, um das Bild eines einfühlsamen Mädchens zu zeichnen, das von lauteren christlichen Gedanken in diese Freundschaft getrieben wurde, andersherum aber auch geschickt mit dem Ton unverbindlichen Flirtens experimentierte. Die elfjährige Rose fühlte sich von Ruskins Aufmerksamkeit geschmeichelt und schürte diese mit unschuldigen Beteuerungen der Zuneigung, so dass Ruskin bald nicht mehr wusste, wie ihm geschah. Inmitten der emotionalen Ödnis aus der er seit Monaten vergeblich einen Ausweg suchte, erblickte er mit einem Mal in der Person dieses ernsten, fast nonnenhaften Mädchens einen Hoffnungsschimmer. Gefühle waren wieder möglich: Im fernen Irland lebte ein Kind, das sie akzeptierte und auf seine eigene rührende Weise erwiderte. Ruskin war überwältigt Welcher Art seine Gefühle waren, darüber wollte er sich vorerst nicht allzu große Gedanken machen, er wusste nur, dass er diesem Geschöpf unendlich viel verdankte. Wer weiß, was aus ihm geworden wäre, fragte er sich, »… wenn ein kleines Kind … nicht zur rechten Zeit das Steuer in die Hand genommen und beliebt hätte, mein Liebling zu werden.«[11]

Es ist schwer zu beurteilen, was an Roses Briefen so außergewöhnlich oder tiefgründig gewesen sein mag, dass sie Ruskin erlaubten, wieder Mut zu fassen und aufzuleben. In intellektueller Hinsicht konnte Rose ihm keine ebenbürtige Briefpartnerin sein, so wie es ihre Mutter oder auch die ältere Schwester Emily waren; aber Ruskin war, wie er vor Freunden und Eltern gern betonte, an einem rein fachlichen Gedankenaustausch nicht interessiert, einen solchen konnte er mit Malern, Professoren und Literaten nach Belieben pflegen. Nein, wonach er sich in Briefen sehnte, war die warme Sprache des Herzens, und diese beherrschte die kleine Rose wie keine andere. Sie allein schien die Worte zu kennen, die er lesen wollte, sie allein war fähig, ihren geliebten St. Crumpet[12] mit ein paar Sätzen von seiner gedrückten Stimmung zu befreien, wobei sie – ob kalkulierend oder nicht, bleibe dahingestellt – ihre persönlichen Gefühle anfangs am liebsten in jene der ganzen Familie einband. Bezeichnend für diese verschlüsselte Art der Anteilnahme ist etwa Roses Brief aus den Ferien auf dem Kontinent im Frühjahr 1861:

Oh, St. Crumpet ich denke so viel an Sie & und an alle Ihre Nettigkeiten für mich. Ich wünschte so sehr, dass Sie glücklich wären – Gott kann Sie glücklich machen – Wir werden versuchen, nicht alles zu vergessen, was Sie uns gelehrt haben … Ich hoffe, Mr. und Mrs. Ruskin gehe es jetzt gut. Wollen Sie ihnen bitte unser liebes Andenken übermitteln & nehmen Sie davon für sich selbst so viel Sie wollen. Es wird eine ganze Menge sein, falls Sie alles zu beanspruchen gedenken, was wir Ihnen schicken. Ich mag Nizza, aber ich mag nicht so sehr, anderswohin verpflanzt zu werden, außer wenn ich nach Hause gehe. Ich bin immer ihre Rose. Ja, schreiben Sie Pakete voll – Koffer voll & und wir werden sie so sehr mögen. Ich konnte tatsächlich nicht früher schreiben, ich werde bald wieder zu schreiben versuchen. Sie *müssen* merken, wie wir an Sie denken & über sie reden – Rosie-Posie.[13]

Diesen Brief aus Nizza trug Ruskin fortan immer in einem Seidenbeutel in der Brusttasche und zitierte ihn später vollständig in seiner Autobiografie. »Der recht eigenartige Charakter des Briefes liegt in seiner Sympathie«, kommentierte er hierzu.

Es gibt keinen Satz, in dem das Kind an sich selbst denkt. Sie weiß genau, was *ich* fühle, und denkt nur daran, ohne jeglichen Schatten der Eitelkeit oder des impulsiven Egoismus … Und im Jahre 1860 begann für mich … die ›neue Epoche meines Lebens‹ insofern, als mein Vater und meine Mutter nicht mehr mit mir reisen konnten, aber dafür war Rose im Herzen immer mit mir, und alles, was ich tat, war um ihretwillen.[14]

Ruskin, der brave Sohn, zeigte den Eltern die wöchentlichen Briefe, die Rose ihm schrieb, und las ihnen auch die eigenen Antworten an sie vor. Sie sei sein einziger Liebling, pflegte er während diesen Lesungen von Rose zu schwärmen, und ihre Briefe, was seien sie anderes als Liebesbriefe? Die Eltern nickten nur, erfreut, dass ihr Sohn langsam seine Lebensgeister zurückgewann. Ja, so unglaublich es scheinen mag: Niemand wollte merken, weder in Denmark Hill noch in Harristown, dass Rose mit ihren koketten Briefen regelrecht daran war, ihrem 30 Jahre älteren Freund und Mentor den Kopf zu verdrehen.

In dieser verwirrten Verfassung folgte Ruskin im August 1861 Maria La Touches Einladung und reiste für ein paar Tage nach Harristown. Er kam spät abends an, zu einer Zeit, da die Kinder schon zu Bett gegangen waren, aber als sie den Wagen auf dem Kiesvorplatz vorfahren hörten, rannten alle drei die Treppen hinunter, um ihn zu begrüßen. Percy, der ältere Sohn »barfuß wie ein kleiner Ire«, Rose

Harristown, das Gutshaus der Familie La Touche.

in rosarotem Nachthemd und Emily wie die italienische Starsängerin Giulia Grisi in Bellinis Oper *Norma*.[15]

Ruskin mied für gewöhnlich Einladungen in große Herrschaftshäuser, meist fühlte er sich unter dem Landadel verloren und fehl am Platz. Harristown behagte ihm jedoch auf Anhieb, die Weite und Schönheit des Parks und der Wälder gefielen ihm, ebenso die Aussicht vom Fenster seines Zimmers auf die mit Terrassen angelegten Gärten, die zum weidengesäumten Fluss hinabführten. Vor allem aber war all dies Roses Heimat. Sie war hier aufgewachsen, sie kannte jeden Stein, jeden Strauch, und während er sie in ihrer Umgebung beobachtete, begann er neue Seiten an ihr kennen zu lernen; so kam eine wilde, unzähmbare Rose zum Vorschein, sobald sie sich in der Natur tummelte. Auf Ausflügen rannte sie ihm mit Emily davon, hüpfte und sprang über Bach und Graben wie ein junges Reh. Und eines Morgens ließ sich Ruskin sogar überzeugen, mit den Kindern eine Brücke über den Liffey zu bauen, und stellte fest, dass Rose keine Scheu zeigte, mit ihm knietief im Wasser herumzuwaten. Rose wollte jede Stunde seines Aufenthaltes mit ihm verbringen, sie wollte ihm ihr Reich zeigen, mit ihm spielen und die schönen Gespräche über Gott, Gesteine und Turner fortführen. Wenn er sich zum Arbeiten in sein Zimmer zurückzog, schimpfte sie mit ihm und stellte sich vor sein Fenster, um ihn abzulenken:

> Sie warf ihren Kricketschläger in meine Richtung hoch – und rief mir zu, ich solle herunter kommen. Ich ging nicht, denn ich sagte, dass ich meine Landkarte beenden müsse. Ich ging nicht hinunter. Aber ich brachte auch nicht meine Landkarte zu Ende. *Diese* wird nie mehr angerührt werden.[16]

Ruskin erlebte idyllische Tage in Harristown zwischen Kinderspielen, Reitausflügen und anregenden Gesprächen mit Maria und John La Touche. Schon bald bat man ihn, seinen Aufenthalt zu verlängern, denn, so schrieb Maria an Ruskins Mutter: »Ihr Sohn macht uns alle sehr glücklich – so sehr, dass wir nicht wissen, was wir tun werden, wenn er uns verlässt.«[17]

Sogar John La Touche begann seine Zurückhaltung gegenüber dem Gast abzulegen. Hatte er zunächst befürchtet, dass dieser Rose mit seinen Glaubenszweifeln anstecken könnte, durfte er im Laufe der Tage mit Genugtuung feststellen, dass Ruskin sich vor den Familiengebeten keineswegs drückte und Rose sogar gern begleitete, wenn sie, das Körbchen mit Esswaren und baptistischen Traktaten am Arm, die Bedürftigen der Umgebung besuchte.[18]

Vor John La Touche wird sich Ruskin zurückgehalten haben, nicht aber vor Maria. Während ihrer Spaziergänge beichtete ihr Ruskin, dass er weder an die Unsterblichkeit der Seele noch an die wörtliche Auslegung der Bibel glauben könne, ja, dass er seit Turin im wahrsten Sinne des Wortes ein Ungläubiger geworden sei. Maria, aber auch Rose, die manchmal Bruchteile solcher Gespräche aufschnappte, waren erschüttert. Einen solchen Menschen zum

Freund zu haben war gefährlich, fürs eigene Seelenheil am besten ganz zu meiden. Aber wie verzichten auf seine warmherzige Freundschaft, auf die wertvollen Konversationen? So viel Wissen und Fantasie, soviel Charme und ungekünstelte Bescheidenheit hatten sie noch nie in einem einzigen Menschen vereint erlebt. Ihn fernzuhalten war ein Ding der Unmöglichkeit geworden. Es war zu spät, Ruskin hatte beider Herzen bereits erobert, und dem seinen, wie Mutter und Tochter auf ihre eigene Weise zu erkennen meinten, erging es nicht anders. Maria begnügte sich, Ruskin vor der Abreise das Versprechen abzunehmen, in den nächsten zehn Jahren nichts über seine Zweifel und ketzerischen Ideen an die breite Öffentlichkeit zu tragen. Er hielt Wort.

Ruskin ließ zwei verstörte Frauen in Harristown zurück, konnte selbst aber nur noch an die eine denken, seine »irischen Rosen«, seine »Rosie-posie«, sein »pet«. Kaum hatte er Irland den Rücken gekehrt, verfiel er in die alte Melancholie zurück, wurde rastlos und flüchtete im Herbst schließlich nach Frankreich und die Schweiz, weil er die Gegenwart der Eltern nicht ertrug. Dort lebte er nur noch für Roses Briefe, ans Arbeiten war nicht zu denken: »Traurig und allein«, erinnerte er sich 13 Jahre später. »Ich hatte meinen wöchentlichen Brief von R[ose] und vage Hoffnungen – jedenfalls Möglichkeiten von Hoffnung.«[13]

Rose litt ihrerseits in Harristown, aber nicht an den klassischen Symptomen von Liebeskummer. Sie wollte Griechisch lernen, weil Ruskin es ihr ans Herz gelegt hatte, und es scheint, dass die geistige Anstrengung plötzlich unerklärliche Bewusstseinsstörungen und Kopfschmerzen auslöste. Während nun Ruskin in Luzern närrische Kinderreime für Rose dichtete und sich seinen Hoffnungen hingab, kamen Roses Eltern zum Schluss, dass die Krankheit ihrer Tochter auf den Briefwechsel mit Ruskin zurückzuführen sei; die Aufregung sei zu groß, meinten sie, und verboten ihr kurzerhand zu schreiben. Doch sie hatten Roses Gefühle unterschätzt. Zum ersten Mal in ihrem Leben widersetzte sie sich dem Willen der

Maria Price La Touche,
die Mutter von Rose.

Eltern, schrieb im Geheimen weiter und hielt überall Ausschau nach Ruskins Briefen, welche die Mutter abfing und vor ihr zu verbergen suchte. Und bei der Lektüre dieser Briefe fiel es Maria endlich wie Schuppen vor den Augen; was sie geahnt hatte, ohne es wahrhaben zu wollen, stach ihr nun in klarster Schrift entgegen: Ruskin liebte Rose, nicht sie.

Und Rose? Wegen ihres jungen Alters – Rose war in jenem Sommer 13 – haben Ruskins Biografen ihre Gefühle nicht als Liebe deuten wollen, sondern höchstens als eine von religiösem Bekehrungseifer genährte Freundschaft. Es trifft zu, dass Roses Briefe von pietätvollen Phrasen gesättigt sind, aber dazwischen blitzen Sätze auf, die alle Merkmale eines Liebesbriefes aufweisen. Rose dachte unentwegt an Ruskin, sie stellte sich vor, wo er gerade war, was er gerade sah und tat, ja, ging so weit, ihm zu beichten, dass sie seine Briefe insgeheim in die Tasche ihrer Reithose steckte, während sie auf ihrem Pony ausritt. An anderer Stelle redete sie sogar ohne Umschweife von Liebe: »… und, St. C, ich bitte Sie, wenn Sie meine Liebe schon haben – wie soll ich sie schicken? – Nein, ich schreibe Ihnen dies nur, um Sie daran zu erinnern – …«[20]

Mit Ruskin in weiter Ferne fühlte sich Rose frei, ihre Gefühle für ihn zu benennen; es war Liebe, daraus machte sie keinen Hehl, aber eine in der Gedankenwelt angesiedelte Liebe, aus der das Körperliche vollständig ausgeklammert war. Instinktiv merkte Rose, dass sie mit dieser Einschränkung in Ruskin einen Komplizen gefunden hatte, und ihre Beziehung am besten und schönsten gedeihen konnte, solange keine direkte Erotik zwischen ihnen ins Spiel kam. Als Mädchen der viktorianischen Upper Class wusste sie mit 13 Jahren natürlich nichts über die so genannten »facts of life«, und die bösen Gerüchte über Ruskins gescheiterte Ehe hatten sie noch nicht erreicht; Rose sah in ihrem Briefpartner vorläufig nur den großen Denker und Kunstexperten, dessen Seele sie retten wollte und mit dem sich ungestraft schäkern ließ. Seine Intelligenz und Güte imponierten ihr, und seine ritterliche Art, sich ihr zu

Füßen zu werfen, erfüllte sie mit freudigem Staunen. Als Rose schließlich von ihren rätselhaften Kopfschmerzen genas, durfte sie ihre Brieffreundschaft wieder aufnehmen und Ruskin während des Winters in London sogar besuchen und mit ihm Museen besichtigen. Maria, die Ruskin noch immer mit Briefen überhäufte, kämpfte mit der Eifersucht, und John la Touche entwickelte ein zunehmendes Misstrauen, je mehr er von Ruskins vernichtenden Urteilen über Kirche und Glauben hörte. Eine zweite Einladung nach Harristown im Frühling 1862 wurde jedenfalls trotz Roses Fürsprache für den Freund ohne Erklärung zurückgenommen; die La Touches reisten im April nach Irland zurück, ohne Ruskin die Aussicht auf ein Wiedersehen zu gewähren.

Die Trennung dauerte drei Jahre. Es waren Jahre, in denen dem Mädchen die Zügel des eigenen Schicksals immer mehr aus den Händen glitten und sie als Opfer der Interessen aller beteiligten Erwachsenen keinen andern Ausweg aus der verfahrenen Situation mehr sah, als Zuflucht zu Gott zu suchen und einem unmöglichen Ideal nachzustreben. Die Idee der moralischen Vollkommenheit begann sich ihrer zu bemächtigen, sie wollte heilig werden, unantastbar und unerreichbar für alle, nun, da ihre Beziehung zum einzigen geliebten Menschen außerhalb des Familienkreises stillschweigend verurteilt worden war.

Mit 19 Jahren verfasste Rose ein Tagebuch, in dem sie jene schwierigen Jahre aufarbeitet und rückwirkend zu verstehen versucht. Die Einträge kreisen fast ausschließlich um ihre Sorge, gottgefällig zu leben und richtig zu handeln, und zeichnen nach, wie diese Sorge allmählich zum Zwang ausartete und Zweifel weckte, die sie Tag und Nacht quälten. Beten und Fasten half nicht, sie zu vertreiben, im Gegenteil.

> Manches Mal bin ich in der Nacht aufgestanden, um zu beten, und bin dann vor lauter Verzweiflung und vollkommener Erschöpfung in Geist und Körper wieder eingeschlafen … wenn ich die Bibel las (eine Gewohnheit, zu der

mich der Unterricht meines Vaters anhielt, so regelmäßig wie das Frühstücken), kamen die Zweifel die ganze Nacht.[21]

So zermarterte sich Rose monatelang den Kopf über die Frage des Sabbats, fühlte sich an Samstagen schuldig, wenn sie ausritt oder Hausaufgaben machte: »Wenn nämlich die Gebote der Juden auch für uns verbindlich sind (wie man mir sagte), warum also sollten wir unsern Sabbat streng am siebten Tag halten? Welches Recht hatten wir, dies zu ändern …?«[22]

Die Sabbatfrage ist nur ein Beispiel für die vielen Zweifel, die Rose in jenen Jahren den Alltag zur Hölle machten. Ihre intellektuellen Fähigkeiten und Kenntnisse reichten schlicht nicht aus, um in der Bibel beruhigende Antworten auf all die Ungereimtheiten zu finden, die ihr aus dem Text ins Auge sprangen, und so bereitete ihr die eher hilflose Auslegung der christlichen Schriften mit der Zeit immer mehr Kopfzerbrechen, im wahrsten Sinne des Wortes.

In einer seiner ersten Porträtzeichnungen von Rose kurz vor der Trennung betonte Ruskin ihre Keuschheit und nonnenhafte Lieblichkeit. Rose ist im Profil gezeichnet, die Augen demütig gesenkt, und der Blumenkranz im Haar nimmt gleichsam die Zulassung zum Ritus des Abendmahls vorweg, an dem Rose auf Drängen des Vaters und gegen den Willen der Mutter im nächsten Jahr erstmals teilhaben sollte. Maria bestand vergeblich darauf, dass sich die Tochter wegen ihres jungen Alters konfirmieren lasse, bevor sie die Eucharistie empfange; als überzeugter Pietist hielt John La Touche jenen Zwischenschritt für unnötig, und Rose tat schließlich nach schweren Gewissenskämpfen wie ihr vom Vater befohlen. Ruskin konnte nur den Kopf schütteln über ihren simplen Glauben, aber in den Briefen an sie hielt er sich zurück. Dafür ließ er seine Abscheu vor der evangelischen Religion umso heftiger an Maria aus. Sie war seine »Dear Lacerta«, die liebe Eidechse, weil sie in seinen Augen »… die Grazie und Weisheit der Schlange besaß, aber

ohne ihr Gift.«[23] Ihr könne er sich anvertrauen, dachte er. Er täuschte sich, denn
Maria bediente sich nun eben dieser
Briefe, um die Tochter von ihm abzubrin-
gen. Rose, obzwar bestürzt über die Textstellen, welche die Mutter ihr unterbreitete, konnte sich noch nicht zum Bruch
durchringen, sondern mahnte nur: »Um
aller Wahrheit und Liebe willen, Sie müssen das eine wahre Gute, das alle andern
umfasst – Gott – nicht aufgeben … Wie
könnte man Sie lieben, wenn Sie ein
Heide wären?«[24]

Rose konnte es, doch die Spannungen
im Elternhaus, welche sie dadurch auslöste, wurden unerträglich. Sie spürte die
Missbilligung des Vaters, aber schlimmer
noch war die Eifersucht der Mutter, welche wie eine unfassbare Feindseligkeit

Rose La Touche mit
Blumenkranz.
Zeichnung von John
Ruskin, ca. 1862.

zwischen ihnen schwelte. Rose wagte ihren Verdacht nicht zu
Ende zu denken, er war zu ungeheuerlich. Gleichzeitig erlebte sie
in jenen Monaten, wie sich die Eltern in religiösen Dingen endgültig entfremdeten, als John La Touche die baptistische Taufe
empfing und sich fortan dem striktesten Calvinismus verschrieb.
Rose schlug sich auf die Seite des Vaters. Jeden Tag schloss sie
sich mehrere Stunden mit ihm ein, um zu beten und die Bibel zu
lesen, und entwickelte auf diese Weise jenes sture, wenn nicht gar
obsessive Pflichtbewusstsein, das Ruskin an ihr später so sehr bedauern sollte. »Ich war nicht oft glücklich«[25], sagt sie von sich über
jene Zeit, und die physischen Symptome dieses Unglücks – die
Schlaflosigkeit und anhaltenden Kopfschmerzen, aber auch das
Fasten und die Qual, sich wegen Ruskin einerseits und ihres spiri-
tuellen Wegs andererseits von der Mutter weg zu entwickeln –,
beschleunigten ihren Zusammenbruch. Am 12. Oktober 1863, dem

Tag nach ihrer Kommunion, erlitt Rose, was die Mutter eine ihrer »geheimnisvollen Hirnattacken« nannte. Rose ihrerseits beschrieb die Krankheit als dauernden physischen Schmerz:

> *Alles* schmerzte mich. Die Leute, die hereinkamen, waren mir, so lieb sie auch redeten, eine einzige Folterqual – ich schien *durch meinen Kopf* zu denken, und jeder Gedanke schmerzte mich … Licht schmerzte mich. Nahrung schmerzte mich. … *Alles* schmerzte mich. Ich kann nur wiederholen – ich schien mir selbst weh zu tun …[26]

Rose, vom Fasten bereits stark geschwächt, schwebte mehrere Wochen in Lebensgefahr, ohne dass die Ärzte eine zufriedenstellende Diagnose aufstellen konnten. Man sprach von schockartigem Hysterie-Anfall, verursacht durch eine »große geistige Erregung«. Bis heute bleibt Roses Erkrankung rätselhaft; möglicherweise war eine Komponente von Anorexie mit im Spiel. Es gab auch erste Anzeichen, dass Roses Krankheit ihr übernatürliche Kräfte verliehen hätte; so soll Rose gemäß der Schilderung der Mutter[27] den Verlauf der Krankheit und den Zeitpunkt ihrer Genesung genau vorausgesagt haben. Auch soll sie eines Tages plötzlich wieder ganz bei Kräften gewesen, dafür aber mit dem Geist auf der Stufe eines Kleinkindes zurückgeblieben sein und innerhalb von zwei Wochen die ganze geistige Entwicklung bis zu ihrem wirklichen Alter wieder aufgeholt haben. Auch nach der Genesung schmerzten sie noch monatelang jede intellektuelle Anstrengung, jeder Gedanke, der in Wörtern formuliert werden musste. Weder Lesen noch Schreiben war möglich, und entsprechend erhielt Ruskin in diesem Jahr kaum mehr als ein oder zwei kurze Notizen aus ihrer Hand. Maria war es, die ihn auf dem Laufenden hielt, sie schickte ihm sogar eine Fotografie von Rose, auf der sie so mager und bleich schien, dass Ruskin an ihren baldigen Tod glaubte. Er schob die Schuld ihres Zustands auf die zwanghaften Auswüchse ihres Glaubens und fühlte sich, fern von ihr, ohnmächtiger denn je, ihr helfen zu können. Statt nach Harristown zu reisen, um sein »Mouse-pet« zu besuchen, »die mich bis zum Krankheitstod anknabbert mit der Sehnsucht, sie zu sehen«,[28] vergrub sich Ruskin zuerst in den Schweizer Alpen und ließ sich dann, zurück in London, von einer Bekannten in einen Zirkel von Spiritisten hineinziehen. Er brauchte Halt, und in diesen Monaten des Bangens für Rose, die er schon halb im Reich der Geister wähnte, übten die eben in Mode gekommenen Séancen plötzlich eine unwiderstehliche Anziehungskraft auf ihn auf.

Erste Spuren von Rose beginnen nun in Ruskins Werk Einlass zu finden, am deutlichsten zuerst in *Of Queens' Gardens,* dem zweiten Teil eines seiner beliebtesten Bücher aus dem Jahr 1865, *Sesame and Lilies,* das er aus dem einzigen Grund schrieb, »… einem Mädchen Freude zu bereiten.«[29] Nach einer Würdigung der Heldinnen in Shakespeares Stücken legt Ruskin darin seine pädagogischen Empfehlungen für die Ausbildung junger Mädchen dar, damit sie später als erwachsene Frauen die ihnen zugeteilte Gattinnen- und Mutterrolle nicht als Untertanen des Mannes, sondern als dessen ebenbürtige Partnerinnen einnehmen mögen. Rose, die nie zur Schule gegangen, sondern immer nur von Privatlehrern unterrichtet worden war, muss sich in den zahlreichen Beschreibungen des idealen gebildeten Mädchens erkannt haben. Ruskin spricht von der inneren Schönheit solcher Mädchen und dem Glück, das sie um sich verbreiten können, wenn sie nach einer guten Schulung, auch in den Künsten ihren richtigen Platz in der Gesellschaft finden. In gewissem Sinn liest sich *Of Queens' Gardens* wie ein persönlicher Brief Ruskins an die Angebetete; die beschriebenen Ideale sind nichts anderes als seine eigenen Wunschvorstellungen über die gemeinsame Zukunft. Roses Reaktion auf den Text ist nicht bekannt, aber das Exemplar, das Ruskin ihr mit der unzweideutigen Widmung »Rosie, mit St. C's Liebe« zukommen ließ, beweist durch die vielen unterstrichenen Passagen, dass sie es aufmerksam gelesen hat.

Nach drei Jahren, am 10. Dezember 1865, trafen sich Ruskin und Rose in London wieder. Er fand die bald Achtzehnjährige verändert, ein »schrecklich irisch-irisches Mädchen«[30], und schien zu bedauern, dass sie so erwachsen geworden war.[31] Für sie sollte jener Winter die Saison ihres »coming out« sein. Die Eltern wollten sie im Hinblick auf eine vorteilhafte Heirat dem jungen Adel auf Bällen präsentieren. Sogar von einem Besuch bei der Queen war die Rede, nachdem Prince Leopold Harristown bereits mit einer Visite beehrt hatte. Rose und Bälle, das konnte jedoch nicht gut gehen. Dazu war das Mädchen den illusorischen Weg der Heiligkeit schon zu weit gegangen, und die Dickköpfigkeit, mit der es sich nun sträubte, die gesellschaftlichen Spiele des Heiratsmarkts mitzumachen, gar zur Sturheit erstarrt. Rose wollte nichts wissen von den Londoner Frivolitäten, sondern die Zeit nutzen, um die verlorenen Jahre mit Ruskin nachzuholen. Auch er war älter geworden, stellte sie fest. Erste graue Haare schimmerten an seinen Koteletten, und in den tiefen blauen Augen hatte sich ein Ausdruck der Trauer und des Verdrusses geschlichen, den sie an ihm nicht gekannt hatte. Armer St. C., er brauchte Ablenkung, aufheiternde Gespräche, Zuneigung. Rose gab ihm all dies, während sie im Garten von Denmark Hill zusammen spazierten, und dabei verriet sie ihm ihre Liebe, so keusch sie noch immer war, wohl deutlicher als je zuvor. An seiner Seite fühlte sie sich geborgen und verstanden, vor allem aber geliebt in der einzigen Weise, die sie zulassen konnte: mit Ehrfurcht und ziemendem Abstand.

Vielleicht schien gerade etwas Sonne durch die Wintertrübnis an jenem Februarnachmittag 1866, vielleicht sah Rose besonders lieblich aus inmitten der blühenden Schlüsselblumen seines Gartens; wie dem auch sei: Ruskin ließ sich in einem Augenblick träumerischer Begeisterung hinreißen, Rose einen Heiratsantrag zu machen. Der Schock, den seine Worte in Rose auslösten, kam erst später, als sie deren ganze Tragweite erkannte. Im Garten von Denmark Hill reagierte sie einstweilen erstaunlich gefasst. Ruskin erinnert sich:

Sie drehte sich zu mir und fragte, ob ich noch drei Jahre warten könne und sie dann frage – denn sie könne jetzt noch nicht antworten. Weißt du, wie alt ich in drei Jahren sein werde? sagte ich. Ja – antwortete sie – fünfzig. Ich konnte kaum Worte finden zu jener Zeit, es kümmerte mich auch nicht, sie zu finden, aber ich schrieb ihr und sagte ihr (glaube ich), was gerecht und richtig für sie sei – sowohl über meine Bereitschaft, ihren geringsten Wunsch zu erfüllen, immer, als auch über das, was sie ihren Eltern & sich selbst schuldig sei …[32]

Schlagartig war Rose durch Ruskins Antrag mit einer anderen, unheimlichen Liebe konfrontiert worden, die sie für sich niemals ins Auge gefasst hatte. Allein der Gedanke ans Heiraten beunruhigte sie so sehr, dass sie sich bis zu ihrer Rückkehr nach Irland meist zu krank fühlte, um Ruskin zu sehen. Den Menschen Ruskin konnte sie lieben, nicht aber den Mann, als der er sich plötzlich zu erkennen gegeben hatte. In Harristown nahm sie zwar den Briefkontakt zu ihm heimlich wieder auf, schrieb ihm, dass sie für ihn bete und glücklich sei, aber die Zeiten des Schäkerns mit dem lieben fernen Jugendfreund waren vorbei. Rose fühlte sich plötzlich hilflos; sie kannte keinen andern Umgangston mit Männern als jenen des unschuldigen Kindes.

Ruskin war sich des Fehltritts nicht bewusst, dessen ihn Roses Eltern nun bezichtigten. Der Altersunterschied mochte groß sein, aber was war schon dabei? Er liebte ihre Tochter und versprach, alles zu tun, um sie glücklich zu machen. Doch

Rose La Touche.
Undatierte Fotografie.

sowohl Maria als auch John La Touche waren außer sich vor Empörung über die dreiste Geste und untersagten ihm jeglichen weiteren Kontakt zu Rose. *Never*, lautete Marias Verdikt über die Möglichkeit der Heirat, was Ruskin jedoch nicht hinderte, zu Hause geduldig jeden Tag bis zum Datum von Roses 21. Geburtstag abzuzählen. Um nicht zu verzweifeln, klammerte er sich einstweilen an die seltenen, kurzen Briefe der Geliebten, jedes ihrer Worte deutend und auf günstige Doppeldeutigkeiten hin prüfend. Aber bald kam nichts mehr aus Harristown, und er begann zu befürchten, dass Roses Wille von den Eltern endgültig gebrochen worden war. Die Idee quälte ihn bis zum Wahnsinn. Ohne Rose zu leben, mochte angehen, aber ohne ihre Briefe war das Leben unvorstellbar geworden, er war süchtig nach ihnen geworden.

In Harristown zur *persona non grata* erklärt, machte sich Ruskin in den folgenden Monaten daran, in seinem Bekanntenkreis ein Beziehungsnetz aufzuziehen, das ihm auf Umwegen erlaubte, direkte Nachrichten von und über Rose zu erhalten. Diese waren aber zweideutig. Rose, so hörte Ruskin von der Freundin Georgiana Cowper, könne noch nicht wissen, was sie in drei Jahren antworten werde, aber sie möge Ruskin sehr, werde ihn immer mögen, was auch immer geschehen werde. Was verstand Rose genau unter Mögen? Und wie war die Blumensprache zu verstehen, deren sich Rose nun mit einem Mal bediente? Bedeuteten die zwei Rosenblätter, die sie einem unverbindlichen Schreiben beifügte, dass sie ihn liebte? Niemand konnte ihm helfen, diese Rätsel zu lösen, ganz auf sich selbst gestellt verlor er sich, wie aus seinen Briefen und Tagebüchern hervorgeht, in immer wildere Spekulationen, konnte kaum mehr schreiben. Um seiner Arbeit Sinn und Richtung zu geben, suchte er sogar in Roses Bibel und den Psalmen, die sie für ihn in Schönschrift kopiert hatte, nach geheimen Wegweisern. Roses Briefe fehlten ihm, sie waren zu einer Art Lebensführer geworden, ohne den er sich in der Öde seines Alltags nicht mehr zurechtfand. Aber es sollte schlimmer kommen, auch für Rose.

Das Mädchen kränkelte vor sich hin, fühlte sich nach der Heirat der Schwester in Harristown einsam und unausgefüllt. Gern hätte Rose einer noblen Sache gedient, sie wollte den Armen helfen, etwas Großes für das Wohl der Menschheit leisten, aber, von den Eltern wie ein zartes Pflänzchen gehegt und gepflegt, sah sie keine Möglichkeit, ihre Träume zu verwirklichen. Sie trat lokalen Bibelzirkeln bei und schloss sich in London Gruppen zum gemeinsamen Beten an. Zu solchen Anlässen vollbrachte sie angeblich wunderähnliche Taten[33], deren Kunde auch Ruskin erreichte und ihn nur noch mehr in seinem Bild von der überirdischen und jungfräulichen Geliebten bestätigte. Doch Wundertaten und Beten erfüllten Rose nicht mehr. Sie war dem Kindesalter jetzt entwachsen und konnte sich vor den eigenen Liebesgefühlen nicht mehr blind stellen. Ihre Gedanken kreisten um Ruskin, sie schrieb ihm wieder, diesmal so herzlich, dass Ruskin erneut ganz Feuer und Flamme war und triumphierte: »Sie ist mein, und nichts kann mehr zwischen uns kommen.«[34] Er konnte nicht wissen, dass Maria mit einem Brief an Ruskins ehemalige Frau gerade dabei war, die heikelste Episode seines Lebens wieder ans Licht zu zerren, um Rose von ihrer Liebe zu heilen. Wenn Verbote nichts bewirkten, dachte sie, dann würde eine schockierende Enthüllung vielleicht helfen. Und was gab es Schockierenderes für ein junges unschuldiges Mädchen wie Rose als Ruskins eheliche Vergangenheit?

Ruskin hatte die Schottin Euphemia Gray 1848, im Jahr von Roses Geburt, geheiratet, nicht so sehr aus Liebe, behauptete er später, als aus Pflichtgefühl gegenüber beider Eltern, welche diese Verbindung fleißig gefördert hatten. Effie war die Tochter des engsten Partners im Weingeschäft von Ruskins Vater, ein selbstbewusstes, vor allem in der Musik überdurchschnittlich ausgebildetes Mädchen, das gern lachte und früh gelernt hatte, einen großen Haushalt zu führen. Es wusste um seine Schönheit und genoss auf Bällen und gesellschaftlichen Anlässen die bewundernden Blicke der jungen Männer, mit denen sie auch ganz gern flirtete. Auf

Zeichnungen, die der präraffaelitische Maler John Everett Millais von ihr gemacht hat, fallen aber vor allem die innere Ruhe, welche die junge Frau ausstrahlt, sowie eine gleichsam aristokratische Feinheit der Gesichtszüge auf. Ruskin, damals 23, hatte Effie in Schottland kennen gelernt, als sie 13 Jahre alt war, und für sie ein Märchen geschrieben, *The King of the Golden River,* »… eine ziem-

Euphemia Gray. Aquarell von John Everett Millais, 1853.

lich gelungene Nachahmung von Grimm und Dickens, ein bisschen gemischt mit eigenem wahren Alpengefühl«[35], das im viktorianischen England ein beliebtes Kinderbuch wurde.[36]

Effie und Ruskin begegneten einander Jahre später mehrmals wieder, und als sie neunzehn Jahre alt war und ein paar Wochen bei den Ruskins zu Besuch weilte, scheint Ruskin sich zaghaft in sie verliebt zu haben. Aber: »Er ist das sonderbarste Wesen, das ich je sah, als Liebhaber, er geht nie außer Haus ohne zu brummen …«[37], schrieb Effie an die Mutter in Schottland. Sein sonderbares Verhalten hätte sie warnen sollen, wie auch der Brief, in dem ihr Ruskin selbst einen Monat vor der Heirat selbstzweifelnd mitteilte:

Es gibt Momente, wenn ich denke, dass du ein gedankenloses Mädchen gewesen bist, mich zu heiraten – ich bin so nervös, und schwach und – träumerisch – und wirklich krank & gebrochen – verglichen mit den meisten Männern meines Alters, so dass du viel ertragen und auf Vieles wirst verzichten müssen.[38]

128

Effie verstand die Warnzeichen nicht. Sechs Jahre führte Ruskin mit seiner Braut im Haus der Eltern eine von Spannungen und Gleichgültigkeit gekennzeichnete Scheinehe, bis Effie, zermürbt von den steten Bekrittelungen der Schwiegermutter und von Ruskins Gefühlskälte eines Tages zu ihren Eltern nach Schottland floh und den Gatten wegen »Nichtvollzugs des Eheaktes« vor Gericht lud. Es folgte die Ausbreitung peinlichster Details über Ruskins seltsame Ehe in aller Öffentlichkeit. Effie musste sich ärztlichen Untersuchungen unterziehen, um ihre Jungfräulichkeit zu beweisen, und von Ruskin wurde erwartet, dass er sich gegen den Vorwurf »unheilbarer Impotenz« rechtfertigen würde. Er tat es nicht, sondern erklärte in einem Schreiben für das Gericht, dass Effie und er freiwillig auf besagten Eheakt verzichtet hätten. Seine Gründe dafür waren nicht sehr schlüssig, dennoch wurde die Ehe im April 1854 kirchlich für ungültig erklärt und Effie damit der Weg zur Heirat mit dem Maler Everett Millais im nächsten Jahr geebnet. Unter allen Gerüchten über Ruskins Verhalten gegenüber seiner Frau hat sich Effies Version behauptet, wonach Ruskin in der Hochzeitsnacht über die Beschaffenheit ihres Körpers – möglicherweise wegen des Schamhaars – so erschrocken sei, dass er nicht gewagt habe, sie zu berühren.

Effies erstes Antwortschreiben an Maria La Touche ist verloren gegangen, lässt sich aber anhand von Marias Dankesschreiben mühelos rekonstruieren. Die Schilderung des Sachverhaltes war jedenfalls eindeutig genug, um Rose aus dem Gleichgewicht zu bringen. Maria dankte Effi Millais mit den wärmsten Worten und ließ sie wissen: »Meine Tochter bittet mich ernsthaft, Ihnen ihre tiefste Dankbarkeit auszudrücken, dass sie eingewilligt haben, die Information zu geben, um sie und uns alle vor so viel Leid zu bewahren.«[39]

Effie, die Millais in der Folge acht Kinder schenkte und mit ihm eine geradezu beispielhaft glückliche Ehe führte, hegte gegenüber Ruskin bis zu ihrem Lebensende Gefühle unverhohlener Abscheu und Bitterkeit; so kam ihr Maria La Touches Anfrage bestens gelegen, ihrem Groll wieder einmal Luft zu verschaffen. Sie warnte Maria vor Ruskins Unfähigkeit zu lieben und machte sie auch auf die legalen Konsequenzen einer möglichen Heirat mit Rose aufmerksam. Sollte Rose nämlich von Ruskin Kinder bekommen, würde die Auflösung der ersten Ehe automatisch rückgängig und die Kinder dadurch illegal werden, da der Grund der Eheauflösung – Ruskins Impotenz – sich als falsch erwiesen hätte.

Wenn das nicht ein Argument gegen die Heirat war! Nun war die Reihe an Maria zu triumphieren.

Die drei Jahre, die Rose sich für eine verbindliche Antwort auf Ruskins Heiratsantrag ausbedungen hatte, vergingen, ohne dass Ruskin die Möglichkeit gehabt hätte, Rose unter vier Augen zu sprechen und sich mündlich zu verteidigen. Seine Hoffnungen waren durch Marias Schachzug zerstört worden; er vermutete zu Recht, dass Effie die Familie La Touche und auch Rose mit der gehässigen Darstellung seiner Ehe gegen ihn aufgehetzt hatte. Rose schwankte wie so oft in Zeiten des Konflikts unentschlossen zwischen Pflicht und Gefühl, fand weder Trost in ihrer Religion noch in der Liebe für den Menschen, dessen Vergangenheit sie auf so brutale Weise mit dem einzigen Thema konfrontiert hatte, das ihr tabu war: der Sexualität. Ihre Briefe an Ruskin waren erfüllt von Zukunftsängsten und Vorwürfen. Er hatte sie enttäuscht, aber nicht nur, weil sie sein damaliges Verhalten verwerflich fand, sondern weil dieses sie zwang, sich mit den unliebsamen Aspekten der Ehe auseinander zu setzen. Sie las Ruskins neustes Werk, *The Queen of the Air,* über die mythologische Symbolik der Göttin Athene ohne Wohlwollen und kritisierte Ruskin offen für seine allzu deutlichen Seitenhiebe auf das Christentum und die Christen, eine Rasse, wie er schrieb »… noch halb Schlange, noch nicht von ihrem Schlamm befreit; eine eidechsenartige Brut der Bitterkeit.«[40] Rose entging die Andeutung auf die Mutter nicht und fühlte sich selbst ungerechterweise angegriffen. Sie schickte dem Autor das Buchexemplar kommentarlos zurück.[41] Hier und an anderen Stellen benutzte Ruskin seine kunst- und kulturhistorischen Argumente tatsächlich, um Maria La Touches Machenschaften und Roses engstirnige Auffassung von Religion anzugreifen. Für ihn waren die persönlichen Anspielungen, die er in seine wissenschaftlichen Abhandlungen schmuggelte, nunmehr das einzige Mittel, um seine Wut auf Maria auszudrücken und gleichzeitig mit Rose in Kontakt zu bleiben. Die Geliebte je wieder zu sehen, hatte er aufgegeben.

Der Zufall half indessen nach. Nach vier Jahren kreuzten sich ihre Wege auf der Treppe der Royal Academy in London. Der Tag des 7. Januars 1870, den Ruskin als einen der schrecklichsten seines Lebens in Erinnerung behalten sollte, ist in seinem Tagebuch mit einem Kreuz vermerkt und sonst leer. Erst Wochen später war er imstande, Georgiana Cowper zu erzählen, wie die fatale Begegnung verlaufen war: »Sie versuchte wegzulaufen, sobald sie mich sah, so dass ich keine Zeit hatte nachzudenken – ich fasste sie, aber vergeblich, sie riss sich los, so dass ich nicht mehr als zehn Worte sprechen konnte.« Er holte sie in der Gemäldegalerie ein und wollte ihr den Brief zurückgeben, den er bei sich trug, aber »Sie sagte ›Nein‹. Ich fragte nochmals – Nein? Sie wiederholte das Wort. Ich legte den Brief zurück in meine Brusttasche und verließ die Räume.«[42]

Nach dieser Begegnung war Ruskin einen Monat lang krank, unfähig, die Antrittsvorlesung zu Ende zu schreiben, die er als neu gewählter Professor der Kunstgeschichte in Oxford im Februar zu halten hatte. Hirn und Magen waren laut seinen eigenen Worten ganz durcheinander geraten, und die Vorlesung fiel entsprechend aus. Doch drei Wochen später hellte ein Brief von Rose, zum ersten Mal ein wahrer, beglückender Liebesbrief, seine Stimmung wieder auf.

Ich werde Ihnen vertrauen … Ich liebe Sie wirklich. Ich habe Sie geliebt, obwohl die Schatten, die sich zwischen uns gelegt haben, nur bewirken konnten, dass ich mich vor

Rose La Touche mit ihrem Hund Bruno, ca. 1866.

131

Ihnen fürchte und von Ihnen abwende … Ich liebe Sie & und werde Sie immer lieben, immer – und Sie können daraus schließen, was Sie wollen … Ich glaube, Gott hat bestimmt, dass wir einander lieben, aber das Leben – und es scheint Gottes Wille – haben uns entzweit.[43]

Neuen Mut schöpfend machte sich Ruskin daran, seinen komplizierten legalen Zivilstand zu klären. Am 20. September 1870 konnte er Mrs. Cowper guten Gewissens schreiben, dass er von Rechts wegen unverheiratet und sein Verhalten gegenüber Effie unschuldig, wenn auch unklug gewesen sei. Er wusste, dass die Freundin seine Erklärung an die La Touches weiter leiten würde und malte sich die Konsequenzen schon in den leuchtendsten Farben aus.

Doch es herrschte in Harristown alles andere als Freude über diese Nachricht. Maria sah keine andere Lösung, als sich nochmals an Effie zu wenden mit der Bitte, ihre erste Ehe trotz unangenehmer Erinnerungen in noch dunkleren Farben zu schildern und Ruskins Version zu widerlegen:

> Diese Geschichte … kann meiner Tochter, die ausgesprochen unschuldig und rein im Geist ist, nicht *begreiflich* gemacht werden, aber die Cowper-Temples bestehen darauf, dass seine Vergangenheit *vollkommen schön* sei, rein und heroisch, und dass seine Liebe eine Glorie für jede Frau sei – … Alles, was meine Tochter zu wünschen scheint, ist die Erlaubnis, Freundschaft und Briefkontakt mit ihm zu pflegen; aber wir verbieten dies … Ich denke, dass eine gesunde Reaktion meiner Tochter erzielt werden könnte (denn sie würde Ihrer Darlegung glauben schenken), wenn Sie mir seine Version in ein paar Zeilen so vehement wie möglich widerlegen würden – … dass er nämlich in allen Dingen versucht habe, Sie glücklich zu machen und sich Ihnen gegenüber ›in einer reinen, ehrenhaften und rühmlichen Weise verhalten habe.‹ Dass er jede physische und moralische Qualität habe, um eine Frau höchst glücklich zu machen, wenn sie nur von der Veranlagung und dem Geschmack her zu ihm passt – so wie er meine Tochter überzeugt hat, dass es bei ihr der Fall sei, und zwar bei *ihr allein* von allen Frauen, die je gelebt haben – .[44]

Effie war nur zu gern bereit, dem nachzukommen, und spielte mit ihrer Antwort alle Trumpfkarten in Marias Hände. Nicht nur klagte sie Ruskin der Lieblosigkeit an und stellte ihn als Lügner und gefährlichen Manipulator hin, sie spielte auch mit Nachdruck auf seine »Unnatürlichkeit« an, die sie aus Schamgefühl zwar nicht weiter erläuterte, aber deutlich genug formulierte, damit Maria sie verstand. Besagte Unnatürlichkeit, über welche eine

Dame jener Zeit kaum offen sprechen konnte, war die delikate Umschreibung des Begriffs Onanie.

So unvorstellbar es auch sei, muss in Harristown darauf eine vertiefte Diskussion zwischen Mutter und Tochter über Ruskins früheres Sexualleben stattgefunden haben. Rose reagierte erwartungsgemäß in der Form von beängstigenden Unpässlichkeiten und Krisen. Ruskin fühlte sich seinerseits gedemütigt, aber statt Effies Darstellung von sich zu weisen, zog er Rose zuliebe die Wahrheit vor und bekannte sich mit geradezu entwaffnender Offenheit zu seinem »geheimen Laster«. Hatte es nicht schon vor ihm Rousseau gebeichtet? Wie der große Aufklärer sah auch Ruskin darin nicht die moralische Sünde, die man ihm anlasten wollte, und verstand nicht, warum er sich diesbezüglich rechtfertigen müsse. Mehr noch als die Verletzung seiner Intimität betrübte ihn jedoch die voraussehbare Wirkung auf Rose:

> Was ich an Schmerz verdient haben mag, weder weiß ich es noch kümmert es mich – nur wissend, dass ich wenigstens viel verdient habe – aber dieses arme Mädchen – das eben gerade – mit mir – Opfer seiner Mutter und jener *verfluchten Frau von Perth* [gemeint ist Effie] gewesen ist – hat ohne Verschulden alle Freude und allen Frieden ihrer Jugend verloren – nur wegen des wahren Unglücks, von mir zu treuherzig geliebt zu werden.[45]

Marias Schocktherapie hatte einstweilen ihre Wirkung erzielt, war aber für die fragile Rose zu viel. Sie konnte anfangs die Fakten mit Vernunft aufnehmen und dem Vater hochheilig versprechen, dass ihre Freundschaft zu Ruskin nach diesen schrecklichen Offenbarungen beendet sei, klagte jedoch bald über marternde Kopfschmerzen und »Hirnlähmungen«, war außerstande zu denken oder zu reden und musste wochenlang im Dunkeln liegen, Opfer unerklärlicher Anfälle von Persönlichkeitsstörungen, die sie manchmal in eine gewalttätige Furie verwandelten. Kompetente ärztliche

Hilfe scheint Rose nie bekommen zu haben, weder zu Hause noch in den vielen Nursing Homes in England und Frankreich, in denen sie einen großen Teil der letzten Jahre ihres kurzen Lebens verbrachte. Wenn sie tobte, wurde sie einfach ans Bett geschnallt und mit Beruhigungsmitteln in einen künstlichen Dämmerzustand versetzt.

Ruskin erging es nach dem Brieftausch zwischen Maria La Touche und Effie kaum besser. Das stete Bangen um Rose, die Gerüchte, die wegen Effies Vorwürfen nach 14 Jahren wieder unter seinen Bekannten und in Kunstkreisen zirkulierten, und die drückende Einsamkeit beschleunigten den Zusammenbruch, der sich schon während der Vorbereitung seiner letzten, mühsam zusammengebastelten Oxforder Vorlesungen angebahnt hatte. Es fing mit einer banalen Erkältung an, die er sich während des Malens eines Rosenstrauchs zugezogen hatte, und schlug in einen »schlimmen Anfall innerer Entzündung« um. Erbrechen, Fieber, körperliche Schwäche und Halluzinationen hielten ihn wochenlang im Bett. Weitere solche Anfälle sollten folgen und schließlich in die Demenz münden, die Ruskins letztes Lebensjahrzehnt verdunkelten.

Noch dreimal durften Rose und Ruskin einander begegnen. Rose war es, die unwissentlich zwischen zwei lebensgefährlichen Krisen im Frühjahr 1872 eine Begegnung in London einfädelte, als sie George MacDonald, einem Freund Ruskins, in einer Brieffolge ihr Herz ausschüttete. Sie schilderte ihm ihre Einsamkeit und Frustration und erzählte, warum die Familienatmosphäre in Harristown für sie unerträglich geworden sei. Auch Anspielungen an Ruskin fehlten nicht. Rose bedauerte, ihn nicht als Freund behalten zu können, und trauerte den Zeiten nach, als noch keine Heiratspläne ihre Beziehung trübten. MacDonald interpretierte die Briefe richtig als Hilferufe und sandte einfühlsame Antworten nach Harristown an diese junge Frau, die er nur einmal, vor Jahren zusammen mit Ruskin gesehen hatte, als sie noch ein Kind gewesen war.

Rose La Touche.
Zeichnung von
John Ruskin, 1872.

MacDonald, Bohemien und beliebter Kinderbuchautor mit Frau und elf Kindern war im Unterschied zu Rose und Ruskin nicht weltfremd. Die Diskussionen um Ruskins »sexuelle Abartigkeit« und seine obsessive Fixierung auf Rose, in die er wie alle Freunde Ruskins einbezogen worden war, befremdeten ihn; am liebsten hätte er sich aus den religiösen und moralischen Spitzfindigkeiten, in die sich die beiden Liebenden verstrickt hatten, ganz herausgehalten. Als er jedoch Roses traurige Briefe las, konnte er die Augen vor so viel selbstverursachtem Leid nicht schließen. Er wollte helfen und beschloss gemeinsam mit Mrs. Cowper, Rose und Ruskin unter seinem Dach zusammenzubringen. Rose traf als erste ein, verunsichert, aber bald fasziniert von diesem seltsamen, schmuddligen Haushalt voll präraffaelitischer Bilder, in dem Wäsche, Spielzeug und schmutziges Geschirr herum lagen und dennoch alle glücklich schienen. Die lockere Atmosphäre war das Gegenteil von jener in Harristown, so wie auch MacDonald mit seinen schulterlangen Haaren und der roten Krawatte das Gegenteil ihres Vaters war.

Ruskin erhielt MacDonalds Einladung, während er in einer Kapelle von Venedig gerade Bilder von Carpaccio nachskizzierte. Was tun? Er hatte noch Roses letzten Brief im Kopf, der »… an Torheit, Unverschämtheit und Selbstsucht alles übertrifft, was ich kenne, das die verfluchte Sekte der Religion hervorgebracht hat, in welcher sie großgezogen wurde.«[46] Ja, Rose hatte ihn im letzten Sommer mit Beleidigungen abgekanzelt, als er die Frage der Heirat wieder aufgeworfen hatte. Und nun war Rose also bereit ihn zu sehen. Ob es ihr ernst war? Er zögerte, malte und arbeitete einstweilen weiter. Wenn die MacDonalds Rose nach Genf brachten, schrieb er zurück, würde er sie sehen, sonst nicht. Und Rose selbst ließ er wissen, dass er sein Bestes tun würde, um ihr zu helfen. Doch an die Rückreise dachte er nicht, mochten die MacDonalds ihn noch so mit Bittbriefen bestürmen. Erst als MacDonald darauf anspielte, dass er mit Rose gewisse intime Fragen besprochen habe, die Rose offensichtlich quälten und krank machten, brach Ruskin seinen Aufenthalt in Venedig ab und reiste Hals über Kopf nach England zurück.

MacDonalds Sohn Greville hielt in seinen Memoiren seine Erinnerungen an jenen Sonntag fest, als Ruskin erwartet wurde, und erzählt, wie krank und schwach Rose damals schon schien:

> Ich sehe noch die zerbrechliche Rose, so unglaublich dünn … Ich war erstaunt, dass sie noch lebte, wenn ich bedachte, dass … ihr Abendbrot einmal aus drei grünen Erbsen und am nächsten Tag aus einer Erdbeere und einem halben Osborne-Biskuit bestand! Sie war natürlich zu schwach, um am Tisch zu sitzen. Aber wir ließen Ruskin entweder im Wohnzimmer oder Arbeitszimmer allein mit ihr.[47]

Trotz der Schwäche konnte Rose in den folgenden Tagen mit Ruskin spazieren gehen und einen Bootsausflug machen. Es scheint, dass sie ihm sogar erlaubte, sie zu umarmen und zu küssen. Sie hatten einander sechseinhalb Jahre lang nicht gesehen. Es gab viel zu besprechen, viel nachzuholen, was in den wenigen heimlichen Briefen nicht zur Sprache gekommen war. Ruskin war außer sich vor Glück an ihrer Seite, ihre Hilflosigkeit rührte ihn, und ihre Zerbrechlichkeit weckte seine Beschützerinstinkte. Obwohl sie ihm auf einem dieser Spaziergänge in Hammersmith bestätigte, dass sie nie heiraten werde, weder ihn noch einen anderen, beseelte Ruskin in jenen Sommertagen bei den MacDonalds eine euphorische Zuversicht.

Sie ist noch immer glücklich, mit mir zu sein, solange sie sich das Glück erlaubt; und sie kann mir nicht verbieten, sie zu lieben, obwohl sie es fast möchte; wie unendlich besser ist dies für mich, als wenn ich das Wesen nie gefunden hätte. Lieber all den Schmerz, als weiter gelebt zu haben – so wie es mir vor zwölf Jahren hätte geschehen können – mit nichts zu lieben – durchs ganze Leben.[48]

Vor lauter Freude verlor Ruskin nun die Wirklichkeit vollends aus den Augen. Er sah nicht, dass Rose sich längst mit ihrer Rolle der unnahbaren Heiligen identifiziert und die Frage nach seiner angeblichen sexuellen Perversion für immer ungelöst zwischen ihnen stehen würde. Rose konnte Mrs. MacDonald beichten, dass Ruskins Liebe sie versteinere und ängstige, aber dem Freund gegenüber brachte sie aus Scham nichts über die Lippen, und so blieb die Beziehung blockiert. Ruskin merkte nichts von Roses Angst. Er wollte nur sehen, dass Rose seine Gegenwart suchte, das war ihm Beweis für ihre Liebe genug. Als der Abschied nahte, weil Rose zu den Eltern nach Irland zurückreisen musste, drückte er ihr einen Liebesbrief in die Hand, der sie auf der Schiffsüberfahrt begleiten sollte. Darin entschlüpfte ihm noch einmal – das letzte Mal – das ominöse Wort Heirat. Rose traute ihren Augen nicht. Wie konnte er ihr solches antun? Rose, die Ruskin bis dahin nur als braves, höchstens launisches Mädchen erfahren hatte, geriet außer sich über diesen Brief und überschüttete ihn während der Zugfahrt zur Fähre bei Holyhead mit den schlimmsten Vorwürfen, schrie unentwegt, ohne Ruskin die Chance zu geben, ein Wort zu seiner Verteidigung zu platzieren. In Crewe stieg sie kurzentschlossen aus und ließ den bestürzten Freund ohne Grußwort allein. Und damit er ja verstand, dass sie aus freien Stücken und für immer die Freundschaft gekündigt hatte, verbat sie sich aus Harristown jeglichen weiteren Kontakt.

»Sie ist übergeschnappt«, schrieb Ruskin an MacDonald, »und es ist eine Erfahrung für mich zu sehen, was es heißt, besessen zu sein ...«[49]

Der Besessene war er selbst. Während der nächsten zwei Jahre ging ihm Rose nicht aus dem Sinn. In Italien und der Schweiz, wo er im Sommer kunsthistorisches Material für seine Vorlesungen sammelte, vermischten sich in seinem Kopf die Frauengestalten von Bildern und Skulpturen, die er gerade studierte, mit der verlorenen Geliebten. Anfang August 1874 weilte er in Lucca und widmete seine Zeit Della Quercias Grabskulptur der Heiligen Ilaria, über die er einmal geschrieben hatte: »… da gibt es etwas um sie (die Lippen), welches das Atmen verbietet; etwas, das weder Schlaf noch Tod ist, sondern das reine Bild von beiden.«[50] Rose und Ilaria verschmolzen für ihn zu einer einzigen Gestalt, und alles, was er über Della Quercias Skulptur und die Legende der Heiligen schrieb, war getönt mit den Erinnerungen an Rose. Dasselbe widerfuhr ihm im September in Florenz mit den lieblichen Frauenfiguren Botticellis. Deren Beschreibungen lesen sich stellenweise mehr wie Porträts von Rose als von italienischen Mädchen der Renaissance. Längst war Rose in seiner Fantasie ein überirdisches Wesen geworden, ein Schutzengel, den er allgegenwärtig um sich spürte. Die schlechten Gesundheitsbulletins, die ihn von England erreichten, konnten ihn in der Erwartung nur bestätigen, dass er bald von ihrem Tod hören würde. Statt der Todesnachricht überraschte ihn in Chamonix im Oktober jedoch ein Schreiben seiner Kusine Joan, die ihm folgende Worte Roses weiterleitete: »Glauben Sie«, lautete Roses Frage an Joan,

dass Mr. und Mrs. C. Temples Meinung wahr ist – und dass der Professor mich wirklich, wirklich gern haben und mit mir glücklich sein möchte – einfach so wie ich bin? – Ich kann es nicht verstehen. Wenn er es könnte, so verdiente er, das Überbleibsel zu haben, obwohl ich sagen muss – es eignet sich nur – ›als Geschenk‹, in Mamas Bedeutung des Ausdrucks.[51]

Rose war in sich gegangen. Und weil ihr Gesundheitszustand Anlass zu immer größerer Besorgnis gab, waren nun auch die Eltern geneigt, weniger Härte zu zeigen, und gaben ihren Widerstand endlich auf. Möglicherweise dachten sie, dass Ruskin etwas ausrichten könne, wo die Ärzte versagten hatten.

Der letzte Akt dieser unmöglichen Liebe hat alle Merkmale einer klassischen Tragödie. Kaum waren die Hürden wie durch ein Wunder aus dem Weg geräumt, konnte das Paar nur noch einsehen, dass es zu spät war. Die todkranke Rose pilgerte in ihrem letzten Herbst von einem eleganten Kurhaus und Hotel zum nächsten, und wenn sie gerade in der Nähe von London weilte, besuchte sie Ruskin, so oft die Arbeit es ihm erlaubte. Sie lasen Bücher zusammen, spielten Schach, sangen Hymnen oder beteten, und wenn Rose sich stark genug fühlte, spazierten sie im Quartier. Sie schien glücklich und einigermaßen ausgeglichen, keinerlei Anzeichen der früheren Hysterieanfälle trübten diese gemeinsamen Stunden verspäteten Glücks. Als Rose im Dezember nach Irland zurückkehrte, erlaubte sich Ruskin unvernünftige Träume über ihre gemeinsame Zukunft, obwohl er wusste, dass Roses Tage gezählt waren.

Im Februar 1875 kehrte Rose ein letztes Mal mit den Eltern nach London zurück. Die rätselhafte Krankheit, für welche die Ärzte keinen Namen fanden, offenbarte sich jetzt abwechselnd in apathischen Zuständen und in Momenten rasenden Deliriums. Niemand außer Ruskin konnte mehr auf sie einreden:

Natürlich war sie am Ende wirr im Kopf. Eines Abends führte sie sich in London bis spät in die Nacht hinein rasend wild auf; man konnte sie nicht beruhigen. Endlich ließ man mich in ihr Zimmer ein. Sie saß im Bett auf; ich konnte sie dazu bringen, sich in die Kissen zurückzulehnen, und legte ihren Kopf in meine Arme, während ich neben ihr niederkniete.

Man ließ uns allein, und ich fragte sie, ob sie eine Hymne aufsagen wolle, und sie sagte ›Jesus, Geliebter meiner Seele‹ bis zu Ende auf, worauf sie müde zurückfiel und einschlief. Und ich verließ sie.[52]

Rose starb am 25. Mai 1875 in Harristown und wurde dort in der Familiengruft beigesetzt. Ruskin erfuhr von ihrem Tod drei Tage später durch ein Telegramm. Er erholte sich nie von diesem Verlust, aber andererseits war er in späteren Jahren durchaus fähig, ihren Tod in einen größeren ästhetischen Zusammenhang zu stellen. So wie er damals die Vision des italienischen Mädchens am Flussufer durch den Vergleich mit einer Marmorskulptur gewissermaßen entsexualisiert hatte, gelang es ihm im Fall von Rose, den Tod als Mittel der endgültigen Vergeistigung seiner Geliebten zu verstehen und gutzuheißen. Nun, da sie tot war, konnte Rose an seine nobelsten Gefühle appellieren, ohne ihn mehr sexuell herauszufordern. Die Unschuld, die ihn an Rose so sehr fasziniert hatte, war gewahrt, denn Rose war – fast zu seinem Glück – gestorben, bevor die erotische Liebe ihn mit einer konkreten Möglichkeit hätte bedrohen können. Bei allem Schmerz beruhigte und tröstete ihn dieser Gedanke.

In der 79. Folge seines über Jahre monatlich erscheinenden Rundschreibens *Fors Clavigera* kleidete er seine Erleichterung darüber in eine allgemeine Betrachtung aus dem Blickwinkel des Künstlers. Besagte Folge, in der er sich über den »jährlichen Verlust des Mädchenreichtums für die britische Nation« auslässt, diente ihm auf dem Umweg der ästhetischen Interpretation dazu, Roses Tod positive Aspekte abzugewinnen:

Ich denke, dass die Erfahrung der meisten vernünftigen Personen mich darin bestätigen wird, dass außerordentlich gute Mädchen (gute Kinder, im weitesten Sinne, aber vor allem Mädchen), gewöhnlich jung sterben. Das Pathos ihrer Tode wird ständig in der Dichtung und Romanen benutzt.[53]

Eben daran hielt sich der kunstverständige Schriftsteller in den nächsten Jahrzehnten. Er zog Rose beim Schreiben in seine Betrachtungen ein, projizierte die Erinnerung an ihre körperliche Gestalt in Bilder und Skulpturen hinein und durchforstete gleichzeitig seinen Alltag nach Zeichen ihrer geistigen Präsenz. Von den spiritistischen Séancen einmal abgesehen, anlässlich derer man dem naiven Ruskin abstruse Nachrichten von Rose aus dem Jenseits übermittelte, fühlte sich Ruskin nach Roses Tod ständig von ihr umgeben und lebte zeitweise mit seinen wilden Fantasien mehr in einem Zwischenbereich von Diesseits und Jenseits als auf der festen Erde. Diese Fixierung auf Rose ist in allen seinen Werken der Spätzeit in verschiedenster Weise nachzuverfolgen. So zierte die Frontseite jeder neuen Publikation fortan eine kleine Vignette mit der Abbildung einer Rosenblüte, die Ruskin 1872 in Florenz vom Kleid der *Primavera* von Botticelli kopiert hatte. Die Blüte erinnerte ihn an den Augenblick, als er die Einladung von MacDonald erhalten hatte, Rose in seinem Haus zu sehen. Überhaupt scheinen Botticellis Mädchenfiguren für Ruskin die zerbrechliche Zartheit und Reinheit am klarsten ausgedrückt zu haben, die er an Rose so geschätzt hatte. Indem er sie mit solchen Mädchen identifizierte, z. B. mit der Zipporah in der sixtinischen Kapelle von Rom, konnte Ruskin deren erotische Anziehungskraft in eine kunstwissenschaftliche Sprache übersetzen und auf diese Weise ›bereinigen‹:

> Ich wünschte, ich könnte träumen, dass ich sie [Zipporah] ohne Kleider sehe – … Sie wäre nur ein ›kleines braunes Mädchen‹ – denn wirklich – es gibt mehr Umber als anderes – in ihrer Farbe, wenn man sich daran setzt, es zu malen. Recht wunderbar, wie Boticelli es gelingt, dass es wie R[ose] aussieht …[54]

Seit 1866, dem Jahr seines schicksalhaften Heiratsantrags, hatte Ruskin Rose auch mit der antiken Fruchtbarkeitsgöttin Persephone assoziiert. Ein Jahr nach ihrem Tod publizierte er das botanische Handbuch *Proserpina,* das er ursprünglich als Geschenk für sie aus verschiedenen Vorlesungen zusammengestellt hatte und in dem er mitunter die im viktorianischen Zeitalter so beliebte Blumensprache thematisierte. Viele Botschaften zwischen Rose und Ruskin waren in dieser Sprache verfasst worden, nicht immer waren sie deutlich gewesen, aber deren Entschlüsselung hatte Ruskin Stunden ungetrübten Glücks beschert. Daran erinnerte er sich bei der Verfassung seiner botanischen Vorlesungen, und diese Erinnerungen

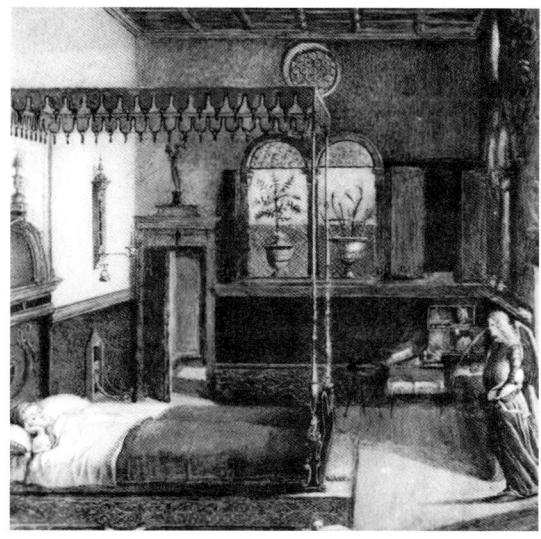

»Traum der heiligen Ursula«, Studie von John Ruskin zu Vittore Carpaccios Gemälde, 1876–1877.

flossen nachvollziehbar in seine dichterischen Beschreibungen von Blumen, namentlich der Rose ein.

Als Ruskin jedoch im Herbst 1876 für ein paar Monate nach Venedig reiste mit dem vagen Projekt im Kopf, eine Folge zu seinem Erfolgsbuch *The Stones of Venice* zu schreiben, wurde er von einer Bildfigur in Bann gezogen, die ihn bis zu seinem Tod nicht mehr losließ. Ein halbes Jahr beschäftigte sich Ruskin mit der Kopie von Carpaccios *Traum der heiligen Ursula,* und durch die tägliche maltechnische und gedankliche Auseinandersetzung mit der Träumenden begann sich für ihn die Grenze zwischen Kunstwelt und Wirklichkeit immer mehr zu verwischen. Im Schicksal der jungen keltischen Prinzessin Ursula, die nach der Heirat mit einem heidnischen englischen Prinzen den christlichen Märtyrertod starb, meinte er Parallelen zu Roses kurzem Leben zu entdecken. Manchmal saß Ruskin den ganzen Tag gedankenversunken in der Accademia vor Carpaccios Bild, ohne zu malen, und steigerte sich in seine Sehnsucht für die verstorbene Rose hinein.

»Da liegt sie«, erzählte er seiner Kusine, »so wirklich, dass ich fürchte, sie zu wecken – wenn der Raum still ist! Wie wenig man

143

an solche Dinge doch glaubt, wirklich! Angenommen, es gibt eine wirkliche Heilige Ursula, di ma,[55] – die sich um jemand anderen kümmert, die schläft.«[56]

Nun erhob Ruskin die Heilige zum Schutzengel von Rose und fing an zu beten, dass er entweder von der einen oder der andern Zeichen aus dem Jenseits erhalte. Dank seiner Tagebucheintragungen lässt sich feststellen, dass Ruskin zwischen dem 21. Dezember 1876 und dem 3. Januar 1877 – Roses Geburtstag – Opfer wildester Halluzinationen wurde. Im Dezember hatte er besonders andächtig gebetet und drei Tage später erhielt er zwei Briefe, die er als Antwort auf seine Bitte auffasste. Seine Kusine leitete ihm ein Versöhnungsschreiben von Maria La Touche weiter, und sein Freund Daniel Oliver, Bibliothekar von Kew Gardens, sandte ihm einen Zweig Verbena, eben jenes Kraut, das auf dem Fenstersims von Carpaccios Bild dargestellt ist und in der damaligen Blumensprache als Symbol für häusliche Reinheit stand. Er war überzeugt, dass die Heilige ihm das Kraut als Botschaft habe zukommen lassen und um Roses innerer Ruhe willen die Versöhnung mit Maria einleiten wollte. Zwischen Weihnachten und Neujahr irrte Ruskin wie ein Schlafwandler durch Venedigs Gassen, bald meinte er den Teufel zu sehen, bald eine Heilige, stets war er auf der Suche nach neuen Zeichen, nach bedeutungsvollen Hinweisen, die ihm sein eigener umnachteter Geist lieferte.

Solche Phasen geistiger Wirrnis überkamen ihn in späteren Jahren öfter, und immer verband er sie nachträglich mit allzu intensiver Gedankenarbeit an Rose.

Ruskin bewahrte Roses Briefe und seine an Rose, die Maria La Touche ihm nach dem Tod ihrer Tochter zurückgeschickt hatte, in einer Rosenholzschachtel zusammen mit Relikten der Geliebten auf. Als Ruskin im Januar 1900 starb, archivierte der Nachlassverwalter Charles Norton mit der Hilfe von Joan Severn einen Teil seiner Schriften. Der Inhalt der Rosenholzschachtel sowie sonstige Spuren von Rose wurden hingegen für peinlich und eines großen

Denkers für unwürdig befunden und im Garten von Ruskins Haus verbrannt. Ruskins keusche »Rosie-Posie« wäre wahrscheinlich in Vergessenheit geraten, wenn er nicht die meisten ihrer Briefe in seine Tagebücher kopiert hätte und im Jahr 1929 ihre beiden Tagebücher aus den Jahren 1861 und 1867 zufällig von einer jungen amerikanischen Bakteriologin, die an Ruskin einen Narren gefressen hatte und seine Biografie schreiben wollte, hinter einer Bücherreihe in seinem Arbeitszimmer entdeckt worden wären.[57]

Alice Liddell

Lewis Carroll und die wahre Alice

Am 25. April 1856 lernten vier Pfarrerskinder in Oxford einen wunderlichen Herrn kennen, der mit der Absicht, die Kathedrale von Christ Church zu fotografieren, zusammen mit einem Freund ins Pfarrhaus zu Besuch gekommen war. Eben erst zum Lektor der Mathematik am College von Christ Church berufen, verriet der intelligente junge Mann in seiner Unterredung mit den Eltern wenig über all die interessanten Tüfteleien, mit denen er sich in der Freizeit beschäftigte. Nichts an ihm ließ den künftigen Erfinder der symbolischen Logik und den großen Porträtfotografen vermuten, und auch sein Sinn für witzigen Nonsens, dem er schon seit früher Kindheit gern in Versform Ausdruck gab, kam an diesem

Alice, Lorina, Harry und Edith Liddell. Fotografie von Lewis Carroll, 1960.

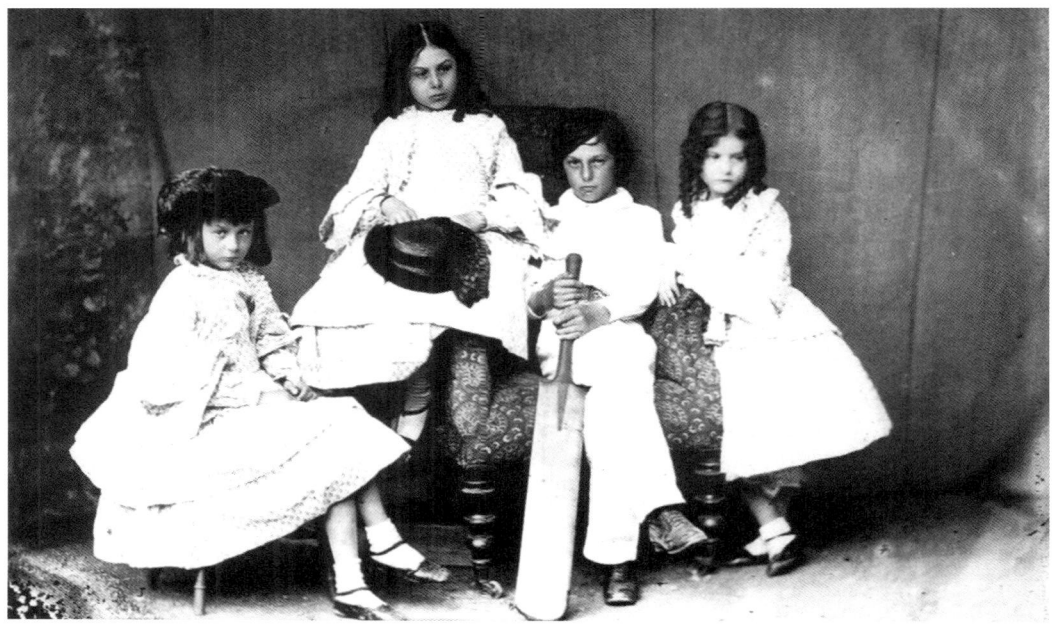

Apriltag nicht zur Geltung. Der Eindruck, den der Vierundzwanzigjährige erweckte, war vielmehr der eines wohlerzogenen und scheuen Geistlichen mit steifem, ja gar humorlosem Gehabe, was aber so schlimm nicht gewesen wäre, wenn an ihm nicht auch noch ein Sprachfehler hätte bedauert werden müssen. Der Besucher stotterte, und dies wiederum brachte ihn in große Verlegenheit. Als er sich jedoch verunsichert vom Pfarrer und seiner Frau abwandte und mit den Kindern ins Gespräch kam, verwandelte er sich wie durch ein Wunder in den redseligsten Geschichtenerzähler, dessen Zunge auf dem Weg ins Märchenland keine Hürden mehr kannte. Die Kinder horchten wie verzaubert, noch nie hatten sie so lustige und geheimnisvolle Geschichten gehört, noch nie einen Erwachsenen erlebt, der sich so vollkommen in ihre Kinderwelt hinein fabulieren konnte.

Zu Hause notierte der Besucher in sein Tagebuch: »Die drei kleinen Mädchen waren die meiste Zeit im Garten, und wir wurden ausgezeichnete Freunde: Wir versuchten, sie im Vordergrund des Bildes zu gruppieren, aber sie waren keine geduldigen Modelle. Ich markiere diesen Tag mit einem weißen Stein.«[1]

Diese paar Zeilen verraten Einiges über den Menschen, der sie mit scheinbarer Beiläufigkeit in die Chronik seines Alltags eingefügt hat. Zum einen klammert er von den Kindern den Jungen Harry aus seiner Erinnerung aus und erwähnt nur die drei Mädchen, zum andern verrät er mit dem letzten Satz, dass die Begegnung mit den Kindern ihm Anlass zur privaten Feier gibt. Der weiße Stein – ein altrömischer Brauch, glückliche Tage mit weißer Kreide zu markieren – wird in diesen Tagebüchern entsprechend oft vorkommen, nämlich jedes Mal, wenn der Mathematiker einen besonders glücklichen Tag in der Gegenwart eines Mädchens verleben oder die Bekanntschaft einer neuen Freundin machen wird.

Der Mann, der an jenem Apriltag mit der wichtigsten kleinen Muse seines Lebens Freundschaft schloss, hatte seit einigen Wochen eine doppelte Identität. Als Charles Lutwige Dodgson unterrichtete er Mathematik am College und nahm mit höflicher

Zurückhaltung am kulturellen und sozialen Leben der Oxforder Elite teil. Ein Hang zur Pedanterie war an ihm nicht zu übersehen, auch in der äußeren Erscheinung. Jahrein, jahraus trug Dodgson auf der Straße graue oder schwarze Handschuhe und einen schwarzen Gehrock, die Krawatte war tadellos gebunden, das blonde, leicht gewellte Haar ebenso tadellos gescheitelt. Frisch geschniegelt, wie aus einer Hutschachtel gezaubert, komme der sonderbare Kauz daher, hieß es unter den Studenten, welche die Sprödigkeit seines Unterrichts nicht gerade in bester Erinnerung behielten. Niemals hätten sie sich denken können, dass derselbe Dodgson abends nach den Korrekturen ihrer Arbeiten einem ganz und gar frivolen Zeitvertreib frönte: dem Schmieden von sogenannten Nonsens-Versen und dem Verfassen witziger Parodien und Grotesken. Darin hatte Dodgson während seiner wohlbehüteten Kindheit im Pfarrhaus von Croft bereits zum Vergnügen der Eltern und seiner zehn Geschwister eine erstaunliche Meisterschaft erlangt. Dennoch, sein Talent für skurrile Sprach- und Rätselspiele passte schlecht zur Figur des Mathematiklektors an einem der angesehensten Colleges in Oxford. Wollte er nicht zum Gespött der Stadt werden, musste er die Identität des Dichters verborgen halten. Zusammen mit Edmund Yates, dem Herausgeber der Zeitschrift *College Rhymes,* in der Dodgson unter anderem seine Verse und anderes veröffentlichte, kam er zur Einsicht, dass ein Pseudonym das Problem lösen und seine Anständigkeit gewährleisten könne. Dodgson, selbst in kleinsten Dingen ein Tüftler, knobelte durch Versteller von Buchstaben seines

Lewis Carroll.
Fotografie von Oscar
Gustav Rejlander, 1863.

149

Namens oder durch lateinische Entsprechungen Varianten aus, darunter auch ziemlich abstruse, und überließ Yates die Wahl.

»Lewis Carroll gewählt«, schrieb Dodgson am 1. März 1856 lakonisch in sein Tagebuch, unwissend, dass mit diesem Namen der Autor eines der weltweit beliebtesten Kinderbücher geboren war. Aber Dodgson, der in Stunden dunklen Grübelns zu befürchten begann, dass sich sein Leben letztlich in bloßem Lesen und Schreiben erschöpfen könnte, entwickelte in jenen Jahren noch ein anderes Hobby: das soeben in Mode gekommene Fotografieren, für das ihm sowohl die kreative Ader, seine Neugier für naturwissenschaftliche Errungenschaften sowie die kindliche Freude an Zaubertricks und Illusionen bestens zustatten kam. Bereits ein Jahr zuvor hatte er im Haus seines Onkels mit der Kamera experimentiert und dabei Gefallen an der ausgewogenen Mischung von technischem Können und ästhetischem Sinn gefunden. Es dauerte nicht lange und Dodgson wollte seinen eigenen Fotoapparat, seine eigene Chemikalienkiste und *Camera obscura* besitzen. So reiste er im März 1856 nach London und erstand für 15 Pfund eine Ottewill Kamera mitsamt Objektiv, die ihm dann in Oxford ins Haus geliefert wurde. Sein Freund Reginald Southey gab ihm eine rudimentäre Einführung in die sogenannte »schwarze Kunst«, und schon fühlte sich Dodgson für ein Abenteuer gewappnet, das ihm mehr oder weniger bewusst vorschwebte: durch die Porträtierung junger Mädchen die Spuren der Kindheit auf Papier zu bannen und so vor dem zerstörerischen Fluss der Zeit zu bewahren.

Die Kathedrale von Christ Church zu fotografieren schlug an jenem denkwürdigen Apriltag fehl, die Bilder überzeugten weder Southey noch Dodgson; ebenso wenig gelangen die Aufnahmen der kleinen Mädchen im Garten. Aber das störte Dodgson nicht, im Gegenteil. Der Misserfolg ermutigte ihn, die Eltern um Erlaubnis für einen weiteren Versuch zu bitten, und so kam es, dass Dodgson bald mit der Selbstverständlichkeit eines Familienfreunds im Haushalt des neuen Dekans ein und aus ging.

Die Eltern interessierten ihn nicht. Henry George Liddell, der Vater, war ein zugeknöpfter scheuer Mann, dessen Reformwille im Collegebetrieb den eher konservativen Dodgson ein bisschen erschreckte. Und was seine Frau betrifft, die »spanische Schönheit« Lorina Liddell, geborene Reeve, so zirkulierten in den universitären Kreisen Oxfords schon bald allerlei Witze über sie. Sowohl albern als auch von gehässigem Naturell, zeichnete sich Mrs. Liddell durch einen geradezu peinlichen Standesdünkel aus und zog sich, weil sie sich als Partie für ihre Töchter nichts Geringeres als einen Prinzen erträumte, den Spitznamen »Königsfischerin«[2] zu. Aus Balliol, einem anderen Oxforder College stammt etwa folgender Spottvers über das Paar:

Ich bin der Dekan und dies ist Mrs. Liddell:
Sie spielt die erste und ich die zweite Fiedel.[3]

Diese unsympathische erste Fiedel hatte nicht viel übrig für Dodgson, aber ihre Abneigung beschränkte sich vorerst auf eine Distanzierung ganz nach viktorianischem Etikett. Später, als es zwischen der Familie und Dodgson zu Spannungen kam, zerstörte sie sämtliche Briefe, die Dodgson Alice geschrieben hatte – ein unermesslicher Verlust für die Carroll-Forschung. In der Anfangszeit jedoch gewährte Mrs. Liddell ihm noch freien Zugang zu den Töchtern und hatte auch nichts einzuwenden, wenn Dodgson seine kleinen Freundinnen ausführte und zu sich nach Hause zum Tee einlud. Die Aufgabe, darauf zu achten, dass während solcher Ausflüge nichts Unstatthaftes geschah, vertraute sie der Gouvernante Mrs. Prickett an, von den Kindern neckisch »Pricks« genannt, doch Dodgsons Tagebüchern nach zu urteilen war Pricks nicht immer zugegen; oft durfte er die Gegenwart seiner »childfriends« ungestört genießen.

Von den drei Mädchen Lorina, Alice und Edith, scheint das mittlere am lebhaftesten und spontansten auf Dodgsons Freundschaft eingegangen zu sein. Alice war vier Jahre alt, als Dodgson

Alice Liddell als
Bettlermädchen.
Fotografie von Lewis
Carroll, 1858.

sie zum ersten Mal im Garten fotografierte, und sieben, als er von ihr jene Aufnahme machte, mit der er sich schlagartig als einer der größten Fotografen des viktorianischen Zeitalters auswies. *Alice als Bettlermädchen* aus dem Jahr 1859 ruft im heutigen Betrachter gewiss zwiespältige Reaktionen hervor, die Unschuld des Fotografen mag angezweifelt werden; tatsächlich verrät Dodgsons Bild, wie manch anderes, das er von Mädchen gemacht hat, ein kaum zu übersehendes Element kindlicher, halb bewusster Laszivität, die jedoch klar vor der Grenze zur Pornografie Halt macht. Nicht zu leugnen ist, dass Dodgson sein kleines Modell als verlumpte Lolita hat posieren lassen, die mit ihrem kritischen und zugleich herausfordernden Blick das Leben eines frühreifen und durchtriebenen Gassenmädchens suggeriert, wie es sie in jener Zeit im Londoner Westend zu Dutzenden gab. Doch die Verkleidung ist offensichtlich und der Schein wird bloß zum Spiel erweckt. Alice hat außer dem Fetzenkleid nichts von einem Gassenmädchen, dazu ist ihr Haarschnitt zu artig, sind die Glieder zu weiß, zu sauber und ohne Anzeichen der Unterernährung, die das Mädchen mit der ausgestreckten Hand gern glauben lassen möchte.

Der Dichter Alfred Tennyson, dessen Kinder Dodgson ebenfalls fotografierte, fand *Alice als Bettlermädchen* die hervorragendste Fotografie, die er in seinem Leben je gesehen hatte. Die ästhetischen Qualitäten springen ins Auge, und wer sie ohne Vorurteile abwägt, kann Tennyson beipflichten und Dodgsons Bild von Alice zusammen mit den wunderbaren Porträtaufnahmen von Julia Cameron zu den Glanzleistungen viktorianischer Fotografiekunst zählen.

Dodgson hat die kleine Alice mehrfach fotografiert, mal allein, bald mit den Schwestern, bald im weißen Sonntagskleid, mal im japanischen Kostüm mitsamt Bambusschirm, der wie eine große Sonne hinter den Köpfen von Edith und Alice aufzugehen scheint. Erwies sich die erste Sitzung im Garten noch als Misserfolg, weil die Mädchen nicht still sitzen wollten, so lernte Alice sehr rasch, auf die Wünsche des anspruchsvollen Fotografen einzugehen.

Allem voran musste sie lernen, für längere Zeit reglos vor dem Apparat zu stehen, denn in den Anfängen der Fotografie betrug die Belichtungszeit einer Aufnahme mindestens eine volle Minute. Daneben beherrschte Alice instinktiv die Kunst, Pose und Blick auf den durch Kostüme erzielten Verfremdungseffekt abzustimmen. Sie konnte niedlich und brav sein, aber ebenso leicht fiel es ihr, die in den kindlichen Ausdrücken noch schlummernde Weiblichkeit gerade so weit anzudeuten, dass sie ahnbar, aber nie wirklich konkret zu fassen war.

Jahrzehnte später erinnerte sich Alice noch mit Rührung an jene Fotositzungen. Dodgson empfing sie allein oder mit den Schwestern in seiner Wohnung im College und zog sie, kaum waren sie über die Schwelle getreten, erst einmal mit der Schilderung von Fantasiegeschichten in seinen Bann. Während er, von den Freundinnen umringt, auf dem roten Sofa saß und in einem langsamen, ruhigen Redeschwall seine Märchen entwickelte, breitete er Blätter vor ihnen aus und begann, mit ein paar geschickten Zeichenstrichen die Figuren ins Leben zu erwecken, die er gerade erfand. Im Zimmer hatte er eine Kiste stehen, in der er Theaterkostüme aufbewahrte, und diese stellte er seinen kleinen Gästen später zur Verfügung, damit sie sich für die Fotografie nach Lust und Laune verkleiden konnten. Ob Rotkäppchen, Jeanne d'Arc, Dienstmädchen, Akrobat oder Chinese, der Fantasie der Kinder schienen keine Grenzen gesetzt. Jedes fand in der Wunderkiste die Requisiten, um für die Dauer eines Nachmittags seinen Traum von einer neuen Identität auszuleben.

Doch viel aufregender als fotografiert zu werden, war es, in die Dunkelkammer gehen und ihm beim Entwickeln der großen Glasplatten zuschauen zu dürfen. Was konnte spannender sein als zu sehen, wie das Negativ allmählich Form annahm, während er es sachte im Ätzbad hin- und herschwenkte? Ganz abgesehen davon, dass die Dunkelkammer so geheimnisvoll war und wir fühlten, dass irgendein Abenteuer darin losgehen konnte. Wir genossen alle Freuden des Vorbereitens, des Vorgeschmacks und der Verwirklichung nebst dem Gefühl, an einem geheimnisvollen Ritual teilzunehmen, das gewöhnlich den Erwachsenen vorbehalten ist.[4]

Wenn das Wetter es erlaubte, erfreute Dodgson die Liddell-Kinder mit Bootsausflügen auf der Themse. Aus heutiger Sicht mag erstaunen, dass strenge viktorianische Eltern ihre Mädchen einem Mann anvertrauten, über den sie kaum etwas wussten. In Dodgsons Tagebüchern häufen sich jedenfalls die mit weißem Stein markierten Tage. Schon drei Monate nach seinem ersten Besuch, an einem warmen Junitag 1856, durften Dodgson und sein Vetter Frank die siebenjährige Lorina und ihren etwas älteren Bruder Harry auf eine improvisierte Bootsfahrt nach Sandford ausführen, und zwar ohne Pricks' Anwesenheit. Entsprechend verlieh er diesem glücklichen Tag das Prädikat *Dies Mirabilis.*

Solche Ausflüge fanden ungefähr alle zwei Wochen statt, mit wechselnder Besetzung, und als es Herbst wurde, sann Dodgson nach anderen Zerstreuungen, um die Kinder an sich zu binden. Entweder fuhr er mit ihnen nach London, um eine Ausstellung oder Theateraufführung zu besuchen, oder er lud sie zu sich nach Hause zum gediegenen *High Tea* ein. Sein Gelehrtenzimmer war ausgestattet wie ein Kinderparadies. Kommoden, gerammelt voll mit Spieldosen, Bilderbüchern, Puppen, mechanisch aufziehbaren Bären und Brettspielen erwarteten die Liddell-Schwestern, und nach dem Tee ergötzte sie der Gastgeber noch mit Liedern aus seiner Pianola, bevor er sie gegen neun Uhr abends nach Hause zurückbegleitete.

Im College tat man Dodgsons häufige Einladung der jungen Mädchen in seine Wohnung mit bloßem Achselzucken oder höchstens einem Lächeln ab. Drei Jahrzehnte später wäre seine Neigung im Zuge neuer Erkenntnisse über sexuelle Perversionen als *paedophilia erotica* bezeichnet und als gerichtlich strafbar angesehen geworden, doch in der Mitte des 19. Jahrhundert wurde dem unbescholtenen Mathematiklehrer die Liebe zu kleinen Mädchen als seltsame, aber ach so harmlose Marotte nachgesehen. Er selbst betonte gern und offen, dass die Gesellschaft kleiner Mädchen ihm mehr bedeute als jene von Erwachsenen, und bekannte gegen Ende seines Lebens:

> Ich bin recht privilegiert gewesen durch den Tête-à-tête-Umgang mit Kindern. Er ist sehr gesund und hilfreich für unser geistiges Leben: auch fördert es die Demut, mit Seelen in Kontakt zu kommen, die so viel reiner, Gott so viel näher sind als man selbst sich fühlt.[5]

Diese und ähnliche Briefstellen nehmen jenen Moralpredigern den Wind aus den Segeln, die nach Dodgsons Tod versucht haben, in seiner Neigung für kleine Mädchen mehr als eine typisch viktorianische Nostalgie für die eigene verlorene Kindheit und Unschuld hinein zu lesen; von sublimierter erotischer Fantasie bis zu vollzogenem Missbrauch sind alle Erklärungsvarianten für Dodgsons Verhalten in Betracht gezogen worden, doch vermag nur erstere einigermaßen zu überzeugen. Nirgends in Dodgsons Korespondenz und Tagebüchern finden sich Hinweise, dass der ehrwürdige Mathematiklehrer seinen Freundinnen je zu nahe getreten wäre. Händchenhalten, gelegentlich ein Kuss auf die Wange ist alles, was sich nachweisen lässt, der Rest bleibt Spekulation.[6] Gegen den Vorwurf der Pädophilie spricht vor allem die Tatsache, dass alle Mädchen, mit denen sich Dodgson anfreundete, ihn ein Leben lang in wärmster Erinnerung behielten und die meisten auch später den Kontakt mit ihm nicht abbrachen.

Seine Suche nach Freundschaft mit kleinen Mädchen entbehrte jedoch nicht einer gewissen Tragik. Er wusste von vornherein, dass sich das Verhältnis in einem Ungleichgewicht entfalten würde und er schließlich, wenn die Mädchen größer wurden und das eigene Leben in die Hand nahmen, allein zurückbleiben musste. Nicht selten schlüpfte er, sich selbst belächelnd, in die Rolle des chancenlosen Freiers, wohl wissend, dass er den Mädchen niemals so viel bedeuten konnte wie sie ihm. So wie seine Fotografien von kleinen Mädchen mit einer einzigen Ausnahme den Fotografen selbst nie auf dem Bild zeigen, so diskret verbarg Dodgson vor ihnen auch seine wirklichen Gefühle, ließ sie höchstens in witzigen Fabulierungen einfließen. Es bedarf allerdings nicht großer Kenntnisse der Psychologie, um in seinen Texten, sei es nun in den Tausenden von Briefen an die Kindsfreundinnen, den Widmungsgedichten oder den Kinderbüchern, eine starke erotische Komponente zu erkennen. In einem Brief an Gertrud Chataway, einer späteren Kindsfreundin, denkt sich Dodgson für seine wunden Lippen einen Besuch beim Arzt aus:

›Ich denke, dass Sie zu viele Küsse gegeben haben.‹ ›Nun‹, sagte ich, ›ich gab einem Babykind, einer meiner Freundinnen, tatsächlich *einen* Kuss.‹ ›Denken Sie nochmals nach‹, sagte er, ›sind Sie sicher, dass es nur *einer* war?‹ Ich dachte nochmals nach und sagte, ›Vielleicht waren es elf.‹ Darauf sagte der Arzt, ›Sie müssen ihr *keine* weiteren geben, solange Ihre Lippen sich nicht ganz erholt haben.‹ ›Aber was soll ich tun?‹, sagte ich, ›denn, sehen Sie, ich schulde ihr noch 182.‹[7]

Eine solche Geschichte lässt tief blicken; es kann durchaus sein, dass sich Dodgson des erotischen Untertons sogar bewusst war und ihm daran lag, die Botschaft seiner unmöglichen Liebe für die Adressatin deutlich, aber nicht eindeutig darzulegen. Doch weiter ging er nicht; hier wie in allen andern Lebensbereichen bewies Dodgson einen unfehlbaren Spürsinn für die vom viktorianischen Mittelstand festgelegten Anstandsgrenzen.

Dodgsons Aktfotos von Mädchen können den Vorwurf der Pädophilie wirklich nicht untermauern. Sie liegen ganz im Trend der viktorianischen Ästhetik und unterscheiden sich nicht grundlegend von Bildzeugnissen anderer Künstler der Zeit. Von Julia Cameron existieren zahlreiche Nacktaufnahmen von Kindern, an denen später nie jemand Anstoß nahm, weil die Fotografin selbst eine Frau gewesen ist, und dies, obwohl Camerons Mädchen oft ebenso aufreizende Posen einnehmen wie Dodgsons Sujets. Ein einziges Mal, im Jahre 1880, – über 20 Jahre nach seiner ersten Begegnung mit Alice –, wurde Dodgson selbst mit einer indirekten Kritik diesbezüglich konfrontiert. Er hatte die Tochter des Oxforder Rechtsdozenten Sidney Owens auf die Wange geküsst, in der Annahme, dass sie erst 13 Jahre alt sei; als er erfuhr, dass Henrietta mit 17 bereits im heiratsfähigen Alter war, entschuldigte er sich schriftlich bei den Eltern, bat aber im selben Atemzug um Erlaubnis, Henrietta zu fotografieren. Nicht nur verweigerte ihm der aufgebrachte Vater den Wunsch, sondern er begann daraufhin in Oxford üble Gerüchte über Dodgsons Aktfotografien zu verbreiten, die zur Folge hatten, dass Dodgson seine Kamera für immer im Schrank verstaute. Die Kritik traf ihn zu einem Zeitpunkt, da er selbst zu merken begann, dass das junge Mädchen als Ikone der Unschuld ausgedient hatte. Die Londoner Zeitungen waren voll von Geschichten über Kinderprostitution, er selbst konnte auf der Straße – auf dem Weg zum Theater – die vielen bettelnden und sich anbietenden Kinder nicht übersehen. Es schien ihm, als kehrte sich mit einem Mal sein lebenslang inszeniertes Festhalten an der heilen Kindheit gegen ihn, und in einer späten Geste der Angst vor postumer Verurteilung zerstörte er sämtliche Aktfotos bis auf vier, die 1978 zufällig in der Rosenbach Collection entdeckt wurden.[8]

In den Sechzigerjahren konnte sich Dodgson jedoch noch vorbehaltlos zu seiner Liebe für kleine Mädchen bekennen. Er machte vor den Liddells keinen Hehl aus seiner Vorliebe für Alice, in seinen Augen vereinte sie alle Tugenden einer idealen Kindsfreundin. Sie war hübsch, ohne sich ihrer Reize bewusst zu sein, wohlerzogen und doch spontan, überhaupt nicht scheu und also nicht geneigt, sich unnötig zu zieren. Vor allem aber war sie aufgeweckt und von herrlichem Scharfsinn. Sie löste seine Rätsel mühelos und mit sichtlicher Freude an den intellektuellen Herausforderungen, vor die er sie immer wieder stellte. Er liebte ihre Fragen und kindliche Logik, ihretwegen dachte er sich neue Denkspiele aus, ihr schrieb er Briefe, immer wieder. Alice verkörperte für ihn aufs Vollkommenste, was er nicht ohne Wehmut an allen Mädchen so sehr liebte: die reine Lust am Leben, »… die nur in den glücklichen Stunden der Kindheit kommt, wenn alles neu und schön ist, und wenn Sünde und Sorge bloße Namen sind – leere Worte, die nichts bedeuten!«[9] Für dieses Mädchen nun dachte sich Dodgson am 4. Juli 1862 auf der berühmtesten Bootsfahrt der Literaturgeschichte Alicens Abenteuer im Wunderland aus, die heute fast jedes Kind auf der Welt kennt. Ein goldener Nachmittag soll dieser

Alice Liddell, sich schlafen stellend, einen Hut an ihrer Seite. Fotografie von Lewis Carroll, 1860.

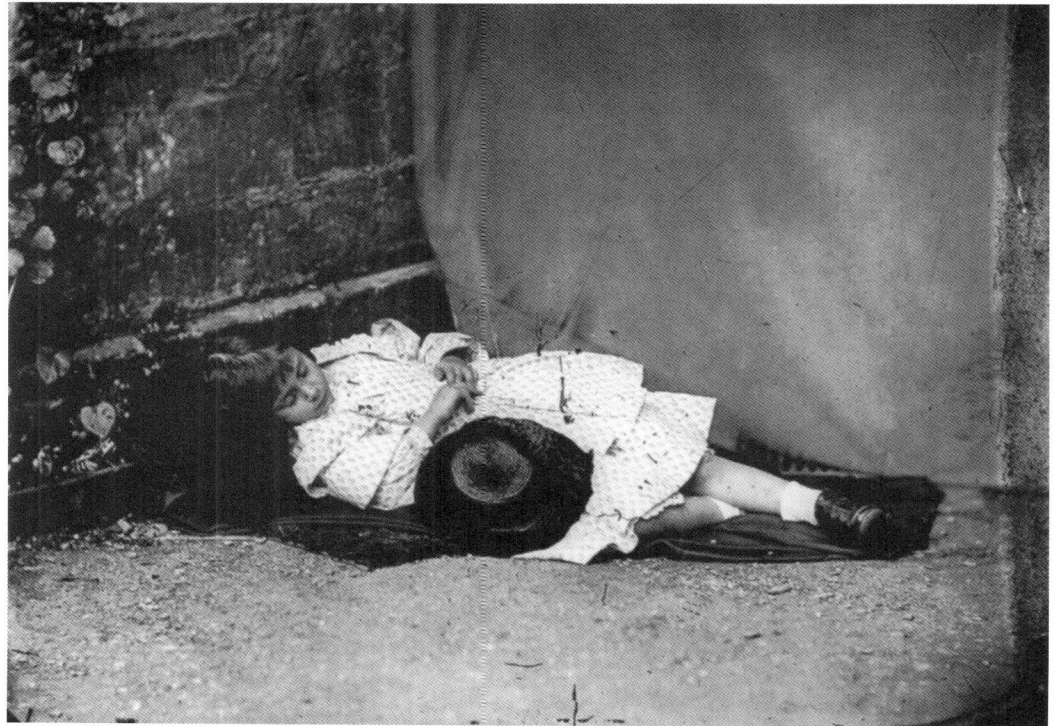

4. Juli laut Dodgson gewesen sein, so heiß für englische Verhältnisse, dass die Bootsinsassen – Dodgson selbst, der Studienfreund
Robinson Duckworth und die drei Liddell Schwestern – unter-
wegs ihre Fahrt unterbrachen und aufs Feld in den Schatten eines
Heuschobers flüchteten. Dodgson sprach von wolkenlosem Himmel, die erwachsene Alice rückblickend von brennendem Sonnen-
schein. Das ist seltsam und lässt sich nur mit der fortschreitenden
Mythisierung dieses Tages erklären, denn eine 1950 durchgeführte
Überprüfung der damaligen Wetterverhältnisse widerlegt diesbezüglich alle Versionen der Betroffenen; der Nachmittag des 4. Juli
1856 war alles andere als golden, sondern im Gegenteil kühl und
regnerisch.[10] Wie dem auch sei; Duckworth schildert die Geburts-
stunde von *Alice im Wunderland* an jenem Nachmittag folgendermaßen:

> Ich war Schlagmann, er [Dodgson] vorderster Ruderer wäh-
> rend der berühmten Sommerferienfahrt nach Godstow, als
> die drei Miss Liddells unsere Passagiere waren und die Ge-
> schichte eigentlich erdichtet und über meine Schulter hin-
> weg für Alice Liddell, die als Steuermann unseres Boots
> wirkte, gesprochen wurde. Ich erinnere mich, mich um-
> gedreht und gefragt zu haben, ›Dodgson, ersinnst du diese
> Geschichte aus dem Stegreif?‹. Und er antwortete, ›Ja, ich
> erfinde fortwährend.‹ Ich erinnere mich auch gut, wie Alice,
> nachdem wir die Kinder ins Dekanat zurückgebracht hatten,
> beim Abschied sagte, ›Oh, Herr Dodgson, ich möchte so
> gern, dass Sie Alicens Abenteuer für mich niederschreiben.‹
> Er versprach, dass er es versuchen würde, und später sagte
> er mir, dass er fast die ganze Nacht aufgeblieben sei und
> seine Erinnerungen an die Drolligkeiten, mit denen er den
> Nachmittag belebt hatte, in einem Manuskript festgehalten
> habe. Er fügte eigene Illustrationen hinzu und wurde mit
> dem Buch beim Dekanat vorstellig, wo es oft auf dem Tisch
> des Salons zu sehen war.[11]

Dodgson selbst schrieb mit gewohnter Nüchternheit, dass er mit den Mädchen am Themse-Ufer bei Godstow gepicknickt und ihnen abends bei sich zu Hause noch Mikro-Fotografien gezeigt habe, bevor er sie gegen neun im Dekanat ablieferte. 25 Jahre später schlug Dodgson alias Lewis Carroll, nun mehr gefeierter Autor des berühmten Kinderbuchs, einen verklärten, ja nostalgischen Ton an, als er anlässlich einer Theaterversion von *Alice* seine Erinnerungen in einem Artikel ausbreitete. Er sprach von den vielen Ausflügen mit den Mädchen, an denen er Geschichten erfand, ohne sie je aufzuschreiben.

> Sie [die Geschichten] lebten und starben wie Sommermücken, eine jede an ihrem eigenen goldenen Nachmittag, bis eines Tages das Schicksal wollte, dass eine meiner kleinen Zuhörerinnen mich bat, die Geschichte für sie niederzuschreiben. Das war viele Jahre her, aber ich erinnere mich deutlich, während ich dies schreibe, wie ich in einem verzweifelten Versuch, der Märchenwelt neue Ausblicke zu entlocken, meine Heldin schnurstracks in einen Kaninchenbau schickte, ohne die geringste Ahnung zu haben, was nachher geschehen würde. Und so druckte ich das Manuskript, um ein Kind, das ich liebte, zufrieden zu stellen (ich erinnere mich an keinen andern Grund).[12]

Das gedruckte Buch, von John Tenniel illustriert und mit einer persönlichen Widmung versehen, durfte Alice auf den Tag genau drei Jahre nach der Bootsfahrt in Empfang nehmen. Andeutungen über jenes namhafte Picknick fehlten darin nicht. Neben Alice hatte Carroll auch die andern Teilnehmer im Buch verewigt: Duckworth als die Ente *(duck),* der stotternde Dodgson als Dodo[13] und Alicens Schwestern Lorina und Edith als Papagei *(lory)* bzw. jungen Adler *(eaglet).* Von einer früheren Bootsfahrt, bei welcher der Regen ihnen einen Strich durch die Rechnung machte, übernahm er das Bild der klatschnassen Insassen und dramatisierte es

Chapter 1

Handschrift von Lewis Carroll aus seinem illustrierten Manuskript von »Alice's Adventures under Ground«.

in der Sequenz von Alicens Tränenteich. Aber auch außenstehende Personen und Tiere fanden Einlass in die Geschichte. Für die Haselmaus ließ sich Carroll vom Wombat inspirieren, den er anlässlich seiner Besuche beim präraffaelitischen Dichtermaler Dante Gabriel Rossetti auf dem Gästetisch hatte schlafen sehen. Die Herzkönigin mit ihrer willkürlichen Despotie trägt die kaum verschleierten Züge von Queen Victoria; die zu Hause gebliebenen kleineren Liddell-Schwestern, die noch zu jung waren, um an solchen Ausflügen teilzunehmen und überhaupt Dodgons Interesse zu wecken, sind im Wunderland Blumen: Rhoda eine Rose und Violet sinngemäß ein Veilchen. Und dem verrückten Hutmacher liegt die Person eines Dieners im College von Christ Church zugrunde, ein gewisser Theophilus Carter, der in Oxford wirklich als »Mad Hatter« bekannt war, weil er sich nie ohne Zylinder blicken ließ und verrückte Dinge erfand, so etwa ein Weckerbett, das den Schläfer morgens zur gewünschten Zeit zu Boden warf. Diese Erfindung dürfte Carroll veranlasst haben, dem verrückten Hutmacher im Wunderland eine obsessive Fixierung auf Zeit und Uhren anzudichten.

Wo sich Carroll jedoch eine grundlegende Abweichung von der Wirklichkeit leistete, war die äußere Erscheinung des Mädchens. Alice Liddell hatte schwarze, höchstens schulterlange Haare mit Stirnfransen, doch für die fiktive Alice zog der Autor ein Mädchen mit langen blonden Haaren vor. Er schickte dem Illustrator die Fotografie eines andern Mädchens, Mary Hilton Badcock, mit der Bitte, diese als Vorlage für seine Heldin zu benutzen, aber es bleibt umstritten, ob sich Tenniel daran hielt. Gelegentliche Meinungsverschiedenheiten zwischen Autor und Illustrator deuten darauf hin, dass Tenniel, der zu jener Zeit so etwas wie ein Starzeichner war, sich gern über Carrolls pedantische Anweisungen hinwegsetzte; doch abgesehen davon, dass Tenniels Alice einen leicht überdimensionierten Kopf hat, was sie älter als zehn Jahre scheinen lässt, entspricht die gezeichnete Alice trotz anderer Haarfarbe überzeugend dem kecken, neugierigen Mädchen des Texts.

Ursprünglich hatte Carroll für seine Geschichte den Titel *Alice's Adventures under Ground* gewählt, was der Geschichte an sich angemessener gewesen wäre, da Alice nach ihrem Sturz in den Brunnen ihre abenteuerlichen Erfahrungen tatsächlich unter der Erde macht. Zum Wechsel von »under Ground« zu »Wonderland« entschied sich der Autor schließlich, weil er befürchtete, dass seine Leser denken könnten, er habe mit Alicens Geschichte eine Einführung in den Bergbau für Kinder geschrieben. Ob »unter der Erde« oder »Wunderland« war jedoch einerlei: Beide Orte eigneten sich in gleicher Weise für das Anderswo, mit dem Carroll Alicens normale Welt auf den Kopf stellen wollte. Wenn sich die Abenteuer des Mädchens am Schluss auch als Traum entpuppen, so kann seine Reise dennoch nicht nur als wirre Fantasie bewertet werden. Die Sinnlosigkeit, die in Wunderland herrscht, ist nicht nur ein Gegensatz zur Welt über der Erde, wo die Gesetze der Physik und der Logik Alice bis dahin beruhigende Orientierungshilfe geliefert haben, sondern selbst ein in sich stimmiges System, das sich jeglichem Versuch des Verstehens entzieht und dadurch die menschliche Logik als absolutes Mittel der Erkenntnis hinterfragt. Bei Carroll, dem routinierten Dichter von Nonsens-Versen, musste diese subversive Spielerei natürlich auch in der Sprache ihren Niederschlag finden. Mit seinem feinen Gehör für Wörter und seinem Sinn für logische Verknüpfungen war es ihm bei der Niederschrift der Abenteuer ein besonderes Vergnügen, den Erzählfluss mit Konversationen zwischen der rational denkenden Alice und den seltsamen Bewohnern von Wunderland anzurei-

chern, in denen die Sinnlosigkeit selbst Thema des Gesprächs ist. Die Sprache, von Alice anfangs noch als verlässlicher Spiegel ihrer dinglichen Welt begriffen, offenbart sich im Laufe der Abenteuer immer mehr als heikle und sogar täuschende Hilfe, die Dinge zu benennen und somit auch zu verstehen.

So ermahnt sie beispielsweise der Märzhase: »Du solltest sagen, was du meinst«, worauf Alice antwortet: »Das tue ich, … oder wenigstens meine ich, was ich sage – das ist dasselbe, weißt du.« Da mischt sich der verrückte Hutmacher ein und entgegnet: »Nicht im Geringsten dasselbe! Du könntest gerade so gut sagen, dass ›ich sehe, was ich esse‹ dasselbe ist wie ›ich esse, was ich sehe‹«.

Dies ist nur eines von vielen Beispielen, an denen Carroll die Unlogik der Sprache beweist, indem er an ihr die Gesetze mathematischer Logik anwendet. Wenn A gleich B ist, dann ist B folgerichtig gleich A. Nicht so in der Sprache, wo, wie Carroll zeigt, der Bezug der Wörter aufeinander nicht reziprok zu sein braucht und mehrfache Bedeutungen immer möglich sind. Auf diese Weise wird Alice in diesem seltsamen Wunderland auf doppelte Weise verunsichert: Sie lernt einerseits eine Welt kennen, die mit der Logik nicht erfasst werden kann, und begegnet anderseits Bewohnern, die eben ihre Logik anwenden, um die unlogische Struktur ihrer Sprache aufzudecken.[14]

Das Buch hatte auf Anhieb Erfolg und verkaufte sich nach einer kurzen Anlaufzeit so gut, dass Carroll, der etwa 600 Pfund in den Druck investiert hatte, bereits nach einem Jahr daran zu verdienen begann. Übersetzungen ins Französische und Deutsche folgten zwei Jahre später, jene ins Italienische nach weiteren fünf Jahren. Die Kritiker waren bis auf wenige Ausnahmen begeistert, begrüßten vor allem den Sprachwitz und die Tatsache, dass endlich einmal ein Kinderbuch auf den Markt gekommen sei, das ohne moralische Pointen auskam und nur um der reinen Fabulierlust willen geschrieben worden war. Vereinzelte Rezensenten erkannten sogar, dass hinter Alicens Abenteuer mehr als bloßer Nonsens steckte und das Buch unter dem Deckmantel des Absurden genügend tiefgründige Wahrheiten enthielt, um auch Erwachsene fesseln zu können.

Was Dodgson nicht erwartet hatte, war, dass der Erfolg von *Alice in Wonderland* seine beiden bis zu diesem Zeitpunkt streng getrennten Identitäten durcheinander mischen würde. Er versuchte, die Korrespondenz, die das Buch betraf, über seinen Verleger Alexander Macmillan abzuwickeln, aber es kam immer häufiger vor, dass Privatpersonen und Verleger aus dem Ausland Briefe an Herrn Lewis Carroll zu seiner College-Adresse schickten, was ihm alles andere als genehm war. Die Briefe an Carroll, die in

Dodgsons Briefkasten landeten, wuchsen schließlich zu einer derartigen Flut an, dass er sich gezwungen sah, mit einem gedruckten Antwortbrief darauf zu reagieren. In der pingeligen Manier, die ihm eigen war, ließ er die Adressaten wissen:

> Herr Dodgson wird so häufig von Fremden angegangen in der eher ungerechtfertigten Annahme, dass er die Autorschaft von Büchern, die nicht unter seinem Namen veröffentlicht wurden, beansprucht oder sie mindestens zugibt, dass er es für nötig befunden hat, dies ein für alle Male als Antwort auf solche Gesuche zu drucken. Weder beansprucht noch bekennt er sich zu irgendwelcher Verbindung mit irgendeinem Pseudonym oder irgendeinem Buch, das nicht unter seinem eigenen Namen veröffentlicht ist.[15]

Inzwischen war Alice 13 Jahre alt, entwicklungsmäßig bereits in der »Phase des Übergangs«, wie Dodgson die Pubertät zu nennen pflegte. Backfische schreckten ihn ab, schon bei den ersten Anzeichen erkaltete sein Interesse an den Mädchen, die er vielleicht ein halbes Jahr zuvor noch auf seine diskrete Art geliebt hatte. Bedauernd musste er feststellen, dass die Pubertät daran war, das einst so anziehende Kind in ein nichtssagendes Ding ohne Ausstrahlung zu verwandeln. Seit jenem berühmten goldenen Nachmittag auf der Themse waren drei Jahre verstrichen, drei lange Jahre, in denen nicht nur Alice sich verändert hatte, sondern auch die Beziehung Dodgsons zur ganzen Liddell Familie aus Gründen, die nie ganz zufriedenstellend geklärt werden konnten, rasch abgekühlt war.

Eine Bootsfahrt mit den Liddell Kindern und deren Eltern am 25. Juni 1863 vermochte Dodgson noch zu ekstatischen Bemerkungen in seinem Tagebuch verleiten, aber zwei Tage später wechselte die Stimmung merklich: Dodgsons Bitte um Erlaubnis, die Mädchen wieder einmal zu fotografieren, wurde ihm von der Mutter abgeschlagen. Eine Erklärung für diese plötzliche Absage ist nicht zu finden; mehr noch, eine Korrektur aus fremder Hand und die Paginierung des Tagebuchs, die an dieser Stelle von 90 auf 92 springt, erhärten den Verdacht, dass eine Drittperson nachträglich eine Seite aus dem Tagebuch herausgerissen hat, wahrscheinlich um spätere Spekulationen über Dodgsons Vorliebe für Mädchensujets zu verhindern. Dieses Rätsel wird in der Forschungsliteratur gemeinhin als *The Liddell-Riddle* bezeichnet, und man könnte sich vorstellen, dass Dodgson seine helle Freude an diesem Reim gehabt hätte.

Der Bruch mit der Familie Liddell war unaufhaltsam, doch er geschah nicht abrupt. Es gab noch hie und da Tage, die Dodgson mit einem weißen Stein markierte, der letzte am 12. Dezember 1865, als er, zu einem Empfang bei den Liddells eingeladen, noch einmal mit Alice plaudern durfte. Aber mit den Bootsfahrten war es fortan für immer vorbei. Mrs. Liddell hatte ihm schon im Sommer zuvor

Zeichnung von Lewis Carroll für die Originalausgabe von »Alice's Adventures under Ground«.

jede Bitte abgeschlagen, die Mädchen auszuführen. Dass das älteste, Lorina, inzwischen im heiratsfähigen Alter war und ein solcher Ausflug ihre Aussichten auf eine gute Partie kompromittieren mochte, kann nicht als Grund für Mrs. Liddells plötzliche Kühle angeführt werden. Dodgson hatte diese Schwierigkeit vorausgesehen und Lorina erst gar nicht eingeladen, sondern an ihrer statt die kleine Rhoda: »Während dieser letzten Tage habe ich vergeblich um die Erlaubnis gebeten, die Kinder auf Bootsfahrten auszuführen, d. h. Alice, Edith und Rhoda: aber Mrs. Liddell will zukünftig *keines* mehr kommen lassen – eher unnötige Vorsicht.«[16]

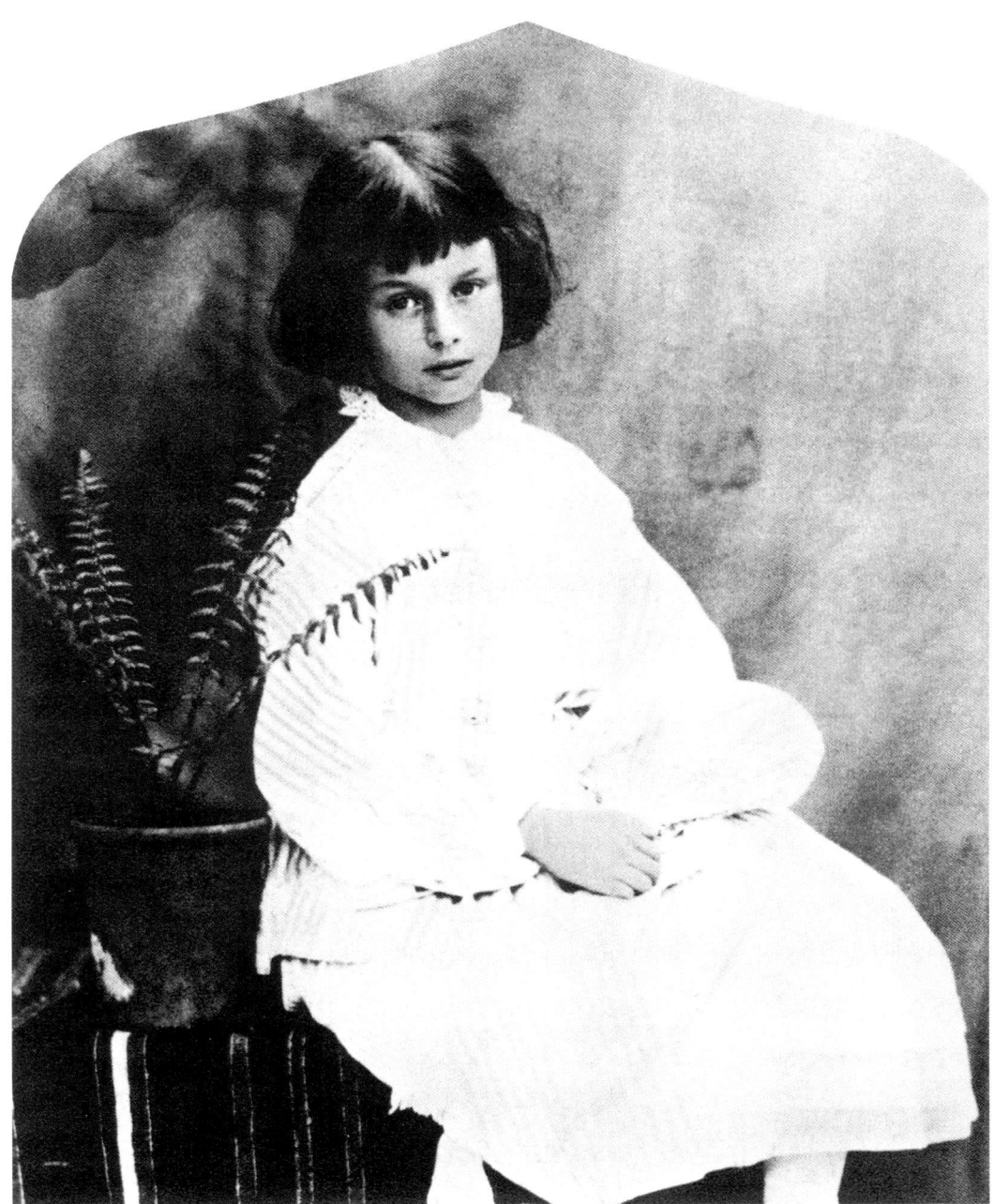

Alice Liddell. Fotografie von Lewis Carroll.

Aber schon vor diesem unglücklichen Sommer, in dem seine Freundschaft mit Alice laut den eigenen Worten Schiffbruch erlitt, hatte Dodgson seiner Vorahnung über das Ende der Beziehung in Form von Gedichten Ausdruck verliehen. Die Verse, die im März 1863 entstanden und die Dodgson später als Widmung an den Anfang seines zweiten Alice-Buchs, *Alice im Spiegelland,* setzte, beschwören noch einmal das reine Kind mit den träumerischen Augen und erinnern mit Wehmut an die unumstößliche Tatsache, dass ein halbes Leben es vom Verfasser trenne.

Alice im Spiegelland kam Ende 1871 heraus und war auf Anhieb ein Riesenerfolg; schon nach wenigen Wochen waren 15.000 Exemplare verkauft. Vergleiche mit *Alice im Wunderland* drängten sich auf, doch hierüber schieden sich die Geister. Wer im ersten Kinderbuch die ausschweifende Fantasie des Autors und seine Genialität in der Kreation der Figuren gelobt hatte, empfand den zweiten Band als eine nicht rundum überzeugende Wiederholung des ersten. Umgekehrt gab es Leser, die in *Alice im Spiegelland* eine gemäßigtere, aber klügere Stimme erkannten und die vielen lyrischen Einsprengsel besonders wertvoll fanden. Was indessen jedem in die Augen springen musste, auch jenen, die zum ersten Mal ein Buch von Carroll in Händen hielten, war die leise bis abgrundtiefe Melancholie, welche Alicens Abenteuer im Land der umgekehrten Verhältnisse färbt. Es ist bei näherer Betrachtung des Textes nicht übertrieben zu behaupten, dass Dodgson mit *Alice im Spiegelland* einen langen Abschiedsbrief an Alice Liddell verfasst hat. Das fiktive Mädchen Alice ist im Folgeroman gereift und lässt sich so schnell nicht wieder ins Bockshorn jagen. Sie weiß auch zu antworten, wo sie früher ratlos verstummte. Zum Beispiel erneut mit der Bedeutung von Wörtern konfrontiert, diesmal von Humpty Dumpty, der behauptet: »Wenn ich ein Wort verwende ... dann hat es die Bedeutung, die ich ihm zu geben beliebe – weder mehr noch weniger«, entgegnet sie diesmal kritisch: »Die Frage ist, ob du bewirken kannst, dass die Wörter so viele verschiedene Dinge bedeuten.« Vor allem aber beinhaltet

Alice als junge Frau.
Fotografie von Lewis
Carroll.

Alicens Reife, dass sie als Frau für Dodgson unerreichbar geworden ist und ihre Lebenswege auseinander gehen müssen.

Dodgson hat in seinem zweiten Kinderbuch das Leitmotiv des Abschieds symbolisch am eindrücklichsten in der Gestalt des weißen Läufers eingewoben, Alicens ergebenen Ritters und Beschützers, dem er eigene Züge verliehen hat. Der Läufer sieht es als seine Aufgabe an, Alice sicher an den Ort zu bringen, an dem sie zur Königin gekrönt werden soll, obwohl er weiß, dass er selbst nicht zugelassen ist. Am Ende ihrer gemeinsamen Reise angelangt, entlässt der Läufer seinen Schützling, so wie Dodgson Alice Liddell in die Welt der Erwachsenen entlassen muss:

Du hast nur noch ein paar Yard zu gehen, den Hügel hinunter und über jenen kleinen Bach, und dann wirst du Königin sein. – Aber wirst du noch etwas bleiben und mich zuerst verabschieden? … Ich werde nicht säumen. Wirst du warten und mit deinem Taschentuch winken, wenn ich bei jener Wegbiegung anlange? Weißt du, ich glaube, es wird mir Mut machen.

Alice bedeutete Dodgson noch immer viel, obwohl sie bei Erscheinen des Buches 20 Jahre alt war, und dies mag erstaunen, wenn man das Schicksal anderer »child-friends« verfolgt, die spätestens mit zwölf oder 13 Jahren für ihn sowohl als Fotosujet als auch als Gesprächspartner uninteressant wurden. Erst in den letzten Jahren seines Lebens war Dodgson zu dauerhaften Freundschaften mit Frauen fähig, aber nur auf eine distanzierte, onkelhafte Art, die das Bewusstsein geschlechtlicher Implikationen ausklammerte.

Alice Liddell bildet in der Galerie von Dodgsons Mädchenfreundschaften eine Ausnahme. Ihre Reifung veranlasste ihn nicht, sie einfach zu vergessen, sondern entlockte ihm neue Facetten der Anbetung. Als *Alice im Spiegelland* erschien, versuchte er den Verleger zu überreden, für sie ein besonderes Widmungsexemplar mit einem ovalen Spiegelstück auf dem Buchdeckel zu gestalten. Noch immer war ihm daran gelegen, Alice zu überraschen und sich ihr mit persönlichen Geschenken in Erinnerung zu rufen. So wie er sie nicht aus seinem Leben entlassen konnte, wollte er mit allen Mitteln verhindern, dass sie ihn aus dem ihren entließe.

Sie verkörperte für ihn jene glücklichen Tage auf der Themse, war und blieb die Muse, die ihn einst beflügelt hatte, seine wild sprudelnde Fantasie in einem Kunstwerk zu verdichten. Ohne Alicens Ansporn wären die Geschichten von der Tigerkatze und der Herzkönigin, von der Raupe und den Austern wie alle andern Geschichten, die ihm so leicht einfielen, Eintagsfliegen gewesen. Dafür blieb er ihr sein Leben lang dankbar; aber die zwanzigjährige Alice war nicht dasselbe Mädchen wie jenes, das ihn gebeten hatte, seine Geschichten aufzuschreiben, und noch weniger jenes, das er so viele Male fotografiert hatte. Die Verwandlung vom Kind zur Frau war in seinen Augen ein schrecklicher Prozess, dem Tod nicht unähnlich; sie hatte ihm seine Muse getötet und somit seine innerste *raison d'être* geraubt. Die ferne, kleine Alice war für ihn gewissermaßen gestorben, die Verse, die er in den Siebziger- und Achtzigerjahre über sie schrieb, sprechen die unmissverständliche Sprache der Trauer und des Verlusts.

»Echos schwinden und Erinnerungen sterben«, schrieb er zum Beispiel 1872, »der Herbstfrost hat den Juli getötet; doch sie verfolgt mich noch immer wie ein Geist, Alice, unter den Himmeln, von wachen Augen nimmer gesehen.«[17]

Auch in anderen Gedichten der Spätzeit kam Dodgson immer wieder auf jenen Sommer 1862 zurück, als die kleine Alice ihn zu seinem Meisterwerk inspiriert hatte. Um der kleinen Alice willen, bemühte er sich, die Freundschaft mit der Frau, die Alice geworden war, über die Jahre aufrecht zu erhalten in der Hoffnung, die Idylle, von der er noch immer zehrte, der erwachsenen Alice ans Herz zu legen. Es gelang ihm kaum, Alice reagierte höflich und unverbindlich, zeigte selbst aber wenig Initiative, die Freundschaft weiter zu führen, auch wenn er ihr beichtete: »Mein geistiges Bild von einem Mädchen, das so viele Jahre hindurch meine ideale Kindsfreundin gewesen ist, ist so lebhaft wie eh und je. Ich habe unzählige Kindsfreundinnen seit Ihrer Zeit gehabt; aber diese sind eine ganz andere Sache gewesen.«[18]

Mit 28 Jahren – spät für ein viktorianisches Fräulein der oberen Mittelschicht – heiratete Alice Liddell den Großgrundbesitzer Reginald Hargreaves und wurde von da an in Dodgsons Briefen zu »My dear Mrs. Hargreaves«. Ihrer Einladung, dem ersten Sohn Pate zu sein, leistete er nicht Folge. So sehr er kleine Mädchen liebte, so sehr waren ihm Jungs zuwider. Und was zwischen Alice und ihm einmal gewesen war, ließ sich durch eine Patenschaft nicht wieder ins Leben rufen. Dodgson begann langsam einzusehen, dass die goldenen Zeiten unwiederbringlich vorbei waren; mit 50 Jahren fühlte er sich alt und verbraucht. Er zog sich immer mehr vom College-Leben zurück, konnte es sich, nicht zuletzt dank der Einnahmen von seinen Kinderbüchern, auch leisten, den Lehrstuhl in Mathematik aufzugeben, und verbrachte immer längere Sommerferien in Eastbourne, dessen Strand sich als der ideale Ort erwies, um neue »child-friends« zu gewinnen.

Als das Ehepaar Hargreaves von Cuffnells in Hampshire, wo es wohnte, 1888 einmal nach Christ Church zu Besuch kam und Dodgson nach Jahren Alice wieder gegenüberstand, notierte er seinen Eindruck ins Tagebuch: »Es war nicht einfach, im Geist das neue Gesicht mit der alten Erinnerung zu verbinden – die Fremde mit der einst so innig vertrauten und geliebten ›Alice‹, die mir stets als ein vollkommen faszinierendes Mädchen von sieben Jahren in Erinnerung bleiben wird.«[19]

Alice Liddell als »Pomona«. Fotografie von Julia Margaret Cameron, 1872.

Dodgson hatte noch zehn Jahre zu leben. Die Tage verflossen in einer ihm lieben Eintönigkeit, in der er weitere logische Denkspiele ausknobelte und drei weitere Kinderbücher verfasste, die jedoch nie an den Erfolg seiner früheren Bücher anknüpften. Manchmal noch erheiterte ein Mädchen seine Ferien, und wenn er Glück hatte, durfte es gar mehrere Tage mit ihm in separaten Hotelzimmern verbringen. Dann sprach dieser Mann, der nie ernsthaft einen Gedanken ans Heiraten verloren hatte, von den »wunderbaren Flitterwochen«, die er mit seiner Kindsfreundin habe verleben dürfen. Aber in den letzten Sommern vor seinem Tod im Januar 1898 beschwerte er sich bei seinen Schwestern über die zunehmende Einsamkeit. Dabei hatte ihn, einem Brief an den Freund Atkinson nach zu urteilen, das Alleinsein offenbar nie sonderlich gestört: »So sind Sie seit 12 Jahren ein verheirateter Mann, während ich noch immer ein einsamer alter Junggeselle bin! Und es zu bleiben gedenke, wirklich. Das Leben am College ist gar nicht abwechslungsloser Jammer, obwohl das Eheleben zweifelsohne viele Reize hat, die mir fremd sind.«[20] Bereits mit 25 Jahren hatte Dodgson die Ehe als unwahrscheinliche Aussicht mehr oder weniger aus seinem Leben ausgeklammert, und als er sich zwei Jahre später durch herausragende Examensresultate in Mathematik ein »Studentship« am Christ Church College hatte sichern können, erübrigte sich die Frage ohnehin: Das Stipendium, das ihm eine lebenslange Wohnmöglichkeit am College gewährte, war an die Bedingung des Zölibats gebunden gewesen. Seine Familie bestand aus den sieben ebenfalls unverheirateten Schwestern, die er nach dem Tod der Eltern in einem großen vierstöckigen Haus in Guildford unweit von Oxford unterbrachte, wo er sie an Weihnachten und zu Familienfesten besuchte. Sie schufen ihm wieder die Atmosphäre des Elternhauses, ließen die Erinnerungen an die goldene Kindheit aufleben, von der er sich so ungern und im tiefsten Innern wohl nie ganz verabschiedet hatte. Die Einsamkeit, über die Dodgson in späteren Jahren klagte, entstammte keiner Reue über verpasste Chancen; sie rührte vielmehr von der schmerzlichen Einsicht, dass die Zeiten sich geändert hatten und Mütter ihre kleinen Töchter nicht mehr ohne weiteres an ihn heranließen; er wähnte sich von den Erwachsenen angeprangert, in seinem zweifelhaften Bedürfnis nach kindlicher Gesellschaft zunehmend durchschaut und zog sich deshalb immer mehr zurück.

Alice Hargreaves als alte Dame.

Der plötzliche Erfolg der Alice-Bücher begann Alice Hargreaves die Rolle der Kindsmuse allmählich zu verleiden. Sie führte im Herrensitz ihres Gatten ein unbeschwertes Leben, pflegte sich ein bisschen künstlerisch zu betätigen und sozial zu engagieren, wie es sich für eine Dame ihres Ranges gehörte, und zog drei Söhne auf, von denen zwei im Ersten Weltkrieg fielen. Die berühmte Bootsfahrt auf der Themse lag weit zurück, und sie war bereit, einen Schlussstrich unter Wunderland zu ziehen. Als ihr Gatte 1926 starb, überstieg die zu bezahlende Erbschaftssteuer offenbar ihre finanziellen Möglichkeiten, so dass sie sich gezwungen sah, die ihr von Dodgson geschenkte, eigenhändig gedruckte und illustrierte erste Ausgabe von *Alice in Wonderland* zu verkaufen. Das Manuskript, das noch den Titel *Alice under Ground* trug, wurde 1928 vom Auktionshaus Sotheby auf 4.000 Pfund veranschlagt und schließlich dem Amerikaner Eldrige R. Johnson für 15.400 Pfund abgetreten.[21]

1932, zwei Jahre vor ihrem Tod, wurde Alice Hargreaves-Liddell nach New York eingeladen, um an einer öffentlichen Feier von Dodgsons 100. Geburtstag teilzunehmen. Die Columbia Universität ehrte sie mit einer Doktorwürde, es gab Empfänge, Autogrammsitzungen und Podiumsdiskussionen rund um das Thema von *Alice im Wunderland*. Doch Alice, inzwischen 80 Jahre alt, war müde: »Aber oh, mein Lieber«, schrieb sie ihrem Sohn Caryl einmal, »ich bin es leid, Alice im Wunderland zu sein. Hört sich das wie Undankbarkeit an? Wohl schon – aber ich bin es wirklich leid.«[22]

Wladyslaw von Moes
Thomas Mann und der junge Tadzio

Im Frühling 1911 war Thomas Mann, wie er selbst meinte, »... wohl heimlich auf der Suche nach neuen Dingen.«[1] Die Niederschrift seines Romans *Felix Krull* erwies sich wegen des schwer durchzuhaltenden Memoirentons als ermüdend, außerdem plagten ihn allerlei Beschwerden, Vortragsreisen brachten unwillkommene Unterbrechungen und dazuhin war es mit der Gesundheit seiner Frau Katia nicht zum Besten bestellt. Das Paar brauchte eine Atempause, und da auch der Bruder Heinrich den Wunsch nach einem Ortswechsel äußerte, beschloss man im Mai, Deutschland den Rücken zu kehren und zu dritt in den Süden zu fahren. Die Reise führte zuerst auf eine Insel an der istrischen Küste und über einen Umweg nach Venedig, dann in die apenninische Höhe und schließlich zurück nach Venedig. *Felix Krull* wurde einstweilen beiseite gelegt – Thomas Mann schrieb ihn erst in den letzten Lebensjahren zu Ende – was dem Schriftsteller Raum und Freiheit verschuf, sich den neuen literarischen Dingen zuzuwenden, die ihm vorschwebten. Eine »rasch zu erledigende Improvisation« sollte es werden, bloß ein Intermezzo zur Erholung von der langfristigen Komposition des Hochstaplerromans, so dachte er noch auf der Insel Brioni. Und das Thema? Es hätte der Liebe des alternden Goethe zur siebzehnjährigen Ulrike von Levetzow gelten und an deren Beispiel ein ihm teures Motiv illustrieren sollen, nämlich »... die Entwürdigung eines hochgestiegenen Geistes durch die Leidenschaft für ein reizendes, unschuldiges Stück Leben ...«[2] Mann interessierte sich schon seit geraumer Zeit für die grotesken Aspekte von Goethes letzter Liebe »... diese(r) Geschichte mit allen ihren schauerlich-komischen, hoch-blamablen, zu ehrfürchtigem Gelächter stimmenden Situationen, diese

Wladyslaw von Moes.

peinliche, rührende und große Geschichte …«,[3] und er gab auch Jahre später seiner Hoffnung immer wieder Ausdruck, dereinst fähig zu sein, den Stoff dichterisch zu gestalten. Auf Brioni meinte er noch, sich daran wagen zu können, indessen war das Wetter so schlecht, dass es die drei Reisenden nicht lange auf der Insel halten konnte. Die nächste Etappe hieß Venedig, genauer: das Grand Hôtel des Bains am Lido.

Ebenfalls im Mai 1911 reisten zwei entfernt befreundete Familien aus Polen für den Urlaub in die Lagunenstadt, getrennt, doch mit dem Vorsatz, am Lido gemeinsame Stunden zu verbringen. Die Familie des Baron Moes, ursprünglich westfälischen Ursprungs und nun im Besitz zahlreicher Fabriken und ländlicher Anwesen nahe der südpolnischen Stadt Kielce, gastierte im noblen Grand Hôtel des Bains, wohin ihr etwas später die Familie Fudakowski folgte, damit die befreundeten Söhne, der elfjährige Wladyslaw Baron Moes und der etwas ältere Janek, tagsüber am Strand zusammen spielen konnten. Janek war ein prächtiger Kerl, stark und männlichen Kampfspielen nicht abgeneigt; oft raufte er sich mit dem Freund im Sand aus purer Lust an der spielerischen Verausgabung seiner Kräfte. Aber der junge Baron war ihm kein ebenbürtiger Gegner. Wladyslaw hatte eine fragile Gesundheit – er war mit einem Loch in der Lunge geboren –, und die Kränklichkeit, die sich vor allem im auffallend bleichen Teint und den schmalen Gliedern offenbarte, erschwerte auf den ersten Blick sogar die eindeutige geschlechtliche Zuordnung. Mit seinem herrlichen Lockenschopf und einem Körper, der sich noch unentschlossen zwischen weiblicher Grazie und männlicher Kraft entwickelte, zog er von allen Seiten bewundernde Blicke auf sich, und es ist wohl nicht ganz falsch anzunehmen, dass er sich mit seinen elf Jahren bereits geckenhafte Allüren hatte angedeihen lassen. Komplimente von Fremden auf der Straße nahm er jedenfalls gelassen hin, als hätte er sie sich auch verdient und seine Auftritte im Speisesaal des Grand Hôtels geschahen mit kalkulierter Wirkung auf die anwesenden Gäste. Kurz: Wladyslaw war hinreißend schön und er wusste es.

Der Mai 1911 war auch der Monat, in dem der österreichische Komponist Gustav Mahler schwerkrank von einer Konzerttournee in Amerika nach Europa zurückkehrte. Er hielt sich nach der erschöpfenden Reise zuerst in Paris, später in Wien auf. Den Zeitungsberichten zufolge verschlechterte sich der Zustand des dreiundfünfzigjährigen Musikers rasch, und es war bald das Schlimmste zu befürchten. Mahler starb am 18. Mai in Wien, als Thomas Mann gerade in Italien weilte.

Wegen der schlechten Wetterverhältnisse in Venedig wollte sich bei den Manns die ersehnte Ferienstimmung des Südens anfangs nicht so richtig einstellen. Heinrich störte zudem das affektierte Getue der Hotelgäste, und der anhaltende Wind vom Festland verursachte ihm Kopfschmerzen, so dass er bald unmutig zur Abreise drängte. Thomas wollte davon jedoch nichts hören. Schon während der ersten Mahlzeit im prunkvollen Speisesaal des Grand Hôtel war ihm unter den Kindern einer polnischen Familie ein Knabe im Matrosenkleid aufgefallen, dessen Schönheit ihn in beunruhigendes Entzücken versetzt hatte. Fortan gehörten zufällige Begegnungen mit dem Jungen in der Hotelhalle, im Lift oder am Strand zu den Höhepunkten seines Aufenthaltes. Er befürchtete und sehnte zugleich die erregende Verunsicherung herbei, die ein flüchtig getauschter Blick mit dem Schönen in ihm verursachte, und beobachtete ganze Nachmittage lang von seiner Strandhütte aus den Jungen beim Spielen mit seinen drei Schwestern und dem älteren Freund, der, wie er verstand, ebenfalls Pole war. Ihrer unverständlichen Sprache zuzuhören, bereitete ihm ein besonderes Vergnügen, ebenso das Rätseln über den Namen seines Lieblings. Aus dem Kosenamen Wladzio hörte er Adgio oder öfter auch Adgiu heraus, »zwei melodische Silben … mit rufend gedehntem u-Laut am Ende«[4], woraus er schloss, dass er Tadzio heißen müsse.[5] Seine Faszination für den Knaben war augenfällig, sie entging auch der Ehefrau nicht. In ihren Memoiren schildert Katia Mann, wie der Gatte während der Venedig-Ferien ganz unter dem Zauber des polnischen Kindes gestanden habe, ihm überall mit den Blicken gefolgt und durch ihn in melancholisches Grübeln geraten sei.[6] Was sie selbst, die damals sechs Jahre mit ihm verheiratet war und ihm bereits vier Kinder geschenkt hatte, dabei empfunden haben mag, geht leider nicht aus ihren Erinnerungen hervor.

Thomas Mann unternahm nichts, um sich dem Jungen zu nähern oder ihn persönlich kennen zu lernen; seine Verfallenheit beschränkte sich auf ein passives Genießen von dessen Anmut und dem Schwelgen in schmerzlicher Sehnsucht nach ihm. Er nannte es ein »Aufsichberuhenlassen«, als man ihn später wegen seines abwartenden Verhaltens der Verdrängung bezichtigte. Eine forschere Haltung war indessen nicht denkbar. Nur zu gut kannte er die Gefahr einer solchen verbotenen Liebe, sah er sich ihr doch seit seinen ersten unerwiderten Gefühlen für den Schulkameraden Armin Martens immer wieder ausgeliefert. Die Heirat mit der reichen Professorentochter Katia Pringsheim, dieser »Prinzessin von einer Frau«, im Jahre 1905 hatte ihm diesbezüglich nur äußerlichen Halt gegeben, nicht aber die Kraft, sich gegen die subversive Macht seiner homoerotischen Gefühle zu wehren. Bis an sein Lebensende sollte Thomas Mann mit ihr ringen. Wenn er – wie im Mai 1911 am Strand von Venedig – sich diesen Gefühlen nicht wirklich frei hingeben wollte, so entsprang seine Vorsicht, die sich auch als

Thomas Mann in Kalifornien, 1944.

Anpassung ans prüde Bürgertum abwerten ließe, eher der Intuition des Ästheten, der wusste, dass die Pflege der Sehnsucht letztlich eine erlesenere Art des Genusses gewähre als das Ausleben der Leidenschaft. Ganz in Platons Sinn sprach Thomas Mann einmal von der »›verschlagenen‹ Sehnsucht, die vielleicht das eigentliche philosophische und dichterische Verhältnis des Geistes zum Leben bilde.«[7] Und dieses Verhältnis sei »… ein äußerst delikates, schwieriges, erregendes, schmerzliches, *mit Ironie und Erotik geladenes* Verhältnis.«[8]

Dem jungen Polen zuzuschauen und verstohlenen Blickkontakt mit ihm zu pflegen, war dem Schriftsteller Nahrung für seine erotisch aufgeladene Sehnsucht genug. Er wollte nicht mehr, konnte nicht mehr erhoffen. Das Beobachten und Studieren eines in seinen Augen vollkommenen Wesens schürte sein abstraktes Verlangen und offenbarte ihm an der erlittenen »… ewige(n) Spannung ohne Lösung … *das Problem der Schönheit,* daß der Geist das Leben, das Leben aber den Geist als ›Schönheit‹ empfindet«[9]. So bedurfte der heimliche Dialog, der sich in jenen Tagen am Lido zwischen dem sechsunddreißigjährigen Thomas Mann und dem kleinen Wladyslaw entfaltete, keiner Worte. Augenaufschläge genügten, eine kleine Geste, forcierte Gleichgültigkeit: Mit jedem Zeichen gaben sie einander zu verstehen, dass der eine um des anderen Geheimnis wusste. Sie hatten sich von Anfang an zu einem asymmetrischen Paar konfiguriert und erkannt, dass für die Zeit eines kurzen Ferienaufenthaltes die Machtverhältnisse zwischen ihnen mit grausamer Klarheit festgelegt waren: Das Kind herrschte über den Erwachsenen, während dieser am eigenen Leib die Erniedrigung des Dulders erleiden musste.

Erschüttert von dieser neuen Liebeserfahrung, ließ sich Thomas Mann nach ein paar Tagen am Lido nur widerwillig von Katia und Heinrich zu einem Kulissenwechsel überzeugen. Das trübe Wetter in den Apenninen und die unsympathische Atmosphäre des Hotels halfen ihm indessen bald, die Rückkehr in die Serenissima durchzusetzen. Die beiden polnischen Familien wohnten zum Glück noch immer im Grand Hôtel des Bains, und Manns stumme Anbetung des Knaben konnte wieder ihren Lauf nehmen, zumindest so lange, bis die Gerüchte einer die Stadt bedrohenden Choleraepidemie die Manns am 2. Juni schließlich zur Heimkehr bewogen.

Die »rasch zu erledigende Improvisation«, die Mann vor seinem Venedigaufenthalt zu schreiben gedacht hatte und eigentlich *Goethe in Marienbad* hätte heißen sollen, nahm ein Jahr in Anspruch und handelte nicht mehr von der entwürdigenden Liebe des greisen Geheimrats zur jungen Ulrike, sondern von seiner eigenen zu Wladyslaw, allerdings in einem »schmerzhaften Prozess der Objektivierung«[10] ausgeweitet zu einer Geschichte über das tragische Scheitern des Künstlers, der zu seiner Kunst berufen, nicht aber geboren wurde und deshalb als »überbürdeter und übertrainierter Leistungsethiker« bis zum Zusammenbruch am Rande der Erschöpfung arbeitet.[11]

»Ich bin an der Arbeit«, schrieb Mann an Philipp Witkop bereits am 18. Juli 1911, »eine recht sonderbare Sache, die ich aus Venedig mitgebracht habe, Novelle, ernst und rein im Ton, einen Fall von Knabenliebe bei einem alternden Künstler behandelnd. Sie sagen ›hum, hum!‹ aber es ist sehr anständig.«[12]

Was hier souverän klingt, klang drei Monate später etwas anders. Die Arbeit an der Novelle war quälend, deren Ausführung entpuppte sich als problematisch, vor allem stimmte den Schriftsteller die »Conception« bedenklich. Und was deren Gegenstand, die Knabenliebe, anbelangt, so befürchtete Mann plötzlich, dass er trotz der Anständigkeit gewagt, ja sogar unmöglich sei. Dennoch brachte ihm die Niederschrift der Novelle, deren Titel *Der Tod in Venedig* schon bald feststand, Gefühle der Befriedigung und des Glücks. Der Text, so erklärte Thomas Mann im *Lebensabriss* von 1930, habe sich nach seinem eigenen Sinn entwickelt, und alles, was er schrieb, habe »auf eine besondere Weise« gestimmt, weil die Umstände und Eindrücke der damaligen Venedigferien seiner

Gustav Mahler um 1905.
Fotografie aus dem
Nachlass von Thomas
Mann, die ihn zu der
Figur Aschenbach
inspiriert hat.

heimlichen Suche nach neuen Dingen vollkommen entsprochen habe. So wie schon im *Tonio Kröger* Szenen nicht erdacht, sondern »einfach der Wirklichkeit abgenommen« worden seien, habe er in *Tod in Venedig* nichts erfinden müssen. Vom Wanderer im Münchner Nordfriedhof über den unheimlichen Gondolier und den Bänkelsänger, über die Cholera und die Gepäckverwechslung, welche die Abreise vereitelt, bis zum gottähnlichen Jungen Tadzio seien alle Elemente nicht nur gegeben, sondern bereits in symbolträchtiger Beziehung zueinander angeordnet gewesen.[13]

Gustav Mahlers Tod, der in die Zeit von Manns Italienferien fiel, gehört, obwohl von Mann hier nicht eigens angeführt, ebenfalls zu den scheinbar zufälligen Gegebenheiten, die in der Novelle wie von allein ihren Platz einnahmen. Thomas Mann hatte auf der Insel Brioni die Gesundheitsbulletins von Mahler in den Zeitungen aufmerksam verfolgt und war betroffen gewesen vom Tod dieses Künstlers, dessen Persönlichkeit – eine verzehrend intensive, wie er empfand – ihn tief beeindruckt hatte. Nicht nur Mahlers Vorname und Alter, sondern auch Wesenszüge von ihm flossen natürlich in die Figur des unseligen Aschenbachs ein, mit dem der Autor einen neuen, den Zeittendenzen angepassten Künstlertypus schaffen wollte, einen »… Künstler-Geist, den aus dem Psychologismus und Relativismus der Jahrhundert-Wende nach einer neuen Entschlossenheit, nach der Absage an den Abgrund und nach einer neuen menschlichen Würde jenseits der Analyse und selbst der Erkenntnis verlangt.«[14] Der Autor selbst steckte in jener Zeit geschmacksmäßig in einer tiefen Wagner-Krise und war im Begriff, sich infolge seiner Auseinandersetzung mit Nietzsches Wagner-kritischen Schriften von seinem Künstlervorbild loszusagen. In der Novelle ließ er den Mahler ähnlichen Aschenbach »… über ein gewisses großes und brennendes Problem der Kultur und des Geschmackes sich bekennend vernehmen«[15], was ihm erlaubte, die Hinterfragung der eigenen künstlerischen Werte, die ihn zunehmend weg von Wagner und hin zum klassischen Goethe führte, andeutungsweise in den Text einzubinden.[16] So war Mahlers Krankheit und Tod ein weiteres Element, das ihm für die geplante Novelle zufiel. Der Schriftsteller, der sich trotz schwieriger Schreibarbeit durch diese wunderbare Präfiguration der Wirklichkeit getragen fühlte, brauchte seine Erinnerungen an Venedig nur noch in die Novellenform zu gießen. Das reiche symbolische Beziehungsgeflecht, welches dem Text zugrunde liegt und dessen Komplexität ausmacht, hatte das Leben selbst in jenen Maitagen 1911 wie ein Geschenk vor ihm ausgebreitet.

Abgesehen von der literaturwissenschaftlich interessanten Information des Autors über Struktur und Genese der Novelle enthält der *Lebensabriss* aber auch ein klug kaschiertes Bekenntnis seiner »sexuellen Inversion«, wie es Mann in den Briefen, Tagebüchern und autobiografischen Schriften bis zu seinem Tod 1955 immer wieder eingestreut hat. In Bezug auf Wladyslaw ging er sogar einen Schritt über die bloße Anspielung hinaus, als er Carl Maria Weber erklärte:

> Ich schrieb Ihnen, die Gefühlssphäre, um die es sich handelte, sei mir ›kaum bedingter Weise zugänglich‹. ›Kaum bedingt‹ das heißt: *fast unbedingt,* – Sie haben das mißverstanden u. loben mich für mein Einfühlungsvermögen. Aber so liegen die Dinge nicht; und ohne ein persönliches Gefühlsabenteuer wäre aus der Goethe-Novelle nicht der ›Tod in Venedig‹ geworden.«[17]

Und nochmals, an Klarheit kaum zu überbieten: »Sagen Sie mir, ob man sich besser ›verraten‹ kann. Meine Idee des Erotischen, mein *Erlebnis* davon ist hier vollkommen ausgedrückt.«[18]

Dass dieses Erlebnis für Thomas Mann ein zutiefst pessimistisches war, dafür gibt es in seinen Schriften genug Anhaltspunkte. *Der Tod in Venedig* ist zwar von altgriechischem Gedankengut durchtränkt, doch die Grundhaltung des leidenden Künstlers Aschenbachs ist, wie jene des Autors selbst, protestantisch-puritanisch, sodass beide ein »gründlich mißtrauisches, gründlich pessimistisches Verhältnis zur Leidenschaft selbst und überhaupt«[19] verbindet. Wenige Monate nachdem er die Novelle im Sommer 1912 abgeschlossen hatte, beurteilte Thomas Mann sie als Tragödie, insofern als die Würde Aschenbachs »gründlich zerrüttet« werde und die Geschichte nicht gut ausgehe im Unterschied zum vorherigen Roman *Königliche Hoheit*, dessen »Abstieg ins Flachland des Optimismus« ihm so sehr zum Vorwurf gemacht worden war. »Nun«, schloss Mann seinen Brief an Hedwig Fischer über *Der Tod in Venedig*« ab, »daß sie [Aschenbach und Tadzio] sich in diesem Falle kriegen würden, war ja von vornherein unwahrscheinlich.«[20] Es ist beachtenswert, dass der Autor die Möglichkeit nicht ganz ausschließt, sondern nur die Wahrscheinlichkeit bezweifelt. Der hier spricht, sinniert auf dem Umweg der literarischen Fiktion über die eigenen Schwierigkeiten, welche sich ihm von der Gesellschaft, vor allem aber von der charakterlichen Veranlagung her für die Realisierung seiner homoerotischen Liebe zum minderjährigen Wladyslaw in den Weg legen. Thomas Mann verschanzte sich hinter seiner Sehnsucht mitunter auch, weil er vor der physischen Erfüllung einer solchen Liebe zurückschreckte. Über Gore Vidal, dessen Bücher ihn offensichtlich angewidert hatten, äußerte sich Mann Jahre später beispielsweise folgendermaßen: »Das Sexuelle, die Affairen mit den diversen Herren mir eben doch unbegreiflich. Wie kann man mit Herren schlafen?«[21] Und erst recht musste für Mann am Lido die Frage gelautet haben, wie man eine Liebe zu einem Minderjährigen erfüllend erleben könne? Dies schien ihm, wie aus einer Äußerung über den sich offen zu seiner homoerotischen Pädophilie bekennenden André Gide hervorgeht, nicht nur unmöglich, sondern auch moralisch verwerflich:

Verstimmt gegen ihn durch sein allzu direkt sexuell aggressives Verhalten gegen die Jugend, ohne Achtung, Ehrerbietung vor ihr, ohne sich seines Alters zu schämen, unseelisch, eigentlich lieblos. Ich – und einem geliebten Jungen irgend etwas zumuten! Undenkbar![22]

Denkbar war für ihn nur das stille Schmachten nach der Schönheit, die geheime Pflege einer Liebe zu ihr, die, als erotischer Ästhetizismus wahrgenommen, in sich die Zeichen des Todes birgt, weil sie unfruchtbar bleiben muss. »Form und Schönheit haben auf irgendeine Weise etwas mit dem Tode zu tun, so sehr sie eine Sache des Lebens sind. Das ist ein Geheimnis, aber es ist so.«[23]

Der Tod ist sowohl symbolisch als auch real bei Ausbruch der Choleraseuche in der Novelle allgegenwärtig, doch erst in der Gestalt Tadzios, des »bleiche[n] und lieblich[n] Psychagoge[n]«, erlangt er Herrschaft über Aschenbach, treibt sein Spiel mit ihm und ruft ihn schließlich vom Meer aus zu sich mit einer winkenden Geste, die ins »Verheißungsvoll-Ungeheure« hinausdeutet.

Der kleine Wladyslaw reiste ungefähr zur gleichen Zeit wie die Manns von Venedig ab und kehrte mit seiner Familie nach Polen zurück, ohne zu ahnen, dass es sich beim Hotelgast, den er bezirzt hatte, um einen bedeutenden Schriftsteller handelte, in dessen nächstem Werk er selbst erkenntlich als Hauptfigur auftreten werde. »Das ist doch bloß einer dieser Herren, denen ich gefalle«[24], hatte er bagatellisiert, wenn die Gouvernante jeweils ihre Bedenken hinsichtlich Manns seltsamer Aufmerksamkeit geäußert hatte. Und kaum war der junge Baron denn auch wieder in trauter Umgebung, vergaß er die venezianische Episode und widmete sich, wann immer er Zeit dazu hatte, seinem großen Hobby, den Pferden. Seine schulische Ausbildung erfolgte zu Hause, die Eltern hatten mehrere Privatlehrer für ihn und die fünf Geschwister eingestellt, welche sie in den gängigen Fächern, aber auch in Deutsch und Französisch unterrichteten. Obwohl von Wladyslaw nicht erwartet wurde, dass er für seinen Lebensunterhalt je einen Finger würde rühren müssen, bestand der Vater darauf, dass sein Sohn die Papierfabriken, auf deren Erträge ein guter Teil des Familienwohlstands beruhte, hin und wieder mit ihm besuchte und lernte, sie zu leiten. Als der Erste Weltkrieg ausbrach, wurde der Vierzehnjährige jedoch nach Warschau ins Internat geschickt, wo er bis kurz vor Ende des Krieges lebte. Der Militärdienst während der letzten Kriegsmonate blieb ihm nicht erspart, und als zwischen Polen und der Sowjetunion abermals Krieg ausbrach, kämpfte Wladyslaw als Freiwilliger im Regiment der Ersten Kavallerie an der russischen Front – zusammen mit seinem ehemaligen Freund Janek, der zufällig zum selben Regiment stieß.

Inzwischen war aus Wladyslaw der Baron Moes geworden, der infolge der Aufteilung der verbleibenden Ländereien unter den ebenfalls volljährigen Geschwistern unter anderem in den Besitz eines großen Bauerngutes im Süden des Landes kam. Das Schlaraffenleben der Jugendjahre war jedoch endgültig vorbei. Weil der Vater zu alt und gelähmt war und der Bruder ein Universitätsstudium begonnen hatte, galt es, die Ärmel hochzukrempeln und die zum Teil zerstörten Papierfabriken wieder in Gang zu setzen, um die Familie zu ernähren, die nun ganz auf ihn angewiesen war. Seine Tochter Maria erzählt, dass die Verantwortung ihn anfangs schier erdrückt habe: »… und auch wenn er es weder an Stolz noch an Ehrgeiz fehlen ließ, fragte er sich mitunter doch, ob er die Kraft habe, um all die komplexen wirtschaftlichen Entscheidungen zu treffen, für die er überhaupt nicht vorbereitet war.«[25]

Eines Tages – es war im Jahre 1924 – drückte ihm eine seiner Kusinen ein Buch in die Hand, das soeben aus dem Deutschen ins Polnische übersetzt worden war und das sie mit großem Interesse gelesen hatte. Was er von der Geschichte halte und ob sie in ihm nicht Erinnerungen wachrufe, wollte sie wissen. Auf diese Weise wurde der junge Baron Moes 13 Jahre später durch die Lektüre von *Der Tod in Venedig* nochmals mit jener längst vergessenen Episode am Lido konfrontiert. Er erkannte sich sogleich in den Zügen des schönen Tadzio und konnte des Autors scharfe Beobachtungsgabe nur bewundern. Alles hatte sich genau so zugetragen, wie Mann es schilderte, stimmte bis in die kleinste Einzelheit; die Mutter, die drei Schwestern, die faulige Stadt, der Strand, Janeks und seine Kämpfe im Sand, und natürlich die Begegnungen und heimlichen Blicke, der erregende stumme Dialog. Was der junge

Großgrundbesitzer und Lebemann wohl empfand, als er bei der Lektüre auf Manns ekstatische Beschreibungen von Tadzio stieß? Etwa:

> Sein honigfarbenes Haar schmiegte sich in Ringeln an den Schläfen und in den Nacken, die Sonne erleuchtete den Flaum des oberen Rückgrats, die feine Zeichnung der Rippen, das Gleichmaß der Brust traten durch die knappe Umhüllung des Rumpfes hervor, seine Achselhöhlen waren noch glatt wie bei einer Statue, seine Kniekehlen glänzten, und ihr bläuliches Geäder ließ seinen Körper wie aus klarerem Stoffe gebildet erscheinen. Welch eine Zucht, welche Präzision des Gedankens war ausgedrückt in diesem gestreckten und jugendlich vollkommenen Leibe![26]

Wladyslaw staunte und fühlte sich geehrt, in einer Novelle der Weltliteratur verewigt worden zu sein, aber sein Interesse war nicht groß genug, um etwas Konkretes zu unternehmen. Man könnte sich denken, dass Wladyslaw versucht hätte, Thomas Mann ausfindig zu machen, dass er ihm vielleicht einen Brief geschrieben hätte, in dem er sich als der junge Tadzio zu erkennen gab, aber nichts dergleichen geschah. Wladyslaw legte das Buch beiseite und ging wieder zur Tagesordnung über. Er heiratete die Grafentochter Anna Belina Brzozowska und führte mit ihr das sorglose, von Festen und Luxusreisen skandierte Leben der Adeligen, bis ihm ein zweiter Weltkrieg abermals einen Strich durch die Rechnung machte. Er wurde 1939 als Reserveoffizier eingezogen, bald gefangen genommen und bis zum Kriegsende in einem Lager auf deutschem Boden interniert. Von den Briten 1945 befreit, kehrte er in sein Land zurück, in dem ihm der kommunistische Staat inzwischen sämtliche Besitztümer – die Papierfabriken, Landgüter und Herrschaftshäuser – konfisziert hatte. Die Eheleute, die sich mit zwei Kindern in einer ärmlichen Wohnung am Rande Warschaus einmieteten, mussten nun Arbeit suchen, um zu

überleben. Anna wurde Sekretärin, und Wladyslaw schlug sich mit
verschiedenen Gelegenheitsjobs wie Buchhalter oder Vorarbeiter
auf dem Bau recht und schlecht durch. Erst in den Fünfzigerjahren begann sich die materielle Lage der Familie wieder zu ver-
bessern, als die iranische Botschaft in Warschau Wladyslaw eine
gut bezahlte Stelle als Dolmetscher anbot. Allmählich konnte man
sich wieder bescheidene Ferien und ein eigenes Haus leisten, sowie unter Entbehrungen auch die Kaution für die Tochter Maria,
die 1971 nach Paris auswanderte.

Seit dem Zweiten Weltkrieg hatten sich Wladyslaw und sein ehe-
maliger Spielgefährte in Venedig aus den Augen verloren. Janek
war nach England emigriert und lebte mit seiner Familie in der
Nähe von Wimbledon. Auch für ihn lagen die Ferien am Lido von
1911 in weiter Vergangenheit, obwohl er als über Siebzigjähriger
noch einmal nach Venedig reiste.

Tadzio mit seinem
Freund in dem Film
»Der Tod in Venedig«
von Luchino Visconti,
1970.

Nicht die Novelle von Thomas Mann sollte die beiden Freunde wieder zusammen bringen, sondern Luchino Viscontis Verfilmung der Novelle, die 1971 in die Kinos kam. Janek sah den Film in London und nahm daraufhin, von den aufgefrischten Erinnerungen angeregt, den Briefkontakt mit Wladyslaw wieder auf, der sich den Film seinerseits während eines Besuches bei der Tochter in Paris angeschaut hatte.

»Keine Frage, der Film ist vor allem in künstlerischer Hinsicht sehr gut, doch die Geschichte ist meines Erachtens nicht besonders interessant und ziemlich verworren«[27], schrieb ihm Janek, der damals wahrscheinlich nicht so viel oder gar nichts von der heimlichen Gefühlsintrige zwischen Wladyslaw und Mann mitbekommen hatte. Im folgenden Briefwechsel beugten sich die wiedergefundenen Freunde mit Nostalgie über ihre Vergangenheit und versuchten, die damalige erlebte Wirklichkeit am Lido mit jener von Mann evozierten und von Visconti in Bildern übertragenen in

Einklang zu bringen. Für Wladyslaw war es wahrscheinlich nicht leicht, den schwedischen Jungstar Björn Andresen als ein Alter Ego zu akzeptieren, war doch die physische Ähnlichkeit zwischen dem wahren Tadzio und Viscontis Figur nicht näher als durch den abstrakten Begriff der Schönheit gegeben. Andresen war blond und offenkundig skandinavischen Ursprungs, während Wladyslaw, wie aus Fotos jener Zeit ersichtlich ist, dunkleres Haar und ein volleres Gesicht mit sehr viel sinnlicheren Zügen hatte. Auch das Alter stimmte nicht überein, denn Andresen war zum Zeitpunkt der Dreharbeiten bereits 15 Jahre alt und strahlte nicht mehr die vorpubertäre unbewusste Grazie aus, der Thomas Mann so verhängnisvoll verfallen war, sondern quälte den liebessüchtigen Aschenbach im Film bereits mit wohl dosierter Koketterie.

Janek erzählte dem Freund nach seinem Kinoerlebnis, dass er während seines letzten Aufenthaltes am Lido die Stelle gesucht habe, an denen sie die Sandburg gebaut hatten, wie Thomas Mann es in der Novelle beschreibt:

> Es waren da mit ihm [Tadzio] ungefähr zehn Genossen, Knaben und Mädchen, von seinem Alter und einige jünger, die in Zungen, polnisch, französisch und auch in Balkan-Idiomen durcheinander schwatzten. Aber sein Name war es, der am öftesten erklang. Offenbar war er begehrt, umworben, bewundert. Einer namentlich, Pole gleich ihm, ein stämmiger Bursche, der ähnlich wie ›Jaschu‹ gerufen wurde, mit schwarzem, pomadisiertem Haar und leinenem Gürtelanzug, schien sein nächster Vasall und Freund. Sie gingen, als für diesmal die Arbeit am Sandbau beendigt war, umschlungen den Strand entlang und der, welcher ›Jaschu‹ gerufen wurde, küßte den Schönen.[28]

Die zärtliche Geste zwischen Jaschu und Tadzio macht dem Zuschauer Aschenbach erstmals die Gefahr und die Schuld seiner eigenen homoerotischen Liebe für Tadzio bewusst. Sie wird in

diesem Augenblick als eine besondere Art der Krankheit, nämlich als Vergiftung erlebt, wie das Zitat von Xenophon verrät, das dem lächelnden Aschenbach dabei assoziativ durch den Kopf geht: »Dir aber rat ich, Kritobulos, geh ein Jahr auf Reisen! Denn soviel brauchst du mindestens Zeit zur Genesung«[29] – gemeint ist die Genesung vom Kuss, den Kritobulos dem Sohn des Alkibiades gegeben hat und der so gefährlich sei wie der Biss einer Tarantel.

Sowohl in der Novelle wie im Film wird auch der spielerische Kampf zwischen den beiden Jugendlichen aus dem Blickwinkel verdrängter sexueller Vertraulichkeit dargestellt, und dies trotz der scheinbaren Brutalität, welche Aschenbach kurz vor seinem Tod in eine letzte Unruhe versetzt:

Björn Andresen als Tadzio und Dirk Bogarde als Aschenbach in Luchino Viscontis Verfilmung von »Der Tod in Venedig (1970).

Aber als ob in der Abschiedsstunde das dienende Gefühl des Geringeren sich in grausame Rohheit verkehre und für eine lange Sklaverei Rache zu nehmen trachte, ließ der Sieger auch dann noch nicht von dem Unterlegenen ab, sondern drückte, auf seinem Rücken kniend, dessen Gesicht so anhaltend in den Sand, dass Tadzio, ohnedies vom Kampf außer Atem, zu ersticken drohte. Seine Versuche, den Lastenden abzuschütteln, waren krampfhaft, sie unterblieben auf Augenblicke ganz und wiederholten sich nur noch als ein Zucken. Entsetzt wollte Aschenbach aufspringen, als der Gewalttätige endlich sein Opfer freigab.[30]

Wladyslaw mit 16 Jahren.

Janek und Wladyslaw kommentierten diese Szene gute 60 Jahre später, ohne die unterschwellige homoerotische Komponente dabei zu berühren: »Ich kann mich beim besten Willen nicht erinnern, dass ich dich so grausam malträtiert habe, wie Mann es in seinem Buch beschreibt«[31], schrieb Janek, worauf ihm Wladyslaw sogleich seine eigene Version mitteilte:

Mein Gedächtnis ist hellwach, und die Ringkämpfe, die du stets gewonnen hast, habe ich noch heute klar vor Augen. Als Gewinner galt man immer erst dann, wenn man den Gegner mit dem Rücken auf den Boden gezwungen hatte. Kein Wunder, dass ich bis zum Umfallen kämpfte, was dir Thomas Mann offenbar als Gewalttätigkeit ankreidete.[32]

Dank einem Neffen Wladyslaws, der in Ealing bei London wohnte und den Onkel 1973 zu sich kommen ließ, konnten sich die zwei

Jugendfreunde, die sich 1911 im Blickfeld von Thomas Mann am Lido von Venedig gerauft hatten, ein letztes Mal sehen und in den gemeinsamen Erinnerungen schwelgen, bevor ihre Wege endgültig auseinander gingen.

Wladyslaw Baron Moes starb 1986 an den Folgen einer Hepatitis, die er sich durch eine Bluttransfusion in einem Pariser Krankenhaus zugezogen hatte. Er sei bis zum Schluss ein Lebenskünstler und Dandy geblieben, meint seine Tochter Maria. »Es war ihm wichtig, jenen ›Look‹ zu pflegen, den er sein Leben lang kultiviert hatte.«[33]

Gisèle Prassinos
Das Wunderkind der Surrealisten

Fotografien verraten manchmal Dinge, die sich in Worten kaum ausdrücken lassen, und wenn man sie dann später aus der Distanz betrachtet, scheinen sie einem zukunftsweisend Entwicklungen zu bestätigen, die zum Zeitpunkt der Aufnahme noch kaum erahnbar in der Luft hingen. Man Ray hat in seiner fotografischen Dokumentation über die surrealistische Bewegung manches aufschlussreiches Bild dieser Art hinterlassen, zum Beispiel jenes, auf dem ein Mädchen sechs aufmerksam zuhörenden Männern vom Blatt vorliest. Das Mädchen ist altersmäßig schwer einzuschätzen. Es verrät einen Hang zur Fülle, der besonders mediterranen Frauen eigen ist und ihnen gern ein paar Jahre hinzudichtet. Auch die Aufmachung trügt. Das dunkle Kleid mit dem großen, weißen Kragen wirkt etwas matronenhaft, und das üppige, seitlich gescheitelte Haar scheint, sofern man es vom Schatten an der Wand unterscheiden kann, wie bei erwachsenen Frauen lose im Nacken zusammengebunden zu sein. Kaum Kindliches haftet diesem Mädchen an, es geht im Gegenteil ein feierlicher Ernst von ihm aus, der sich auch auf die älteren Zuhörer überträgt. Das Mädchen senkt die Augen auf das Blatt, das es in den Händen hält, aber der Mund ist geschlossen. Es liest gar nicht, es tut nur so als ob.

Auch die Männer tun nur so als ob. Die Posen, mit denen sie ihre Aufmerksamkeit und Begeisterung für den Text bekunden wollen, sind einstudiert. Im Unterschied zur Vorlesenden messen sie der historischen Relevanz des Augenblicks jedoch Bedeutung zu und bemühen sich mit dem Ausdruck höchster Konzentration, etwas für die Nachwelt zu rekonstruieren, das in ihren Augen an ein Wunder grenzt: Besagtes Mädchen ist nämlich erst 14 Jahre alt und schreibt Prosagedichte, die aus der Werkstatt eines bewährten

Surrealisten stammen könnten. Ausgereift, frech, zynisch, stilistisch sicher: Die Texte sind fürwahr lyrische Kleinode erster Güte, also staunen die Männer auf dem Foto. Aber nicht nur. In ihr Wohlwollen schmuggelt sich auch eine Prise Paternalismus; schließlich ist das Mädchen noch so jung, im harten Literaturbetrieb noch so unerfahren, dass es gilt, es mit besonderer Umsicht zu fördern, um es in einer langfristigen Erfolgsvision in der Öffentlichkeit als frühreife Begabung zu etablieren. Das Bild ist ein erster Schritt in diese Richtung. Wenn kein Geringerer als Man Ray das Mädchen fotografiert und keine Geringeren als der Papst des Surrealismus in Person, André Breton, und daneben Größen wie Paul Eluard, René Char sowie Benjamin Péret sich ihm gleichsam zu Füßen werfen, muss ja etwas an diesem Kind sein.

Das Mädchen spielt mit, ohne zu verstehen. Es hat sich schminken lassen für den Anlass, täuscht vor zu deklamieren, wie man ihm gesagt hat, aber im tiefsten Innern fühlt es sich fehl am Platz, ist eingeschüchtert von den erwartungsvollen Gesichtern rund herum. Vor allem schämt es sich wegen der tiefroten Lippen und dem Make-up, das ihm Man Ray wie eine Maske in dicker Schicht auf das Gesicht geschmiert hat. Seine Stimme zittert, als es nach der Fotosession wirklich vorlesen muss; das andächtige Schweigen der Männer ist kaum auszuhalten, vergeblich erwartet das Mädchen eine Geste der Ermunterung.[1]

Zum Glück ist der große Bruder dabei, er steht hinter André Breton, der jüngste unter den Zuhörern, der einzige, dessen Blick weder die brennende Intensität Bretons noch die gekünstelte Gönnerhaftigkeit der andern verrät, sondern das leise und ehrliche Staunen hat, das ihr so vertraut ist.

Das Wunderkind heißt Gisèle Prassinos. 1920 als Tochter eines griechischen Literaturprofessors und einer Griechin venezianischer Herkunft in Istanbul geboren, verlebte Gisèle ihre Kindheit in Nanterre bei Paris, wohin die Familie nach Ausbruch des griechisch-türkischen Kriegs 1922 geflüchtet war. Als ein Mädchen, das am liebsten mit Puppen spielte, zusammen mit dem vier Jahre älteren Bruder Mario bastelte und zeichnete und in ihrer Fantasiewelt lebte, scheint Gisèle schon früh eine gewisse gestalterische Begabung bewiesen zu haben, die allerdings von Marios Maltalent bald in den Schatten gestellt wurde. 1927 starb die Mutter, 1936 der Vater, und Gisèle, bereits mit 16 Jahren Vollwaise, zog mit Mario, der Großmutter und einer Tante von Nanterre direkt nach Paris und schlug sich nach einer unspektakulären Schulbildung mit allerlei Gelegenheitsjobs durch. Zwischen dem verehrten Mädchen auf Man Rays Foto vom Herbst 1934 und der jungen Frau, die sich wenige Jahre später als Sekretärin, Hilfskraft eines Magiers, Vertreterin von Diktaphonen und Kindergärtnerin verdingte, lagen Welten. Die Euphorie der Surrealisten hatte schnell nachgelassen, Gisèle und ihre genialen Texte drohten in Vergessenheit zu geraten.

Gisèle Prassinos liest den Surrealisten vor. Fotografie von Man Ray.

Doch zurück ins Jahr 1934, zu jenem Sommernachmittag, als die vierzehnjährige Gisèle mit der Mutter, Tanten und Großmutter allein in der Wohnung war. Es war ein langweiliger Tag gewesen, die Frauen hatten seit dem Morgen geputzt und sich nach dem Essen für eine Siesta auf den Boden gelegt. Was tun, womit sich die Zeit vertreiben? Die Freundinnen waren noch alle in den Ferien, und Mario außer Haus, außerdem regnete es. Gisèle fiel nichts Besseres ein, als nach einem Blatt Papier zu greifen und den erstbesten Satz aufzuschreiben, der ihr beim Anblick der Schlafenden in den Sinn kam: »Diese Schweinereien sind herrlich.« Schreiben, skurrile Figuren kritzeln, damit schlug sie schon immer gern die Zeit tot. Und siehe da, auf diesen Satz folgten wie auf Abruf weitere. Das Mädchen fühlte, wie es von alleine schrieb, es brauchte nur den Stift zu führen, ein Satz jagte den nächsten, so schnell, dass es keine Zeit hatte, deren Sinnzusammenhang zu kontrollieren. Schon bald zeichnete sich sogar ein Rhythmus ab, den Gisèle betonte, indem sie die Sätze mit einem Reim beendete. Am Schluss hatte sie das Blatt mit »zusammenhangslosen, aber bewusst symmetrischen Sätzen«[2] gefüllt. Ein Zeitvertreib, eine bloße Spielerei, nicht der Rede wert. So auch die weiteren, in den nächsten Tagen auf dieselbe lockere Weise entstehenden Gedichte. Doch Mario, der unter surrealistischen Künstlern verkehrte und den Kopf voll von Bretons Ideen hatte, war anderer Meinung: Gisèles Texte waren im besten Sinne des Wortes surrealistisch. Er unterbreitete sie bei der nächsten Gelegenheit dem Verleger Henri Parisot, den er kürzlich kennen gelernt hatte und auf dessen Geschmack und Urteil er sich gern verlassen wollte. Es war der richtige Schritt. Parisot erkannte auf Anhieb, dass die Texte nicht nur in exemplarischer Form surrealistisch sondern auch sprachlich brillant waren und außerdem – ganz nach dem Geschmack seiner surrealistischen Dichterfreunde – von selten originellem Humor zeugten. Durch Parisot gelangten Gisèles Gedichte in Bretons und Eluards Hände, von dort an weitere Mitglieder der surrealistischen Bewegung, die vorerst nicht so recht an das Märchen vom Wunderkind glauben wollten. Das Mädchen musste sich einem Test unterziehen und in Anwesenheit der Surrealisten aus dem Stegreif eine Geschichte niederschreiben. Gisèle bestand den Test ohne Mühe und wurde von diesem Augenblick an von allen erlauchten Herren auf den Händen getragen.

Aber was heißt auf den Händen getragen? Als frühreife Schriftstellerin bewundert, ja, aber als Mensch geachtet und gleichwertig in der Gruppe aufgenommen, das war eine ganz andere Sache.

In der nahezu vierjährigen Korrespondenz zwischen Henri Parisot und Mario Prassinos[3] kehrt die Bitte des Verlegers um neue Texte von Gisèle wie ein Leitmotiv wieder. Sein Wille, das Mädchen zu fördern und dessen Erzählungen und Gedichten im Dschungel der avantgardistischen Verlage eine Chance zu geben, ist beeindruckend, ebenso sein Gespür für Gisèles literarische Eigenart. Stets zeigt er sich bedacht, sie vor fremden Einflüssen zu schützen, und erteilt väterliche Ratschläge hinsichtlich stilistischer oder inhaltlicher Verbesserungen und Lektüren, die Gisèle für die Festigung des sprachlichen Ausdrucks behilflich sein könnten.

So wurde das Schulmädchen über Nacht zum gefeierten Mitglied der surrealistischen Bewegung, ohne zu wissen, welches deren künstlerisches, geschweige denn politisches Programm wirklich war. Sie musste nur regelmäßig Texte produzieren – Henri Parisot spricht wegen ihrer Leichtigkeit des Schreibens gern von »pondre«, Eierlegen –, mehr wurde von ihr nicht verlangt. Gisèle gehorchte und belieferte die Surrealisten mit Geschichten und Illustrationen, die sodann in den namhaftesten

Zeichnung von Gisèle Prassinos zur Illustration ihres Buches »Feu maniaque«, 1935.

Literaturzeitschriften abgedruckt wurden. Aber wohl fühlte sie sich nicht dabei, sehr bald begann sie zu ahnen, dass die Surrealisten sie für ihre eigenen Zwecke einspannten und dass die ihr entgegengebrachte Verehrung nicht wirklich ihrer Person selbst galt. Manchmal luden sie Gisèle ins Café an der Rue Blanche ein, um sie einem neuen Mitglied der Bewegung vorzustellen oder einfach um sie dabeizuhaben, so wie man ein Maskottchen mit sich führt. Gisèle ging nach der Schule mit dem Bruder hin, setzte sich unter die Männer und hörte ihnen schweigend zu. Sie wird wohl schüchtern eine *chocolat chaud* bestellt haben, während die anderen Bier oder Wein tranken. Wahrscheinlich langweilte sie sich. Oft fiel ihr eigener Name in diesen Diskussionen, sie schnappte auf, dass man über den einen oder anderen ihrer Texte debattierte, verstand jedoch kaum, was darüber gesagt wurde. Breton, der große Surrealist, war der Wortführer, seine Tiraden beeindruckten sie durch die Emphase, die er in seine Sätze legte. Sie fand ihn anziehend und von nobler Schönheit, aber wenn sie einen Blick unter den Tisch warf, sah sie seine verlöcherten Socken und ausgetretenen Schuhe, und dies passte nun wieder gar nicht zum Bild, das sie sich über diesen viel bewunderten und gefürchteten Menschen zurecht gelegt hatte. Doch nicht nur Breton flößte ihr Unbehagen ein. René Char, den sie rückblickend für den größten Dichter der Gruppe hält, war so groß, dass er sich niederbeugen musste, um ihr die Hand zu geben. Und manchmal gesellte sich zum Freundeskreis auch ein Deutscher namens Hans Bellmer, über den sie Dinge gehört hatte, die sie regelrecht erschreckten. Er habe eine Obsession mit Puppen, hieß es, er konstruiere welche aus den verschiedensten Materialien, nenne sie »künstliche Mädchen« und fotografiere sie in erotischen Posen. Auch kleine Mädchen fotografiere er nackt. *Minotaure*, die surrealistische Zeitschrift, die im Winter 1934 ein paar ihrer Texte veröffentlichte, hatte Bellmers Puppen im selben Jahr eine ganze Doppelseite gewidmet. Puppen, das ginge ja noch, aber im Grunde wären sie nur der Ausdruck seiner merkwürdigen Liebe für kleine Mädchen, hatte Gisèle munkeln hören. Gisèle drückte sich vor dem Deutschen so gut sie konnte und war froh, wenn sie mit Mario wieder nach Hause gehen konnte.[4]

Und in der Stille ihres Zimmers fragte sie sich manchmal, was in aller Welt man an ihren Texten so besonders fand.

> Als man mir ein Exemplar meines ersten Buches zeigte: *La Sauterelle arthritique,* in dem die berühmte Fotografie [von Man Ray] zu sehen war, konnte ich nicht glauben, dass man sich meinetwegen so viel Mühe gegeben hatte … Ich bekenne, dass das Druckwesen, sobald es mir zugänglich geworden war, in meinem Ansehen sank, so wie auch ein Teil der Menschheit. Ich fragte mich, wie reife und angesehene Leute … meine Schreibspiele ernst nehmen konnten. Es war fast eine Enttäuschung.[5]

Parisot pries und ermunterte sie indessen, möglichst viel zu produzieren. Erzählungen, Gedichte, Tuschzeichnungen, er war Abnehmer für alles, was aus ihrer Hand kam. Er war es auch – sofern sie es beurteilen konnte –, der sich am ehrlichsten für die Geschichten selbst interessierte und Gefallen an ihren Metaphern, an ihren wahnwitzigen Figuren und Sprachspielen hatte. Alle paar Tage traf ein Brief von ihm zu Hause ein, zwar an Mario adressiert, aber immer voll des Lobs für sie und mit erfreulichen Nachrichten über ihre literarischen Erfolge im In- und Ausland. Die andern Herren, so meinte Gisèle zu verstehen, sahen die Besonderheit ihrer Texte vor allem in deren trance-ähnlichen Entstehungsart. Nur langsam reimte sie sich im Laufe der Monate die Vorgeschichte zusammen, die zu dieser speziellen Art der Bewunderung geführt hatte. Sie erfuhr, dass Breton ein Jahrzehnt zuvor zusammen mit Philippe Soupault eine Technik des Schreibens entwickelt hatte, die in Anlehnung an Freuds Forschungsergebnissen über das Unbewusste die Zensur des Bewussten ausschalten kann, um das Unbewusste direkt in die Sätze einfließen zu lassen. Der Technik der *écriture automatique* sowie einer genauen Anleitung dazu hatte Breton in seinem 1. Manifest des Surrealismus von 1924 einen zentralen Platz gewidmet und mit *Poissons solubles* aus demselben Jahr sowie den 1919 unter *Les Champs magnétiques* gemeinsam mit Soupault veröffentlichten Texten Proben solchen Schreibens vorgelegt. Als Allegorie für die automatische Schreibweise hatten die Surrealisten die Kindfrau gewählt. Eine Schülerin in schwarzer Schürze, vor einem leeren Heft im Schreiben begriffen, illustrierte 1927 die Oktobernummer der *Révolution surréaliste*, sie wurde als Symbol der *écriture automatique* gefeiert, war die *écolière ambiguë*, die André Breton später, 1941, in seiner *Anthologie de l'humour noir* im Wunderkind Gisèle Prassinos erkannte. Für ihn kamen Gisèles Prosagedichte zehn Jahre nach Erscheinen seines Manifests gerade zum richtigen Zeitpunkt. Die Öffentlichkeit hatte begonnen, das Interesse an der revolutionären *écriture automatique* zu verlieren und, was schlimmer war, zu bezweifeln, dass solche Texte es ohne nachträgliche Korrekturen verdienten, zur Literatur zu zählen. Überhaupt war man in dem feindlichen Lager der etablierten *belles lettres* argwöhnisch: Wer konnte garantieren, dass automatische Texte unmittelbare Auswüchse des Unbewussten seien und von den Autoren, die in diesem Fall ja keine Schöpfer, sondern nur noch Vermittler wären, doch nicht retouchiert und manipuliert würden? Gisèle sollte nun den unwiderlegbaren Beweis erbringen, dass ein direktes Schöpfen aus dem Unbewussten möglich und ein Text ohne gestaltende Arbeit Literatur sei. Mehr noch, Gisèle war selbst schon durch ihre Person der Beweis, weil sie als Kind noch keine Ahnung über die verfälschenden Eingriffe in einen Text im Urzustand haben konnte. Ihre Prosa sei im wörtlichen Sinn ungekünstelt, verkündete Breton, wobei sprachliche Qualität, Gestaltung und surrealer Inhalt zusammen einheitlich den ungehemmten Fluss des Unbewussten widerspiegelten. Was Breton damals behauptete, war schwerlich anzufechten.

Vorläufig war all dies für Gisèle jedoch unverständlich. Sie schrieb drauflos, gewiss, aber sie konnte beim besten Willen nicht behaupten, dabei das Bewusstsein gänzlich auszuschalten. Schreiben war für sie nicht so sehr automatisch als vielmehr ein momentanes Gehenlassen. Ihre Produktion in jenen ersten Monaten, da sie die Surrealisten in Staunen versetzte, war überwältigend; bis zu 15 Geschichten von einer halben bis zu zwei, drei Seiten Länge konnte sie an einem einzigen Tag abliefern, und diese waren, laut Parisot, fast immer von hoher Qualität. Aber rein automatisch erfolgte die Niederschrift nicht, Gisèle achtete auf den Satzrhythmus und lautmalerische Effekte, schrieb Texte, die zwar eine absurde Welt heraufbeschwören, jedoch von einer inneren harmonischen Kohärenz zeugten. Mochten die Surrealisten ihre Geschichten in der Literaturwelt doch als *textes automatiques* verkaufen. Was konnte sie dazu sagen? Es hörte ja doch niemand auf sie, nicht einmal ihr Bruder. Sie selbst aber wusste, dass von wahrem Automatismus nicht die Rede sein konnte. Ihre Texte entsprangen, wie sie einmal erklärte, »… einem Kopf, der nicht weiß, dass er weiß, einer freien und überraschenden Stimme, die ohne Gesicht in die Nacht hinaus spricht.«⁶ Jahrzehnte später gab sie zu, so viel geschrieben zu haben, um ihrem Vater zu imponieren, der, selbst Literat und Maler, die Karriere seines Sohnes mit viel größerer Aufmerksamkeit verfolgte als die ihre. In südländischen Familien, meinte sie nachgiebig, habe der männliche Nachfolger nun einmal Priorität, warum hätte es in der Familie Prassinos anders sein sollen? Ihr Vater liebte sie und war erfreut, dass die Surrealisten sie zu den ihren zählten, gewiss, aber was Mario malte und in welche Stilrichtung er sich entwickeln würde, interessierte ihn viel mehr.

Gisèles Leben nahm durch den Kontakt mit den Surrealisten eine seltsame Wende. Zu Hause war sie noch immer das Schulmädchen, das seine Hausaufgaben erledigte und mit Puppen spielte, die kleine Schwester, mit der Mario malte und zeichnete, die Tochter, die abends mit ihren Geschichten den Vater, die Großmutter und die Tanten amüsierte. Extrem schüchtern und voller

Komplexe über ihr Aussehen – sie war dicklich, ungelenk und litt an Akne –, zeigte Gisèle eine Tendenz, sich in der familiären Geborgenheit zu vergraben und die Außenwelt, die sie als bedrohlich empfand, zu meiden.

»Das Kind muss um jeden Preis glücklich sein«, pflegte Gisèles Vater zu sagen, »Jegliches Leid muss ihm erspart werden, jedes Glück ist ihm gezollt. Und dass die Schönheit rund um es erstrahle.«[7] Die zwei Tanten und die Großmutter ersetzten in diesem Sinne die früh verstorbene Mutter und sorgten dafür, dass das Zuhause für die beiden Kinder ein Hafen der Geborgenheit war. Zu Hause, das waren für Gisèle die Düfte orientalischer Gerichte aus der Küche, die Festessen mit den gefüllten Weinblättern, der Moussaka und dem geschmorten Lamm; das waren die bunten Stoffe, Knöpfe, Wollknäuel, Fäden und Nähnadeln der Frauen, die bis spät in die Nacht hinein nähten und stickten, um die Familie durchzubringen; das war aber auch – und vor allem – Vaters geheimnisvolles Arbeitszimmer, das sakrosankte Heiligtum, in das sie als Mädchen leider kaum Zutritt hatte. In diesem Heiligtum baute sich der Vater eine neue Bibliothek auf, nachdem er für die Finanzierung seiner Flucht aus Istanbul seine Tausenden von Büchern hatte verkaufen müssen. Familienfotos waren zusammen mit jenen von Rilke und Gide in seinem Zimmer aufgestellt und allerlei merkwürdige Objekte, die auf Flohmärkten sein Interesse geweckt hatten. Hier hingen seine Selbstporträts – er selbst als toter Christus z. B. – und Marios erste Malversuche, hier war auch die rote Lackschachtel mit den kostbaren Reliquien der Familie verwahrt: Neben Großvaters Zähnen barg sie Gisèles ersten Schuh, Haarbüschel und die ersten abgeschnittenen Fingernägel beider Kinder. Der Vater verstand sich als oberster Verwalter des Familienandenkens. Bis in den sonnendurchfluteten Orient reichten seine Erinnerungen zurück und stimmten ihn während der trüben grauen Wintermonate in der Pariser Banlieue schwermütig. Die erwachsene Gisèle erinnerte sich später, dass sie den Vater in nahezu abgöttischer Weise bewundert und geliebt habe, während er sie »wie ein Kätzchen liebte«, ohne sich allzu sehr um ihre intellektuelle Entwicklung zu kümmern. Abends schloss er sich mit Mario in seinem Heiligtum ein, und während der sonntäglichen Spaziergänge duldete er nur den Sohn an seiner Seite und besprach mit ihm höhere Dinge, die nicht für die Ohren des Mädchens bestimmt waren. »Ich träume von einem Leben, in dem er mich ernst genommen hätte und ich seinen Stolz ebenso verdient hätte wie der Chef (der Bruder Mario), in dem ich von ihm dank seiner Geduld und Sanftheit alles gelernt hätte, was ich nie wissen werde.«[8]

Obwohl sich alles in ihr dagegen wehrte, wusste sie, dass ihr Platz in der streng nach Geschlechtern getrennten Familie dereinst bei den Frauen sein würde, und dies machte sie, wie sie heute meint, unendlich traurig. Einstweilen aber durfte sie als Kind noch eine gewisse Narrenfreiheit genießen und sich in einer Art Niemandsland tummeln. Mit Mario, dem »Chef«, erfand sie sich eine eigene Welt. Mario hatte zwar begonnen, an der Sorbonne Malkurse zu besuchen und im surrealistischen Kreis zu verkehren, aber dies hinderte ihn nicht, seine spielerische Seite mit der jüngeren Schwester voll auszuleben. Für Gisèle waren diese Momente an Marios Seite besonders wichtig. Solange sie Kind war und spielte, musste sie sich nicht endgültig auf die Seite der Frauen schlagen und ihre Zeit mit Nähen und Kochen verschwenden, und die Hoffnung war noch nicht ganz verloren, dass der Vater sie dereinst wie Mario in sein Heiligtum aufnehmen würde. Von 1935 an schien es, als sollte Gisèles Traum in Erfüllung gehen; die Surrealisten waren auf sie aufmerksam geworden, sie publizierte Texte und war von einem Tag auf den andern eine umworbene Jungautorin – heute würde man ihr das Etikett des Fräuleinwunders verpassen –, die in allen tonangebenden Zeitschriften vertreten war. Die Fünfzehnjährige erhielt Fan-Briefe aus Amerika und Japan und hatte die Ehre, mit Mario zusammen an den surrealistischen Zusammenkünften teilzunehmen. Jeder, der in Paris etwas von moderner Kunst verstand, wollte das Wunderkind

Das Verhältnis der Surrealisten zur Kindfrau dargestellt in einer Fotomontage von René Magritte, 1929.

kennen lernen, von allen Seiten erhielt sie Einladungen zu Lesungen, zu Abendessen, Diskussionsrunden. War der Vater jetzt nicht stolz auf seine Tochter? War er angesichts ihres außerordentlichen Talents nicht endlich gewillt, eine Ausnahme zu machen und Gisèle in sein Heiligtum einzulassen und sie als Gleichwertige zu behandeln? Dem war leider nicht so. Gisèle wartete vergeblich auf den Gesinnungswandel des Vaters. Nichts an ihrem Status des kleinen Mädchens änderte sich zu Hause, sie blieb trotz des Erfolgs Vaters liebes Kätzchens, und als dieser 1936 starb und die Familie von Nanterre nach Paris zog, führten Tante Marie und die Großmutter die Tradition fort; Marios Malkarriere galt ihre Hauptsorge, was Gisèle produzierte, war höchstens amüsant.

Gisèle lernte, sich in diesem unbefriedigenden Doppelleben einzurichten. Wenn sie die Begegnungen mit den Surrealisten auch anstrengend fand, so schmeichelten ihr das öffentliche Lob und die so leicht erreichte Berühmtheit. Wenigstens von ihnen fühlte sie sich ernst genommen, zu ernst sogar, und so ließ sie sich zunächst widerstandslos in die Rolle der genialen Kindfrau zwängen und erfüllte diese nach besten Kräften.

Besonders Breton beharrte auf dem Begriff der *femme enfant*, wenn von Gisèle die Rede war. Das Doppelwort rührte an einer alten Sehnsucht in ihm, beschwor das Gespenst von Nadja wieder herauf, jener jungen Unbekannten, die ihn sechs Jahre zuvor auf seinen nächtlichen Streifzügen durch Paris in die Logik der »versteinernden Zufälle« eingeführt hatte. Seither war Breton ein Suchender und Deuter der wundersamen Zeichen geworden, nach welchen das Leben, ähnlich einem Kryptogramm, aufzuschlüsseln

wäre. Nadja hatte ihm die Augen für die verborgenen Zusammenhänge geöffnet, sie hatte ihm gezeigt, dass sich hinter den Zufällen
eine Botschaft für ihn verberge, wenn er nur hellsichtig genug sei,
sie in den unscheinbarsten Dingen ausfindig zu machen und zu
entziffern. Nadja war jedoch bald aus seinem Leben getreten und
der Zauber der Begegnung mit dieser Kindfrau nach und nach er-
loschen.⁹ Nun, da Gisèle ihm über dem Weg lief – kein Zufall, wie
Nadja ihn gelehrt hatte –, entzündete sich sein Geist von neuem
an der Idee, durch sie zu berauschenden Erkenntnissen vorzu-
dringen.

Im Attribut der Kindfrau, den er auf Gisèle münzte, interessierte ihn in erster Linie das Kind. Von der erotischen Anziehungs-
kraft, welche die einsam irrende Nadja auf ihn ausgeübt hatte,
spürte er bei Gisèle nichts, die Faszination war ausschließlich im
Bereich des Ideellen angesiedelt. Gisèle war zu kindisch, zu brav
und wohlbehütet in ihrem familiären Kokon, als dass er von ihrer
Seite eine emotionale Verunsicherung hätte erwarten können.
Außerdem hatte er im Mai, ebenfalls während eines nächtlichen
Spaziergangs durch Paris, die Cabaret-Künstlerin Jacqueline
Lamba kennen gelernt und im August geheiratet. Jacqueline war
es in diesem Jahre 1934, und nicht Gisèle, die ihn noch einmal in
jenen Dauerzustand geistig-erotischer Erregung versetzte, den er
mit Nadja erstmals so intensiv erlebt hatte.

Seine Begeisterung für das Kind Gisèle war jedoch echt und,
wie immer bei Breton, absolut. Aus der Lektüre von Freud und
Texten der europäischen Romantik, die ihm als Epoche besonders
nahe lag, hatte sich Breton in jenen Jahren einer Romantisierung
des Lebens verschrieben, in der mitunter auch der alte Glaube an
die Unschuld des Kindes seinen Platz fand. Fern jeglichen Morali-
sierens deutete er Gisèles Unschuld als die Gabe, sich direkten
Zugang zum Unbewussten verschaffen zu können, den Erwachsene zwar eingebüßt haben, aber auf dem Weg des Surrealismus
zurückerobern können. Die Unschuld des Kindes war für Breton,
der während des Ersten Weltkriegs in einem Militärkrankenhaus

Geisteskranke betreut hatte, aber auch die Unschuld der Um-
nachteten; von ihren scheinbar wirren Reden hatte er die Idee
abgeleitet, durch das automatische Schreiben dem Fluss des unbewussten Denkens bis zur Quelle nachzuspüren.

> Ich beschäftigte mich damals noch eingehend mit Freud
> und war mit seinen Untersuchungsmethoden vertraut, die
> ich im Kriege gelegentlich selbst bei Kranken hatte anwen-
> den können, und beschloss nun, von mir selbst das zu errei-
> chen, was man von ihnen haben wollte: nämlich einen so
> rasch wie möglich fließenden Monolog, der dem kritischen
> Verstand des Subjekts in keiner Weise unterliegt, der sich
> infolgedessen keinerlei Zurückhaltung auferlegt und der so
> weit wie nur möglich *gesprochener Gedanke* wäre.[10]

Der Theoretiker Breton verstand den Surrealismus selbst als eine
Lebensform, die den Menschen die verlorene Kindheit zurück geben könne. Von den Erinnerungen an die Kindheit

> … geht ein Gefühl der völligen Ungebundenheit aus und in
> der Folge das Gefühl, *abgeirrt* zu sein, das ich für das *furcht-
> barste* von allen halte. Die Kindheit nähert uns vielleicht am
> meisten dem ›wahren Leben‹: die Kindheit, außer der, abge-
> sehen von seinem Passierschein, der Mensch über nichts
> verfügt als über einige Freikarten; die Kindheit, wo alles
> dennoch zum wirksamen Besitz – und ohne Wagnis – seiner
> selbst beitrug. Durch den Surrealismus scheinen diese
> Möglichkeiten wieder gegeben. Als liefe man seinem Heil
> entgegen oder seinem Untergang.[11]

Kein Wunder also, das ihn die junge Gisèle mit ihren Geschichten
voll »unmittelbarer Absurdität« faszinierte. Sie verkörperte seine
Theorien, war das vorzeigbare Beispiel eines in Kunst und Leben
verwirklichten Surrealismus.

Seine Bewunderung für ihre Prosa fand ihren ersten Niederschlag im *Dictionnaire abrégé du surréalisme,* das er zusammen mit Paul Eluard herausgab. Als Begleitkatalog zur internationalen Ausstellung des Surrealismus von 1938 in Paris gedacht, enthält dieses Wörterbuch Definitionen von Wörtern (z. B. Lippen, aphrodisisches Telefon, Tabak), Tieren (z. B. Schwein, Pelikan), Naturphänomenen (z. B. Luft, Wolken), abstrakten Begriffen (z. B. Poesie, Wahrnehmung, Grazie) sowie kurze biografische Notizen zu Künstlern und Dichtern, die direkt oder indirekt der surrealistischen Idee verpflichtet sind. Dabei handhaben Breton und Eluard die Wahl der Stichworte mit dreister Willkür und gaben im Fall der Personen offen zu verstehen, dass deren Aufnahme im *Dictionnaire* die Zugehörig-

André Breton, Paris 1939.

keit zur Bewegung sanktionierte. Das Wörterbuch überraschte sowohl durch die Ein- wie durch die Ausschlüsse oder die zu Randfiguren degradierten Größen. Philippe Soupault, seinem engsten Freund und Mitbegründer der surrealistischen Bewegung am Anfang der Zwanzigerjahre, widmete Breton beispielsweise nur gerade zwei Zeilen, weil sich Soupault 1927 von ihm u. a. aus politischen Gründen distanziert hatte. Auch René Magritte musste sich mit zwei Zeilen begnügen, während etwa Alfred Jarry, Novalis, Heraklit und Raymond Roussel viermal so viel Platz eingeräumt wurde. Und die einzige Frau, die es schaffte, in diesem subversiven und respektlos subjektiven Wörterbuch zu figurieren, war Gisèle.[12] Zwar schenkte ihr Breton ebenfalls nur zwei Zeilen, aber dafür erwähnte er ihre ersten Publikationen, *La Sauterelle arthritique* von 1934 und *Quand le bruit travaille* aus dem nächsten Jahr, mit

211

einem angefügten »etc.«, auf andere bereits verfasste Stücke und gleichzeitig auf eine versprechende literarische Zukunft hinweisend. Als 1920 geborene surrealistische Lyrikerin vorgestellt, erhält Gisèle von Breton in dieser Kurzdarstellung das Prädikat »Alice II«. Ob dieses von ihm allein stammt oder sich durch Diskussionen mit andern Surrealisten über Gisèle ergab, ist nicht bekannt. Sowohl Breton als auch Henri Parisot schwärmten von Lewis Carroll, den sie für einen der wichtigsten Vorläufer des Surrealismus hielten. Parisot tat sich in der Folge als feinsinniger Übersetzer seiner Werke, namentlich von *Alice in Wonderland, Through the Looking Glass* und *The Hunting of the Snark* hervor, während Breton besonders in Carrolls Nonsens-Sprache dem Phänomen des Witzigen nachging, das ihn seit der Lektüre von Freuds Abhandlung darüber nicht los ließ.[13] Es ist deshalb naheliegend, dass sich ihnen der Name Alice II für Gisèle während ihrer Beschäftigung mit Carroll aufdrängte, ein Name, der Gisèle Prassinos noch Jahrzehnte später anhaften sollte, nicht unbedingt zu ihrer Freude. Als zweite Alice war Gisèles Status innerhalb der surrealistischen Bewegung endgültig auf den eines Kindes fixiert. Sie war inzwischen 16 Jahre alt, drückte aber noch immer die Schulbank und hatte ihre mädchenhafte Scheu vor den Surrealisten nicht abgelegt. Deren politische und künstlerische Pamphlete zu lesen, fiel ihr nicht ein, die intellektuelle Neugier war noch nicht erwacht; am liebsten las sie Dreigroschenromane. Erst zwei Jahre später, als das eigene Schreiben zu einem momentanen Stillstand kam, entdeckte Gisèle die Literatur und verschlang die Werke von Joyce, Virginia Woolf, Kafka u. a., als ob sie ein großes Versäumnis nachholen wollte.

Der Bruder hatte inzwischen begonnen, Geschichten in Gisèles Art zu schreiben und Henri Parisot vorzulegen. Trotz der engen Beziehung der Geschwister entwickelte sich auf diese Weise eine künstlerische Konkurrenz, die Gisèle jedoch weiter nicht zu stören schien. Mario war auf dem besten Weg, sich neben Salvador Dalì, Hans Arp, Yves Tanguy und Hans Bellmer in Paris als Maler und

Illustrator surrealistischer Texte einen Namen zu machen, doch machte ihm der anhaltende und scheinbar mühelos errungene Erfolg seiner jüngeren Schwester zu schaffen. So wie Gisèle neben Geschichten auch Zeichnungen an Parisot ablieferte, wollte er diesem nun seinerseits auch Märchen und Erzählungen zur Publikation in Literaturzeitschriften anbieten. Parisot kommentierte diese mit dem Takt, der den gutwilligen, aber strengen Lektor auszeichnet. Er wagte, Verbesserungen und Streichungen vorzuschlagen. Formulierte Vorbehalte. Und stets klang sein Lob kühler als jenes für Gisèle. Nach einer Weile reagierte Mario unwirsch, und Parisot sah sich gezwungen, den jungen Künstler zurechtzuweisen, nicht zuletzt auch wegen seines ungerechtfertigten Geschwisterneids:

> Ferner möchte ich beifügen, dass mein bewusst etwas pedantischer Ton meiner Kritiken nie etwas anderes gewesen ist als die mehr oder weniger hinterhältige Reaktion auf die Allüren pedantischer Überlegenheit, die Du mehrfach an den Tag gelegt hast, insbesondere im Hinblick auf Urteile über Deine Schwester! Ob du es dir eingestehen willst oder nicht: Gisèle ist dir in jeder Hinsicht *haushoch* überlegen – einschließlich, was die Bescheidenheit anbelangt![14]

Nach diesem Brief kühlte die Freundschaft zwischen Mario Prassinos und Henri Parisot merklich ab, doch gelang es Parisot schließlich, den pikierten Maler zu beruhigen und den Briefaustausch in gewohnter Freundschaftlichkeit wieder aufzunehmen.

Gisèle alias Alice II feierte noch immer einen Erfolg nach dem andern, und die Liste ihrer Publikationen verlängerte sich ins Unglaubliche. Gleichzeitig lernte Gisèle im Lycée Victor Duruy, die banalsten Aufsätze zu schreiben. Die Lehrerin, die nichts von Gisèles literarischem Erfolg wusste, kommentierte Textstellen, in denen Gisèle sich gelegentlich Eskapaden in surreale Welten erlaubte, mit dem vernichtenden Wort »absurd« und senkte entsprechend die Note. Überhaupt war das Mädchen unglücklich und fühlte sich im Gymnasium fehl am Platz. Die anderen Mädchen hatten alle schmalere Taillen und luftigere Frisuren als sie, sie waren elegante städtische Französinnen, denen gegenüber sich Gisèle wie ein linkisches Mädchen vom Land vorkam. Während der Schulstunden plagte sie das Heimweh nach ihrem Zuhause, sie vermisste das orientalische Flair, die Wärme der Großmutter und Tante Maries, die Spiele mit Mario. Ihre Abneigung fürs Gymnasium war so groß, dass sie mit 17 ihre Schulbildung abbrach und eine Lehre als Stenotypistin anfing.

Unterdessen begann sich Breton konkret mit der Idee einer Anthologie des schwarzen Humors zu beschäftigen, eines Projektes, das ihm schon seit etlichen Jahren vorschwebte. Der schwarze Humor als Ausdruck individueller Subversion gegen die gesellschaftlichen und politischen Zwänge der Zeit – seit gut 20 Jahren befasste sich Breton mit diesem Phänomen und sammelte in literarischen Texten Beispiele dafür. Die Publikation seiner Anthologie, zu Beginn des Zweiten Weltkriegs geplant, verzögerte sich allerdings, nachdem sie Anfang 1941 von der Zensur des Vichy-Régimes unterbunden worden war. Sie erschien gegen Ende des Kriegs und fand entsprechend kaum Beachtung. Frankreich hatte andere Sorgen als nachzulesen, auf wessen Humor Breton große Stücke hielt. 1950 entschloss sich der Verlag »Le Sagittaire« jedoch, das Buch neu zu verlegen, im Wesentlichen gekürzt und mit wenigen neuen Einträgen angereichert. Anfänglich war Gisèle darin gleich mit vier Kurztexten vertreten gewesen; 1950 strich Breton zwei davon, sodass die definitive Ausgabe noch *Une conversation,* einen Dialog zwischen einem Mann und einem Pferd, und die skurrile Familiengeschichte *Suite de membres* enthielt.

Die Kriterien, nach welchen Breton Autoren in seiner Anthologie aufgenommen hatte, waren hoch gesteckt: »Um am schwarzen Turnier des Humors teilzunehmen, muss man in der Tat zahlreichen Ausscheidungen entgangen sein.«, schreibt er im Vorwort.[15]

Dummheit, skeptische Ironie, leichtes Scherzen und vor allem die Sentimentalität, die er als den Todfeind des schwarzen Humors verstehe, sowie die kurzfristige Fantasie, welche sich allzu häufig als Poesie ausgebe, würden die Wirkung des schwarzen Humors einschränken. Die Autoren, die Breton wiederum subjektiv auswählte, hatten laut ihm besagte Klippen meisterhaft umschifft und Texte feinsten schwarzen Humors verfertigt. So steht Gisèle, die zweitjüngste in der revidierten Fassung – gleichwertig neben Swift, Poe, Carroll, Grabbe, Nietzsche, Kafka, Gide usw. – in Bretons Pantheon der Klassiker und der arrivierten Dichter der Moderne.

Wie zu allen Autoren seiner Anthologie schrieb er auch über Gisèle einen einleitenden Text, um seine Wahl zu rechtfertigen, und bezeichnete darin ihre Prosa als »… permanente Revolution in schönen bemalten Ein-Groschen-Bildern, die gar nicht mehr existieren – aber der Ton Gisèle Prassinos' ist einmalig; alle Dichter sind darauf eifersüchtig. Swift senkt die Augen, Sade verschließt seine Bonbonschachtel.«[16] Nicht genug dieses überschwänglichen Lobs. Breton bekennt, dass er mit der Aufnahme von Gisèles Texten der Kindfrau am Horizont des schwarzen Humors ein kaiserliches Denkmal habe errichten wollen, wie Dalì es postulierte. Gisèle, die noch nicht 14 Jahre alt gewesen sei, als er die Ehre gehabt habe, sie lesen zu hören, sei auch die sagenhafte Feenkönigin Mab, Hebamme unter den Feen, die »junge Chimäre« von Max Ernst und die *écolière ambiguë*. Trugbild also, Hirngespinst, zweideutige oder, je nachdem, zwielichtige Schülerin: Breton versucht in seiner Einführung, Gisèles Kindhaftigkeit und Genie zu einer unfassbaren, die Fantasie des Künstlers narrenden Kindfrau hoch zu stilisieren, und bekennt zwischen den Zeilen, selbst unter ihrem Bann zu stehen.

Als die erste Anthologie 1941 erschien, war Gisèle dem Kreis um Breton jedoch bereits entfremdet. Mit 21 Jahren war sie kein Kind mehr, sie hatte die Schule hinter sich und verdiente sich recht und schlecht ihren Lebensunterhalt. Schreiben und Theoretisieren über das, was surrealistisch sei und was nicht, schien

Gisèle Prassinos mit
einem ihrer Werke.

plötzlich ein Luxus für Müßiggänger. Auch war ihr das Getue um die *écriture automatique* verleidet. Sie hatte aufgehört zu schreiben, wobei die Surrealisten in Kriegszeiten ohnehin anderes zu tun hatten, als ihre Geschichten zu bewundern. Breton emigrierte nach Amerika, René Char ging als *résistant* in den Untergrund, Eluard war bereits 1938 aus der Bewegung ausgeschlossen worden. Fast wollte es scheinen, als hätte der Krieg dem Surrealismus den Wind aus den Segeln genommen.

Vor Ausbruch des Krieges hatte Breton verkündet, dass Gisèle als erwachsene Frau nicht mehr schreiben würde. Er glaubte, dass Gisèles Stern, so kometenhaft er aufgestiegen war, ebenso rasch verglühen würde, sobald Gisèle der Kindheit entwachsen sei. In der Zeit der Textzusammenstellung für seine Anthologie verlor er jedenfalls das Interesse an ihr. Die gereifte Frau, fand er, hatte ihm nichts mehr zu bieten. Als Gisèle ihm eines Tages auf der Straße begegnete und grüßte, gab er vor, sie nicht zu kennen – oder er erkannte sie wirklich nicht. Aber mit seiner Prophezeiung sollte er Unrecht haben. 1947 veröffentlichte sie die noch stark surrealistisch angehauchte Geschichte *Le rêve* und nahm nach einer längeren Pause einen neuen Anfang im Schreiben, ermutigt vom kubistischen Künstler und Dichter Max Jacob, der ihr zu Beginn des Kriegs geraten hatte, nur auf die eigene Stimme zu hören, auch wenn es für sie bedeuten sollte, sich ganz vom Surrealismus loszusagen. In den Fünfzigerjahren übersetzte Gisèle Prassinos mit ihrem Mann Pierre Fridas Werke von Nikos Kazantzaki und schrieb daneben Lyrik, Märchen, Erzählungen und Romane. 1971 erhielt sie für ihren Gedichtband *La Vie – La Voix* den renommierten Prix Louise

Labée. Von den Siebzigerjahren an wandte sich die Autorin vermehrt der gestaltenden Kunst zu und fertigt seither Wandbehänge und Holzskulpturen an, in denen biblische Motive und Elemente der eigenen Kindheit in einer reichen und bunten Fantasiewelt zusammenfinden. Die Kindheit als Ort unerfüllbarer Sehnsucht nimmt im dichterischen und künstlerischen Œuvre der erwachsenen Gisèle nach wie vor eine zentrale Stellung ein. Sie ist das verlorene Paradies, das es mit allen möglichen künstlerischen Mitteln für sich zurück zu gewinnen gilt. Gisèle, die einzige Überlebende ihrer ursprünglichen Familie, setzt dieser mit jedem Werk ein neues Denkmal, baut, wie ehedem der Vater in der roten Lackschachtel die Reliquien seiner Familie aufbewahrte, Jahr für Jahr am Reliquiar jener verflossenen Epoche. Längst hat sie mit der Kontinuität ihrer künstlerischen Arbeit bewiesen, dass sich die eingeschüchterte Vierzehnjährige, die Man Ray auf jener Fotografie festgehalten hat, auch ohne das herablassende Wohlwollen der Surrealisten durchschlagen und entfalten kann.

Gisèle Prassinos lebt noch immer in Paris und geht ihren eigenen künstlerischen Weg unbeirrt weiter.

Anmerkungen

Einleitung

1 Vgl. z. B. Victor Hugos Gedicht *L'enfant* (1830), wo das gesiezte Kind der Taube von Noahs Arche gleichgesetzt wird und es heisst: »Double virginité! Corps où rien n'est immonde, / Ame où rien n'est impur!«
(Doppelte Jungfräulichkeit! Leib, in dem nichts schmutzig ist! / Seele, in der nichts unrein ist!)

2 Vgl. z. B. William Wordsworths 4. Lucy-Gedicht, das mit folgender Strophe beginnt: »Three years she grew in sun and shower, / Then Nature said, 'A lovelier flower / On earth was never sown: / This child I to myself will take, / She shall be mine, and I will make / A lady of my own.«

3 De Quincey, Thomas, »Suspiria de Profundis«, in: *Confessions of an Opium-Eater and other Writings.* Oxford und New York, 1985, S. 114.

4 ebd., »Suspiria de Profundis«, ebd., S. 116.

5 Kluckhohn, Paul und Richard Samuel (Hrsg.), in Zusammenarbeit mit Hans-Joachim Mähl und Gerhard Schulz, *Novalis. Schriften.* Stuttgart, 1929, Bd. 4, S. 81.

6 *Report from the Select Committee of the House of Lords on Law Relating to the Protection of Young Girls,* 25. August 1881, S. 64.

7 Die englische Übersetzung erfolgte 1894. Es ist wahrscheinlich, aber nicht erwiesen, dass Carroll – und noch weniger Ruskin – das Buch kannten. Vor allem Carroll bezeugte ein reges Interesse für medizinische Bücher.

8 1906 zog Havelock Ellis mit seiner Studie *Study of the Psychology of Sex* nach, indem er die Pädophilie unter »sexuelle Abarten« katalogisierte.

9 Brief an Jürgen Ernestus vom 17. Juni 1954, zit. in: Wysling, Hans (Hrsg.) unter Mitwirkung von Marianne Fischer, »Thomas Mann, Teil I, 1889–1917«, in der Reihe: *Dichter über ihre Dichtungen*, Bd. 14/I, hg. v. Rudolf Hirsch und Werner Vordtriede. Frankfurt a. M., 1975, S. 448.

Catherine Wordsworth

1 Platon, *Sämtliche Werke.* Band IV, Reinbek b. Hamburg, 1966, S. 12f.

2 Das Gedicht aus dem Jahr 1811 ist unter dem Titel »Characteristics of a Child Three Years Old« in Thomas de Quinceys *Recollections of the Lakes and the Lake Poets.* Harmondsworth, 1970, S. 371, abgedruckt.

3 De Quincey, Thomas, »Society of the Lakes IV«, in: *Recollections of the Lakes and the Lake Poets,* a. a. O., S. 371.

4 De Quincey, Thomas, »The Estrangement from Wordsworth«, in: *Recollections of the Lakes and the Lake Poets,* a. a. O., S. 379.

5 Brief von Dorothy Wordsworth, zit. in: Davies, Hunter, *William Wordsworth.* London, 1983, S. 200.

6 ebd., zit. in: Davies, Hunter, *William Wordsworth,* a.a.O., S. 200 f.

7 Gegen De Quinceys Vorwurf könnte allerdings angeführt werden, dass Wordsworth den Tod seiner kleinen Tochter lyrisch zu verarbeiten versuchte, wohingegen er auf den Sohn Thomas, den er sechs Monate später verlor, kein einziges Gedicht schrieb.

8 De Quincey, Thomas, *Society of the Lakes IV,* a.a.O , S. 372.

9 ebd., S. 369f.

10 Brief De Quinceys an Dorothy Wordsworth vier oder fünf Tage nach Catherines Tod, zit. in: Jordan, John E., *De Quincey to Wordsworth: A Biography of a Relationship.* Berkeley und Los Angeles, S. 196, S. 266.

11 Ihre Befürchtung, dass sie weitere Kinder verlieren könnte, erwies sich als zutreffend; kaum ein halbes Jahr nach Catherine starb auch ihr wenig älterer Sohn Thomas.

12 De Quincey, Thomas, *Society of the Lakes IV,* a.a.O., S. 372.

13 ebd., S. 374.

14 ebd., S. 374.

15 De Quincey, Thomas, »Suspiria de Profundis«, in: *Confessions of an English Opium Eater.* Oxford und New York, 1985, S. 119f.

16 Nachzulesen in: ebd., S. 104f.

Sophie von Kühn

1 Kluckhohn, Paul und Richard Samuel (Hrsg.), in Zusammenarbeit mit Hans-Joachim Mähl und Gerhard Schulz, *Novalis. Schriften.* Stuttgart 1929, Band 4, S. 82.

2 ebd., S. 140.

3 Brief vom 1. August 1794 an Friedrich Schlegel, zit. in: ebd., S. 69f.

4 ebd., S. 408.

5 Brief an Novalis vom 12. August 1796, zit. in: ebd., S. 449.

6 Schulz, Gerhard, *Novalis.* Reinbek b. Hamburg, 1969, S. 125.

7 Brief Novalis' an den Vater vom 9. Februar 1793, zit. in: ebd., S. 54f.

8 vgl. auch Novalis' Brief an den Vater vom 9. Februar 1793, in dem er eine Soldaten- laufbahn ins Auge faßt, um die geißelnde Unruhe in sich zu zähmen, »deren Peinlich- keit und Heftigkeit ich Dir nicht anschaulich zu machen vermag … Ich muß noch er- zogen werden, vielleicht muß ich mich bis an mein Ende erziehen … Mir wird die Subordination, die Ordnung, die Einförmigkeit, die Geistlosigkeit des Militärs sehr dienlich sein. Hier wird meine Phantasie das Kindische, Jugendliche verlieren, was ihr anhängt, und gezwungen sein, sich nach den festen Regeln eines Systems zu richten. Der romantische Schwung wird in dem alltäglichen, sehr unromantischen Gange meines Lebens viel von seinem schädlichen Einfluß auf meine Handlungen verlieren, und nichts wird mir übrig bleiben, als ein dauerhafter, schlichter Bonsens, der für unsre modernen Zeiten den angemessensten, natürlichsten Gesichtspunkt darbietet.« In: Kluckhohn, Paul und Richard Samuel (Hrsg.), *Novalis. Schriften,* a.a.O., Band 4, S. 40f.

9 »Zu Sophien Geburtstag«, in: Schulz, Gerhard (Hrsg.), *Novalis. Werke.* München, 2001, S. 23f.

10 Kluckhohn, Paul und Richard Samuel (Hrsg.), *Novalis. Schriften,* a.a.O., Band 4, S. 587.

11 ebd., S. 83.

12 Just, August Coelestin, »Friedrich von Hardenberg«. In: *Nekrolog der Teutschen für das 19. Jahrhundert.* Hg. v. Friedrich Schlichtegroll. 4. Band, Gotha,, 1805, S. 196f.

13 Heine, Heinrich, *Die romantische Schule.* Stuttgart, 2002, S. 96.

14 Der Bruder Erasmus zeigte sich bald besonders angetan von Sophie und den anderen Mädchen der Familie Rockenthien: »Curios ist es, wenn man die Grüninger Mädchensort gesehen hat, daß einem alsdann so wenig, so blutwenig Mädchen noch interessant vorkommen. Für viele, für die man sonst in einer zärtlichen Stunde ins tiefste Wasser gesprungen sein würde, springt man jetzt nicht von dem Schemel.« Brief an Novalis vom 11. September 1795, zit. in: Hesse, Hermann und Karl Isenberg (Hrsg.), *Novalis. Dokumente seines Lebens und Sterbens,* München, 2001, S. 131.

15 Kluckhohn, Paul und Richard Samuel (Hrsg.), *Novalis. Schriften,* a. a. O., Band 4, S. 116f.

16 »Lange blieb mir die gegenseitige Wahl zweifelhaft, ohnerachtet ich das Zutraun und die Freundschaft der ganzen Familie genoß.« Novalis an den Vater, Juni 1796, zit. in: Freund, Winfried, *Novalis.* München, 2001, S. 56.

17 Brief an Novalis vom 6. März 1796, zit. in: Kluckhohn, Paul und Richard Samuel (Hrsg.), *Novalis. Schriften,* a. a. O., Band 4, S. 596.

18 ebd., S. 596.

19 Kluckhohn, Paul und Richard Samuel (Hrsg.), *Novalis. Schriften,* a. a. O., Band 4, S. 375f.

20 Brief vom 12. Februar 1796, zit. in: ebd., S. 426.

21 Brief an Novalis vom 18. Oktober 1796, zit. in: ebd. S. 457.

22 Brief vom 16. Juli 1796 an Sophies Schwester Wilhelmine, zit. in: Freund, Winfried, *Novalis,* a. a. O., S. 63.

23 Kluckhohn, Paul und Richard Samuel (Hrsg.), *Novalis. Schriften,* a. a. O., Band 4, S. 449 bzw. 458.

24 Brief Friederikes vom 16. September 1796 an Novalis, zit. in: ebd., S. 452.

25 »Eine Wissenschaft soll Eins, ein Ganzes seyn … Aber wir betrachten auch die gesammte Geometrie und Geschichte als eine Wissenschaft, da doch Beide noch gar manches andre enthalten, als jene Sätze, – wie und wodurch, werden nun eine Menge an sich höchst verschiedener Sätze zu Einer Wissenschaft, zu Einem und eben demselben Ganzen? Ohne Zweifel dadurch, daß die einzelnen Sätze überhaupt nicht *Wissenschaft* wären, sondern daß sie erst im Ganzen, durch ihre Stelle im Ganzen, und durch ihr Verhältnis zum Ganzen es werden … Mithin müßte wenigstens Ein Satz gewiß seyn der etwa den übrigen seine Gewißheit mittheilte;« zit. in: Fichte, Johann Gottlieb, *Über den Begriff der Wissenschaftslehre.* Stuttgart, 1997, S. 33.

26 Schulz, Gerhard, *Novalis.* Werke, a. a. O, S. 496.

27 ebd., S. 491.

28 Brief an Friedrich Schlegel vom 14. März 1797, zit. in: Kluckohn, Paul und Richard Samuel (Hrsg.), *Novalis. Schriften,* a. a. O., Band 4, S. 204.

29 ebd., S. 204f.

30 »Mademoiselle Sophia stand oben am Fenster und las, und als ich zu ihr heraufkam, fand ich wieder in ihren Händen ein Buch, dessen Einband von rotem Maroquin mit Goldschnitt, und es war wieder der ›Ofterdingen‹ von Novalis. Sie hatte also immer und immer noch in diesem Buch gelesen, und sie hatte sich die Schwindsucht herausgelesen und sah aus wie ein leuchtender Schatten ... Ich nahm ihre beiden blassen, mageren Hände und sah ihr tief hinein in die blauen Augen und fragte sie endlich: Mademoiselle Sophia, wie befinden Sie sich? Ich befinde mich gut, antwortete sie, und bald noch besser! Und sie zeigte zum Fenster hinaus nach dem neuen Kirchhof, einem kleinen Hügel unfern des Hauses.« Zit. aus: Heine, Heinrich, *Die romantische Schule,* a. a. O., S. 100f.

31 Brief vom 24. März 1797 an Caroline Just, zit. in: Kluckhohn, Paul und Richard Samuel (Hrsg.), *Novalis. Schriften*, a. a. O., Band 4, S. 209.

32 »Ich muß nur immermehr *um Ihret Willen leben – für Sie* bin ich nur – für mich und für keinen Andern nicht.« Tagebucheintragung vom 15. Mai 1797, in: ebd. S. 37.

33 ebd., S. 33.

34 Siehe hierzu auch die berühmte Eintragung vom 13. Mai, in der er berichtet, dass er in Momenten aufblitzenden Enthusiasmus Sophies Grab wie Staub vor sich hin geblasen habe und die Jahrhunderte wie Momente gewesen seien. Nachzulesen in: ebd., S. 35f.

35 Brief vom 24. März 1797 an Caroline Just, zit. in: ebd., S. 211.

36 »Ich habe zu Söfchen Religion – nicht Liebe«, und »Liebe kann durch absoluten Willen in Religion übergehn.« In: ebd., Band 2, S. 395.

37 Etwa: »Dieser Naturgott iß uns, gebiert uns, spricht mit uns, erzieht uns, beschläft uns, läßt sich von uns essen, von uns zeugen und gebären; kurz ist der unendliche Stoff unserer Tätigkeit, und unsers Leidens. Machen wir unsere Geliebte zu einem solchen Gott, so ist dies *angewandte Religion*.« Aus: »Fragmente und Studien 1799–1800«, in: ebd., S. 534.

38 Brief vom 24. März 1797 an Caroline Just, in: Kluckhohn, Paul und Richard Samuel (Hrs.), *Novalis. Schriften*, a. a. O., Band 4, S. 211.

39 Siehe Fußnote 32.

40 Aus: 3. »Hymne an die Nacht«, in: Schulz, Gerhard, *Novalis. Werke*, a. a. O., S. 43.

41 Aus: 1. »Hymne an die Nacht«, in: ebd., S. 42.

42 Aus: 6. »Hymne an die Nacht«, in: ebd., S. 53.

Virginia Clemm

1 Den im Juni 1831 vom *Philadelphia Saturday Courrier* ausgeschriebenen Preis für die beste Kurzgeschichte gewann Poe zwar nicht, aber im darauf folgenden Jahr wurden sämtliche Geschichten, die er eingeschickt hatte, in nämlicher Zeitschrift abgedruckt und wahrscheinlich auch honoriert. 1833 gewann er dann mit *Das Manuskript in der Flasche* den mit 50 Dollar dotierten ersten Preis eines vom *Baltimore Saturday Visiter* gesponserten Wettbewerbs.

2 Hervey Allen vertritt die Ansicht, dass Virginia Edgar Allan Poes jüngerer Schwester Rosalie sehr ähnlich gewesen sei, womit er auf deren geistige Rückständigkeit anspielt. Tatsächlich soll sich Rosalie, die nach dem Tod der Mutter von einer anderen Pflegefamilie als Poe aufgenommen wurde, vom zwölften Lebensjahr an geistig nicht mehr entwickelt haben. Siehe: Allen, Hervey, *Israfel. The Life and Times of Edgar Allan Poe*. New York, 1926, revidierte Ausgabe 1934, S. 311. Virginias Mutter pflegte indessen zu erzählen, dass ihre Tochter perfekt Italienisch gesprochen und eine überdurchschnittliche musikalische Ausbildung genossen habe. Siehe: Quinn, Arthur Hobson, *Edgar Allan Poe. A Critical Biography*. Baltimore und London, 1941, revidierte Ausgabe 1998, S. 346.

3 zit. in: ebd, S. 198.

4 Reid, Mayne, *Edgar Allan Poe*. London, 1890, v. Vincent Starrett neu herausgegeben, Ysleta, Texas, 1933, S. 3.

5 Gowans, William, »Catalogue of American Books«, No. 28 (1870), zit. in: Quinn, Arthur Hobson, *Edgar Allan Poe, A Critical Biography*, a. a. O., S. 267.

6 Poe, Edgar Allan, *Geschichten des Grauens*. Bergisch-Gladbach, 2003, S. 341.

7 ebd., S. 340.

8 ebd., S. 341ff.

9 ebd., S. 345.

10 Brief Poes an T. W. White vom 30. April 1835, zit. in: Quinn, Arthur Hobson, *Edgar Allan Poe, A Critical Biography*, a. a. O., S. 210ff.

11 Brief vom 29. August 1835, zit. in: Lennig, Walter, *Edgar Allan Poe in Selbstzeugnissen und Bilddokumenten*. Reinbek b. Hamburg, 1959, S. 72ff. und Quinn, Arthur Hobson, *Edgar Allan Poe, A Critical Biography*, a. a. O., S. 219ff.

12 Vom italienischen Wort »moro«, dunkelhaarig abgeleitet, bezeichnet »morello« allgemein eine zum Schwarz tendierende Farbe und insbesondere einen Rappen.

13 Poe, Edgar Allan, *Geschichten des Grauens*, a. a. O., S. 329.

14 ebd., S. 326.

15 ebd., S. 333.

16 Nicht zufällig enthalten beide Geschichten direkte Anspielungen auf Deutschland, das zur Zeit der Romantik im angelsächsischen Raum als der eigentliche Nährboden unheimlicher und übernatürlicher Geschichten, der so genannten »gothic tales«, verstanden wurde. *Berenice* ist in Deutschland angesiedelt, und in *Morella* beschäftigt sich die Titelfigur eingehendst mit Fichtes Pantheismus und Schellings Identitätsdoktrinen.

17 Poe äußert sich in einem Brief an den entfernten Bekannten William Poe ziemlich despektierlich über seinen damaligen Arbeitgeber, der ihm immerhin zu Ansehen und erstem literarischem Erfolg verhalf. Brief datiert vom 15. August 1837, aufbewahrt in der Manuskriptabteilung der Huntington Library in New York.

18 Poes verschiedene Umzüge in Philadelphia sind zeitlich nicht mehr genau nachvollziehbar; mindestens vier verschiedene Adressen sind bekannt.

19 Poe, Edgar Allan, *Geschichten des Grauens*, a. a. O., S. 306.

20 Eine frühe, im Kontext freudianischer Textanalysen erarbeitete Interpretation von Ligeia will in der Titelfigur nichts anderes als ein Porträt von Poe sehen, wie er sich selbst gern gesehen hätte. Siehe: Stovall, Floyd, »The Women of Poe's Poems and Tales«. In: *Texas Studies in English*, 5, Austin, 1925, S. 200.

21 Poe, Edgar Allan, *Geschichten des Grauens*, a. a. O., S. 312.

22 ebd, S. 325.

23 Graham, George Rex, »The Late Edgar Allan Poe«. In: *Graham's Magazine,* Philadelphia, März 1850, XXXVI S. 225.

24 Poe, Edgar Allan, *Geschichten des Grauens*. a. a. O., S. 79.

25 Es wird angenommen, dass die Einleitung von Eleonora ein kaum verhohlenes Selbstporträt des Autors ist: »Ich stamme aus einem Geschlecht, das durch kraftvolle Fantasie und heiße Leidenschaftlichkeit ausgezeichnet ist. Die Menschen haben mich einen Wahnsinnigen genannt ... Bleiben wir also dabei: Ich bin wahnsinnig. Dennoch erkenne ich deutlich zwei unterscheidbare Zustände meines geistigen Seins: den Zustand vollständig klaren, nicht anzuzweifelnden Verstandes, der sich auf die Erinnerung aller Ereignisse erstreckt, welche die erste Epoche meines Lebens bildeten – und den umdunkelten Zustand voller Zweifel, in den meine Seele jetzt versunken ist ...«. Aus: Poe, Edgar Allen, *Geschichten des Grauens*, a. a. O., S. 295f.

26 *The Murders in the Rue Morgues* (1841; dt. *Der Doppelmord in der Rue Morgue*) und *The Mystery of Marie Rogêt* (1842; dt. *Das Geheimnis der Marie Roget*).

27 Brief von Mary Gove Nichols vom Februar 1863, zit. in: Quinn, Arthur Hobson, *Edgar Allan Poe, A Critical Biography*, a.a.O, S. 508f.

28 Der handgeschriebene Brief ist in der Universität von Virginia aufbewahrt.

29 Es handelt sich um ein Akrostichon, geschrieben auf den Valentinstag 1846.

30 Zit. In: Greene, Maddie, *Virginia Clemm: Poe's Living Literary Ideal*. Wisconsin, 2000, S. 4.

Rose La Touche

1 Maria La Touches veröffentlichte zwei Gesellschaftsromane: *The Clintons* (1853) und *Lady Willoughby* (1855) sowie verschiedene Traktate religiösen Inhalts.

2 Cook, E. T. und Alexander Wedderburn (Hrsg.), *The Works of John Ruskin.* Band XIII, London, 1903–12, S. 539.

3 Cook, E. T. und A. Wedderburn (Hrsg.), *The Works of John Ruskin,* a. a. O., Band XXXV, S. 525.

4 Cook, E. T. und A. Wedderburn (Hrsg.), *The Works of John Ruskin,* a. a. O., Band XIX, S. 82f.

5 Zum ersten Mal von Kenneth Clark in seinem Vorwort zu Ruskins Autobiografie *Praeterita.* Oxford, 1949, xii–xiv.

6 Die ältere Schwester Emily, für die er später lobende Worte übrig hatte, war bei dieser ersten Begegnung nicht zugegen.

7 Ruskin verwandte im Sommer 1858 einen ganzen Monat auf das Kopieren von Veroneses Bild *Die Königin von Scheba vor Salomon* in der Turiner Accademia. Veroneses Meisterschaft in der Darstellung von prunkvollen Stoffen, Perlen, Gold und herrlichen weiblichen Formen veranlasste ihn zur Frage, ob es möglich sei, dass diese ganze Kraft und Schönheit gegen die Ehre ihres Schöpfers arbeite und sündhaft sei? Noch überwältigt vom Göttlichen, das er in Veroneses Kunst entdeckt hatte, wohnte Ruskin anschließend einem waldensischen Gottesdienst bei, in dem ein »… krächzender Idiot 17 alten Frauen und drei Tölpeln predige, dass sie die einzigen Kinder Gottes in Turin seien; und dass alle Menschen außerhalb des Blickfelds von Monte Viso verdammt seien.« Zit. In: Cook, E. T. und A. Wedderburn, (Hrsg.) *The Works of Ruskin,* a. a. O, Band VII, xli. War nun Veronese wirklich ein Diener des Teufels und jener »arme kleine Wicht in ordentlicher schwarzer Krawatte« ein Diener des Herrn? Ruskin erkannte in jener Turiner Gegenüberstellung von glorreicher Kunst und spröder Kanzelrede den Augenblick, in dem er sämtliche evangelische Überzeugungen, die ihn 40 Jahre lang getragen hatten, schlagartig und für immer ablegte.

8 Brief vom 16. Dezember 1863 an den Vater, zit. in: Cook, E. T. und A. Wedderburn (Hrsg.), *The Works of John Ruskin,* a. a. O., Band XXXVI, S. 460f.

9 Brief vom April 1860, zit. in: Burd, Van Akin, *John Ruskin and Rose La Touche. Her Unpublished Diaries of 1861 and 1867.* Oxford, 1979, S. 46.

10 Ruskin hatte allerdings die Gewohnheit, seine Briefe und Ausschnitte von Roses Briefe, die ihm besonders gefielen, in sein Tagebuch zu kopieren und sie dem Vater vorzulesen, weshalb zumindest ein Teil vor der Zerstörung bewahrt worden ist.

11 Burd, Van Akin, *John Ruskin and Rose La Touche,* a. a. O., S. 42.

12 Nach einem gemeinsamen Besuch im British Museum, wo Ruskin die kleine Rose in die Wissenschaft der Geologie einführte, wählte das Mädchen den Namen »Archigosaurus« als Spitznamen für ihn, vielleicht wegen des großen Altersunterschieds zwischen ihnen. Auf diesen Namen folgten bald andere, von denen St. Crumpet und später verkürzt St. C. schließlich haften blieben. Crumpet ist ein ungesüßtes Teegebäck im Gegensatz zum Bun – dem Spitznamen, den Rose ihrer Gouvernante gegeben hatte –, der Zucker und oft auch Rosinen und Beeren enthält.

13 Zit. in: Hilton, Tim: John Ruskin. New Haven und London, 2003, S. 303.

14 Cook, E. T. und A. Wedderburn (Hrsg.), *The Works of John Ruskin,* a. a. O., Band XXXV, S. 529–33.

15 Ruskin hat eine detaillierte Schilderung seines Empfangs in Harristown hinterlassen, in der er sich vor allem über die Freude der Kinder auslässt. ebd., S. 382ff.

16 Brief an die Kusine Joan Severn vom 10. Mai 1874, zit. in: Burd, Van Akin, *John Ruskin and Rose La Touche,* a. a. O., S. 56.

17 Brief vom September 1861, zit. in: ebd., S. 58.

18 Rose schreibt in ihrem Tagebuch sogar, dass sie ihre Nächstenliebe Ruskins Lehren verdanke. Siehe: ebd., S. 159.

19 Brief vom 10. Mai 1874 an die Kusine Joan Severn, zit. in: ebd., S. 63.

20 Zitiert in einem Brief von Ruskin an den Vater aus Luzern vom 22. Dezember 1861, nachzulesen in: ebd., S. 69.

21 ebd., S. 161.

22 ebd., S. 165.

23 Hilton, Tim, *John Ruskin*, a. a. O., S. 302.

24 ebd., S. 330.

25 ebd., S. 329.

26 Burd, Van Akin, *John Ruskin and Rose La Touche*, a. a. O., S. 169.

27 Brief von Maria La Touche an George MacDonald vom 19. November 1863, zit. in: Leon, Derrick, *Ruskin the Great Victorian*, Hamdon, 1969, S. 359f.

28 Brief vom 8. Februar 1864 an George MacDonald, zit. in: Burd, Van Akin, *John Ruskin and Rose La Touche*, a. a. O., S. 90.

29 Brief vom 18. 10. 1866 an Georgiana Cowper, zit. in: Hilton, Tim, *John Ruskin*, a. a. O., S. 376.

30 Brief vom 13. Dezember 1865 an Sir Richard Owen, zit. in: Burd, Van Akin, J*ohn Ruskin and Rose La Touche*, a. a. O., S. 95.

31 Das Gedicht, das er ihr zum 18. Geburtstag am folgenden 3. Januar schrieb, beginnt mit der wehmütigen Anrede »Ah sweet lady, child no more, …«; nachzulesen in Hilton, Tim, *John Ruskin*, a. a. O., S. 380.

32 Brief an Henry Acland vom 10. Oktober 1866, zit. in: ebd., S. 381.

33 Rose versammelte beispielsweise Bekannte zum gemeinsamen Beten für eine sterbenskranke Freundin, die noch während des Gebets vollkommen genas. Nachzulesen in: ebd., S. 396.

34 Brief an Mrs. Cowper vom 4. Mai 1868, zit. in: Burd, Van Akin, *John Ruskin and Rose La Touche*, a. a. O., S. 112.

35 Hilton, Tim, *John Ruskin*, a. a. O., S. 62.

36 Ironischerweise durfte Rose anlässlich ihres ersten Besuchs in Denmark Hill im Jahre 1858 eben dieses Buch als Geschenk nach Hause nehmen.

37 Brief an die Mutter vom 4. Mai 1847, zit. in: Hilton, Tim, *John Ruskin*, a. a. O., S. 110f.

38 Brief an Effie vom 6. März 1847, zit. in: ebd., S. 117.

39 Luytens, Mary, »The Millais-La Touche Correspondence«. In: *The Cornhill Magazine*, Band 176, New Series, Frühling 1967 – Sommer 1968, London, S. 7.

40 Burd, Van Akin, *John Ruskin and Rose La Touche*, a. a. O., S. 118.

41 Zwischen den Seiten des retournierten Buchs fand Ruskin allerdings etwas Unkraut und ein Rosenblatt; über die verschlüsselte Botschaft zerbrach er sich umsonst den Kopf, ahnte aber, dass es nichts Gutes zu bedeuten hatte.

42 Brief an Mrs. Cowper vom 20. März 1870, zit. in: Burd, Van Akin, *John Ruskin and Rose la Touche*, a. a. O., S. 120.

43 Brief vom 22. Februar 1870, zit. in: ebd., S. 460.

44 Brief an Effie Millais vom 8. Oktober 1870, zit. in: Luytens, Mary, »The Millais-La Touche Correspondence«, a. a. O., S. 15.

45 Brief vom 22. November 1870 an Robert Horn, zit. in: ebd., S. 15f.

46 Brief an William Cowper-Temple vom 27. Juli 1871, zit. in: Hilton, Tim, *John Ruskin*, a. a. O., S. 497.

47 MacDonald, Greville, *Reminiscences of a Specialist.* London, 1932, S. 120.

48 Cook, E. T. und A. Wedderburn (Hrsg.), *The Works of John Ruskin,* a.a.O., Band XXVII, S. 669.

49 Zit. in: Hilton, Tim, *John Ruskin,* a.a.O., S. 527.

50 Cook, E. T. und A. Wedderburn (Hrsg.), *The Works of John Ruskin,* a.a.O., Band IV, S. 123.

51 Brief an Mrs. Cowper vom 12. Oktober 1874, zit. in: Hilton, Tim, *John Ruskin,* a.a.O., S. 568.

52 Brief an Francesca Alexander, zit. in: ebd., S. 584.

53 Cook, E. T. und A. Wedderburn, (Hrsg.) *The Works of John Ruskin,* a.a.O., Band XXIX, S. 425f.

54 Brief an die Kusine Joan Severn vom 29. Mai 1874, zit. in: Hilton, Tim: *John Ruskin,* a.a.O, S. 558. Für weitere Angaben über Ruskins Beschäftigung mit Botticellis Zipporah siehe: Page, Anthony, »Zipporah – John Ruskin after Botticelli«, in: *Newsletter of the Friends of Ruskin's Brantwood,* Brantwood, Herbst 2003.

55 So sprach Ruskin seine Kusine Joan in Briefen an. Mit ihr entwickelte er eine Babysprache, die mit den Jahren immer infantiler und im letzten Jahrzehnt seines Lebens zeitweise völlig unverständlich wurde.

56 Brief an Joan Severn vom 19. September 1876, zit. in: Hilton, Tim: *John Ruskin,* a.a.O., S. 628.

57 Helen Gill-Viljoen hielt sich 1929 mehrere Wochen in Ruskins Haus auf, um Material für seine Biografie zu sammeln. Die Biografie kam nicht zustande, aber Gill-Viljoen rettete wertvolles Material für die Ruskinforschung, das dank ihr den Weg in Museen und namhafte Bibliotheken fand, anstatt in aller Welt verstreut zu werden, wie es leider mit vielen Schriften geschah, die Joan Severn sukzessive verkaufte, um den Unterhalt des Hauses finanziell zu gewährleisten.

Alice Lidell

1 Wullschläger, Jacky, *Inventing Wonderland. The Lives and Fantasies of Lewis Carroll, Edward Lear, J. M. Barrie, Kenneth Grahame and A. A. Milne.* London, 1995, S. 41.

2 Das englische Wort »kingfisher« bezeichnet zugleich den Eisvogel; in dieser Doppelbedeutung schwingt auch die Andeutung auf eine schillernde Erscheinung im Sinne äußerlicher Effekthascherei mit.

3 Thomas, Donald, *Lewis Carroll. A Portrait With a Background.* London, 1996, S. 139.

4 Hargreaves, Caryl, »Alice's Recollections of Carrollian Days, Told by her Son«, in: *Cornhill Magazine,* LXXIII. London, 1932, S. 6.

5 Brief vom 27. September 1893 an Mrs. C. F. Moberley Bell, zit. in: Wullschläger, Jacky, *Inventing Wonderland,* a.a.O., S. 40.

6 Für eine vertiefte Diskussion über Dodgsons mögliche Pädophilie, siehe: Croft-Cook, Rupert, *Feasting with Panthers: A New Consideration of Some Late-Victorian Writers.* New York, 1967; Leach, Karoline, *In the Shadow of the Dreamchild: A New Understanding of Lewis Carroll.* London, 1999; Gersheim, Helmut, *Lewis Carroll, Photographer,* rev. Ed. New York, 1986 und Robson, Catherine, *Men in Wonderland: The Lost Girlhood of the Victorian Gentleman.* New Jersey, 2001.

7 Brief vom 28. Oktober 1876, zit. in: Wullschläger, Jacky, *Inventing Wonderland,* a.a.O., S. 40.

8 Cohen, Morton N., *Lewis Carroll, Photographer of Children: Four Nude Studies.* New York, 1978.

9 Carroll, Lewis, »Alice on the Stage«, in: *The Theatre,* April 1887.

10 Radcliffe Observatory von Oxford, *Astronomical and Meteorological Observations Nr. 23,* 1950.

11 Hudson, Derek, *Lewis Carroll: An Illustrated Biography.* New York, 1977, S. 113.

12 Carroll, Lewis, »Alice on the Stage«, a. a. O.

13 In der Sekundärliteratur wird darauf hingewiesen, dass Dodgson sich nicht nur wegen der wiederholten Anfangssilbe seines Namens als Dodo in die Geschichte einbrachte, sondern weil er sich selbst – wie der ausgestorbene Vogel – als eines der letzten Exemplare einer Spezies verstand, die mit der rapiden Entwicklung einer neuen Gesellschaftsordnung nicht mehr Schritt halten könne und deshalb vom Aussterben bedroht sei. Siehe: Rackin, Donald, *Alice's Adventures in Wonderland and Through the Looking-Glass: Nonsense, Sense, and Meaning.* New York, 1991, S. 147f.

14 In späteren Jahren stellte Dodgson Kompendien über seine logico-linguistischen Spielereien zusammen; es waren dies Rätselaufgaben unterschiedlichen Schwierigkeitsgrades – er nannte sie Pillow Problems –, die er sich nachts ausdachte und seinen Lesern eben gegen Schlaflosigkeit anpries als wirksamen Zeitvertreib fürs Hirn, damit es nicht auf andere Gedanken verfalle – was auch immer der prüde Mathematiker unter solchen Gedanken verstanden haben mochte.

15 Williams, Sidney Herbert, Falconer Madan und Lancelyn Roger Green, *The Lewis Carroll Handbook,* in der revidierten Ausgabe von Denis Crutch, Folkstone and Hamden, 1979, S. 168.

16 Eintrag vom 12. Mai 1864, zit. in: Green, Roger, *The Diaries of Lewis Carroll,* 2 Bde., New York, 1953.

17 Der genaue Wortlaut ist: »Long has paled that sunny sky; / Echoes fade and memories die: / Autumn frosts have slain July. / Still she haunts me, phantom wise, / Alice moving under skies / Never seen by waking eyes.«

18 Brief vom 1. März 1885, zit. in: Wullschläger, Jacky, *Inventing Wonderland,* a. a. O., S. 40.

19 Eintrag vom 1. November 1888, zit. in: Green, Lancelyn Roger, *The Diaries of Lewis Carroll,* a. a. O., S. 60–61

20 Brief vom 10. Dezember 1898 (Irrtum) an F. H. Atkinson, zitiert in: Wullschläger, Jackie, *Inventing Wonderland,* a. a. O., S. 58.

21 Nach Johnsons Tod wurde das Werk dem englischen Volk zurück erstattet »als Anerkennung für Englands Mut, Hitler die Stirn zu bieten, bevor Amerika in den Krieg zog.« Es ist heute in der British Library in London aufbewahrt.

22 Hargreaves, Caryl, »Alice's Recollections of Carollian Days, Told by her Son«, a. a. O., S. 6.

Wladyslaw von Moes

1 Mann, Thomas, »On Myself«, März–April 1940, zit. in: Wysling Hans (Hrsg.) unter Mitwirkung von Marianne Fischer, »Thomas Mann, Teil I: 1899–1917«, in der Reihe: *Dichter über ihre Dichtungen,* Bd. 14/I, hg. v. Rudolf Hirsch und Werner Vordtriede, Frankfurt a. M., 1975, S. 438.

2 ebd., S. 439.

3 Brief an Carl Maria Weber vom 4. Juli 1920, zit. in: ebd., S. 415.

4 Mann, Thomas, *Der Tod in Venedig und andere Erzählungen.* Frankfurt a. M., 2003, S. 39.

5 Thomas Mann erkundigte sich später bei der russischen Malerin Olga Meerson, für welchen polnischen Namen die Abkürzung Adgiu stehen könnte; die Russin nannte ihm beide Namen, Tadzio und Wladyslaw, und Mann entschied sich bei der Namensgebung seiner literarischen Figur für ersteren.

6 Mann, Katia, *Meine ungeschriebenen Memoiren.* Frankfurt a. M., 2000, S. 77.

7 Brief vom 4. Juli 1920 an Carl Maria Weber, zit. in: Wysling, Hans (Hrsg.) unter Mitwirkung von Marianne Fischer, »Thomas Mann, Teil , 1889–1917«, a.a.O., S. 415.

8 ebd., S. 415.

9 ebd., S. 416.

10 ebd., S. 414.

11 Thomas Mann hat den Begriff des Leistungsethikers für einen Künstlertypus erfunden, dem man in seinem Werk immer wieder begegnet: Auch Gustav Aschenbach, die Hauptfigur von *Der Tod in Venedig,* ist von diesem Schlag. Siehe dazu: Mann, Thomas, »Betrachtungen eines Unpolitischen«, in: ebd., S. 408.

12 Brief vom 18. Juli 1911 an Philipp Witkop, in: ebd., S. 395.

13 Mann, Thomas, »Lebensabriss«, in: ebd., S. 434.

14 Brief vom 30. Mai 1938 an Agnes E. Meyer, zit. in: ebd., S. 437.

15 Mann, Thomas, *Der Tod in Venedig,* a.a.O., S. 55.

16 Die Klassizität von *Der Tod in Venedig* ist vielerorts kommentiert worden. Thomas Mann hat, wie aus einigen seiner Briefe zu entnehmen ist, Goethes *Wahlverwandtschaften* während der Niederschrift von *Der Tod in Venedig* fünfmal gelesen, um dem eigenen Stil einen klassischen Schliff zu geben. Der Kunst Wagners, die ihre Schönheit im Rausche suche und deren Größe im »überwundenen Barock-Kolossalischen« liege, hält er die edlere Klassizität mit ihrer »gesunderen Geistigkeit«, ihrer Logik und klaren Formfülle entgegen . Siehe dazu seinen Aufsatz »Über die Kunst Richard Wagners«, zit. in: Wysling, Hans (Hrsg.) unter Mitwirkung von Marianne Fischer, »Thomas Mann, Teil I, 1889–1917«, a.a.O., S. 394.

17 Brief vom 29. Juli 1920 an Carl Maria Weber, zit in: Wysling, Hans (Hrsg.) unter Mitwirkung von Marianne Fischer, »Thomas Mann, Teil I, 1889–1917«, a.a.O., S. 416f.

18 Brief vom 4. Juli 1920 an Carl Maria Weber, zit. in: ebd., S. 416.

19 ebd., S. 415.

20 Brief vom 14. Oktober 1912 an Hedwig Fischer, zit. in: ebd., S. 397.

21 Maar, Michael, *Das Blaubartzimmer. Thomas Mann und die Schuld.* Frankfurt a.M., 2000, S. 19.

22 ebd., S. 20.

23 Mann, Thomas, Tischrede im Wiener PEN-Club, zit. in: Wysling, Hans (Hrsg.) unter Mitwirkung von Marianne Fischer, »Thomas Mann, Teil I, 1889–1917«, a.a.O., S. 425.

24 Adair, Gilbert, *Adzio und Tadzio. Wladyslaw Moes, Thomas Mann, Luchino Visconti: Der Tod in Venedig.* Zürich, 2002, S. 41.

25 ebd., S. 52f.

26 Mann, Thomas, *Der Tod in Venedig und andere Erzählungen,* a.a.O., S. 52f.

27 Adair, Gilbert, *Adzio und Tadzio,* a.a.O., S. 29.

28 Mann, Thomas, *Der Tod in Venedig und andere Erzählungen,* a.a.O., S. 40.

29 ebd., S. 40.

30 ebd., S. 86.

31 Adair, Gilbert, *Adzio und Tadzio,* a.a.O., S. 28.

32 ebd., S. 29.

33 ebd., S. 42f.

Gisèle Prassinos

1 Ironischerweise bekannte ihr Paul Eluard Jahre später, dass er an jenem Sonntag bei Man Ray seinerseits von ihr eingeschüchtert gewesen sei.

2 Cottenet-Hage, Madeleine, *Gisèle Prassinos ou le désir du lieu intime.* Paris, 1988, S. 43.

3 Prassinos, Catherine und Thierry Rye (Hrsg.), *Correspondance d'Henri Parisot avec Gisèle et Mario Prassinos.* Paris, 2003.

4 Hans Bellmer illustrierte ihre beiden Erzählungen *Une demande en mariage* und *Quand le bruit travaille,* die 1935 bzw. 1936 von Guy Lévis Mano, einem der Hauptverleger der Surrealisten in jenen Jahren, herausgegeben wurden. Mehr zu den Begegnungen mit den Surrealisten erzählt Gisèle Prassinos in dem Interview »Le surréalisme et après?«, http://litur.free.fr/112.htm, Oktober 2004.

5 Prassinos, Gisèle, *Le rêve.* Paris, 1958, S. 13.

6 Prassinos, Gisèle, in: »Trouver sans chercher«, zit. in: Richard, Annie, *Le monde suspendu de Gisèle Prassinos.* o. O., 1997, S. 34.

7 Prassinos, Gisèle, *Le temps n'est rien.* Paris, 1958, S. 119.

8 Prassinos, Gisèle, zit. in: Richard, Annie, *Le monde suspendu de Gisèle Prassinos,* a.a.O., S. 13.

9 Breton verewigte die Zufallsbegegnung mit der Kindfrau Nadja in dem gleichnamigen Roman, der 1928 erschien.

10 Breton, André, *Die Manifeste des Surrealismus,* Reinbek bei Hamburg, 2001, S. 24.

11 ebd, S. 37.

12 In der späteren Überarbeitung seines *Dictionnaire* schloss Breton die englische Künstlerin Leonora Carrington als zweite Frau mit ein.

13 1946 illustrierte Gisèle Prassinos Parisots Übersetzung von Carrolls *The Hunting of the Snark.* Das Buch erschien unter dem Titel *La chasse au Snark* bei den Editions Fontaine in der Collection L'Age d'or II.

14 Brief vom 25. November 1935 an Mario Prassinos, zit. in: Prassinos, Catherine und Thierry Rye (Hrsg.), *Correspondance d'Henri Parisot avec Gisèle et Mario Prassinos,* a.a.O., S. 104.

15 Breton, André, »Anthologie de l'humour noir«, in: *Oeuvres complètes II.* Paris, 1992, S. 872.

16 Breton, André, »Anthologie de l'humour noir«, ebd., S. 1168.

Bibliografie

Adair, Gilbert, *Adzio und Tadzio. Wladyslaw Moes, Thomas Mann, Luchino Visconti: Der Tod in Venedig.* Zürich, 2002.

Allen, Hervey, *Israfel. The Life and Times of Edgar Allan Poe.* New York, 1926.

Allen, Michael, *Poe and the British Magazine Tradition.* New York, 1969.

Ariès, Philippe, *Geschichte der Kindheit.* München, 2003.

Austin, Linda M., *Ruskin and Rose at Play with Words.* In: *Criticism,* Vol. 28, London, 1986.

Auerbach, Nina, »Falling Alice, Fallen Women and Victorian Dream Children«. In: *Romantic Imprisonment: Women and Other Glorified Outcasts.* New York, 1986.

Barnet, Marie-Claire, *La femme cent sexes ou les genres communicants. Deharme, Mansour, Prassinos.* Bern, 1998.

Breton, André, *Die Manifeste des Surrealismus.* Reinbek b. Hamburg, 2001.

Breton, André, *Oeuvres complètes I–III.* Paris, 1992.

Burd, Van Akin, *John Ruskin and Rose La Touche. Her Unpublished Diaries of 1861 and 1867.* Oxford, 1979.

Carroll, Lewis, *The Complete Works.* London, 1939.

Carroll, Lewis, »Alice on the Stage«. In: *The Theatre,* London, April 1887.

Caws, Mary Ann, *André Breton.* New York, 1971.

Caws, Mary Ann, Rudolf Kuenzli und Gwen Raaberg (Hrsg.), *Surrealism and Women.* Cambridge MA. und London, 1993.

Cazaux, Jean, *Surréalisme et psychologie: endophasie et écriture automatique.* Paris, 1938.

Chénieux-Gendron, Jacqueline, »Gisèle Prassinos disqualifiée disqualifiante«. In: *Obliques 14–115, La femme surréaliste.* Nyon, 1977.

Clarke, Graham (Hrsg.), *Edgar Allan Poe: Critical Assessments.* 4 Bände. New York, 1991.

Cohen, Monton N., *The Collected Letters of Lewis Carroll.* 2 Bände. London, 1979.

Cohen, Morton N., *Lewis Carroll: A Biography.* London, 1995.

Cohen, Morton N., *Lewis Carroll, Photographer of Children: Four Nude Studies.* New York, 1978.

Coleridge, Samuel Taylor, *Biographia Literaria (1817).* Hg. v. G. Watson, London, 1975.

Collingwood, W. G., *The Life of John Ruskin.* London. 1900.

Cook, E.T. und Alexander Wedderburn (Hrsg.), *The Works of John Ruskin.* 39 Bände. London, 1903–1912.

Cottenet-Hage, *Gisèle Prassinos ou le désir du lieu intime.* Paris, 1988.

Davidson, Edward H., *Poe: A Critical Study.* Cambridge, MA., 1957.

Davies, Hunter, *William Wordsworth.* London, 1983.

De Quincey, Thomas, *Confessions of an English Opium-Eater.* Oxford und New York, 1985.

De Quincey, Thomas, *Recollections of the Lakes and the Lake Poets.* Harmondsworth, 1970.

Derrick, Leon, *Ruskin the Great Victorian.* Hamdon, 1969.

Donald, Thomas, *Lewis Carroll. A Portrait with a Background.* London, 1996.

Dumas, Marie-Claire (Hrsg.), *André Breton en perspective cavalière.* Paris, 1996.

Emerson, Sheila, *Ruskin: The Genesis of Invention.* Cambridge, 1993.

Fichte, Johann Gottlieb, *Über den Begriff der Wissenschaftslehre.* Stuttgart, 1997.

Freund, Winfried, *Novalis.* München, 2001.

Gernsheim, Helmut, *Lewis Carroll, Photographer.* New York, 1969.

Graham, George R., »The Late Edgar Allan Poe«. In: *Graham's Magazine* XXXVI, Philadelphia, 1850.

Green, Lancelyn Roger, *The Diaries of Lewis Carroll.* 2 Bände. New York, 1953.

Hargreaves, Caryl, »Alice's Recollections of Carrollian Days, Told by Her Son«. In: *Cornhill Magazine,* LXXIII, London, 1932.

Hayes, Kevin J. (Hrsg.), *The Cambridge Companion to Edgar Allan Poe.* Cambridge, 2002.

Heine, Heinrich, *Die romantische Schule.* Stuttgart, 2002.

Hesse, Hermann und Karl Isenberg (Hrsg.), *Novalis. Dokumente seines Lebens und Sterbens.* München, 2001.

Higonnet, Anne. *Pictures of Innocence: The History and Crisis of Ideal Childhood.* London, 1998.

Hilton, Tim, *John Ruskin.* New Haven und London, 2003.

Hudson, Derek, *Lewis Carroll: An Illustrated Biography.* New York, 1977.

Hunt, John D., *The Wider Sea: A Life of John Ruskin.* New York, 1982.

Jordan, John E., *De Quincey to Wordsworth: A Biography of a Relationship.* Los Angeles, 1962.

Jürgs, Britta (Hrsg.), *Oh große Ränder an meiner Zukunft Hut! Portraits surrealistischer Künstlerinnen und Schriftstellerinnen.* Berlin, 2003.

Just, August Coelestin, »Friedrich von Hardenberg«. In: *Nekrolog der Teutschen für das neunzehnte Jahrhundert.* Hg. v. Friedrich Schlichtegroll. 4. Band, Gotha, 1805.

Kennedy, J. Gerald, *Poe, Death, and the Life of Writing.* New Haven, 1987.

Kincaid, James R., *Child Loving: The Erotic Child and Victorian Culture.* London, 1992.

Kluckhohn, Paul und Richard Samuel (Hrsg.), in Zusammenarbeit mit Hans-Joachim Mähl und Gerhard Schulz, *Novalis. Schriften.* Stuttgart, 1929.

Krüll, Marianne, *Im Netz der Zauberer. Eine andere Geschichte der Familie Mann.* Frankfurt, 1996.

Kurzke, Hermann, *Thomas Mann. Das Leben als Kunstwerk.* München, 1999.

Lennig, Walter, *Edgar Allan Poe in Selbstzeugnissen und Bilddokumenten,* Hamburg, 1959.

Lindop, Grevel, *The Opium-Eater: A Life of Thomas De Quincey.* London, 1981.

Luft, Hermann, *Der Konflikt zwischen Geist und Sinnlichkeit in Thomas Manns »Tod in Venedig«.* Bern, Tuduv Studien, Reihe Sprach- und Literaturwissenschaften 5, 1976.

Luytens, Mary, »The Millais-La Touche Correspondance«. In: *Cornhill Magazine,* Vol. 176, New Series, London, 1967–1968.

MacDonald, Greville, *Reminiscences of a Specialist.* London, 1932.

MacGavran, James H. (Hrsg.), *Literature and the Child.* Iowa, 1999.

Mahr, Michael, *Das Blaubartzimmer. Thomas Mann und die Schuld.* Frankfurt a. M., 2000.

Mann, Thomas, *Der Tod in Venedig und andere Erzählungen.* Frankfurt a. M., 2003.

Mann, Thomas, *Briefe 1889–1955 und Nachlese.* Herausgegeben von Erika Mann. Frankfurt a. M., 1961–1965.

Oliver, Mary, »The Bright Eyes of Eleonora – Poe's Dream of Recapturing the Impossible«. In: *Ohio Review* 58, 1998.

Pattison, Robert, *The Child Figure in English Literature.* Athens G A., 1978.

Peeples, Scott, *Edgar Allan Poe Revisited.* New York, 1998.

Platon, *Sämtliche Werke.* Band IV, Reinbek b. Hamburg, 1966.

Poe, Edgar Allan, *Geschichten des Grauens,* Bergisch-Gladbach, 2003.

Prassinos, Catherine und Thierry Rye (Hrsg.), *Correspondance d'Henri Parisot avec Gisèle et Mario Prassinos.* Paris, 2003.

Prassinos, Gisèle, *Le Rêve.* Paris, 1958.

Prassinos, Gisèle, *Sauterelle arthritique.* Paris, 1935.

Prassinos, Gisèle, *Le Temps n'est rien.* Paris, 1958.

Prassinos, Gisèle, *Trouver sans chercher 1933–1944.* Paris, 1976.

Quenell, Peter, »Ruskin and Rose La Touche«. In: *Cornhill Magazine,* Vol. 163, New Series, London, 1947–49.

Quinn, Arthur Hobson, *Edgar Allan Poe. A Critical Biography.* Baltimore und London, 1941, revidierte Ausgabe 1998.

Rackin, Donald, *Alice's Adventures in Wonderland and Through the Looking-Glass. Nonsense, Sense and Meaning.* New York, 1991.

Read, Robert, *Wordsworth.* London, 1930.

Reid, Mayne, *Edgar Allan Poe, London 1890.* Von Vincent Starrett neu herausgegeben, Ysleta, Texas, 1933.

Richard, Annie, *Le monde suspendu de Gisèle Prassinos.* Ohne Ortsangabe, 1997.

Robson, Catherine, *Men in Wonderland. The Lost Girlhood of the Victorian Gentleman.* Princeton, 2001.

Roche, Anne und Christian Tarting (Hrsg.), *Des années trente: groupes et ruptures.* Paris, 1984.

Schröter, Klaus, *Thomas Mann.* Reinbek b. Hamburg, 1987.

Schulz-Jander, Eva M. (Hrsg.), *Wenn Gott ein Papierdrache ist, wer zum Teufel ist George Sand. Joyce Mansour / Gisèle Prassinos – Französische Surrealistinnen.* Kassel, 1992.

Schulz, Gerhard (Hrsg.), *Novalis.* Werke. München, 2001.

Silverman, Kenneth (Hrsg.), *New Essays on Poe's Major Tales.* New York, 1993.

Stovall, Floyd, *Edgar Allan Poe the Poet.* Charlottesville, 1969.

Thompson, G. R., *Poe's Fiction: Romantic Irony in the Gothic Tales.* Madison, 1973.

Weissberg, Liliane, »In Search of Truth and Beauty: Allegory in *Berenice* and *The Domain of Arnheim*«. In: Fisher, Benjamin Franklin: *Poe and His Times: The Artist and His Milieu.* Baltimore, The Edgar Allan Poe Society, 1990.

Williams, Sidney H., Falconer Madan und Lancelyn Roger Green, *The Lewis Carroll Handbook.* In der revidierten Ausgabe von Denis Crutch. Folkstone, 1979.

Winston, Richard, *Thomas Mann, das Werden eines Künstlers.* München und Hamburg, 1985.

Woof, Robert, *The Wordsworth Circle.* Grasmere, 1979.

Wullschläger, Jacky, *Inventing Wonderland. The Lives and Fantasies of Lewis Carroll, Edward Lear, J. M. Barrie, Kenneth Graham and A. A. Milne.* London, 1995.

Wysling, Hans (Hrsg.) unter Mitwirkung von Marianne Fischer, »Thomas Mann, Teil I: 1889–1917«. In der Reihe: *Dichter über ihre Dichtungen,* Band 14/I. Hg. v. Rudolf Hirsch und Werner Vordtriede, Frankfurt a. M., 1975.

Abbildungsnachweis

Frontispiz: »Edith, Lorina und Alice Liddell«, Foto von Lewis Carroll, 1859. Collection Graham and Annie Ovenden.

ADAGP Paris / Man Ray Trust Paris, VG Bild-Kunst Bonn, 2005: S. 199, 208; akg-images, Berlin: S. 14, 87, 97, 100, 168, 193; Ashmolean Museum, Oxford: S. 143; Brantwood Trust, Coniston: S. 112; British Museum, London: S. 162; S. C. L. Dodgson Estate: S. 170; Education Trust, Ruskin Galleries, Bembridge: S. 108, 121; Enoch Pratt Free Library, Baltimore: S. 13, 81; Epoca Verlag, Zürich: S. 178, 190, 194; Everett Collection, S. 28; Gernsheim Collection, Harry Ransom Humanities Research Center, The University of Texas at Austin: S. 149; Gilman Paper Company Collection, New York: S. 152; HB Éditions, 1997: S. 201, 216; Journal of the County Kildare, Archaeological Society: S. 115; La Touche Family Collection: S. 125, 131; Literaturkreis Novalis e.V., Weißenfels: S. 49, 55, 56, 69; Monacensia, München: S. 25; National Museum of Photography, Film & Television, Bradford: S. 18; Privatsammlung: S. 41, 53, 75, 95, 118:, 147, 159, 175; Prestel, München, 2003: S. 22, 181, 184; Royal Academy of Arts, London: S. 128; Royal Photography Society, Bath: S. 173; Ruskin Gallery Collection of the Guild of St George, Sheffield: S. 132, 136; Scottish National Portait Gallery, Edinburgh / akg-images, Berlin: S. 37; Short Books, London, 2001: S. 191; University Press of Virginia, Charlottesville, 1989: S. 92; VG Bild-Kunst Bonn, 2005: S. 8; Wordsworth Museum, Grasmere: S. 33, 35.